Д.Э. Розенталь

СПРАВОЧНИК по пунктуации

Москва
ЭКСМО-Пресс
1998

ББК 81.2Р—2я2
Р 64

Розенталь Д. Э.

Р 64 Справочник по пунктуации — М.: ЭКСМО-Пресс, 1998. — 336 с.

ISBN 5-04-000602-0

В справочнике отражены все основные правила пунктуации. Он подскажет, в каких случаях ставится запятая, когда кавычки, где нужно двоеточие или тире. Пользование книгой облегчает предметный указатель.

Предназначен школьникам и студентам, учителям и работникам печати, а также тем, кто хочет научиться грамотно писать.

ББК 81.2Р—2я2

ISBN 5-04-000602-0

© Ю.Д. Розенталь, наследник, 1998
© Издательство «ЭКСМО-Пресс», 1998

ПРЕДИСЛОВИЕ

НАЗНАЧЕНИЕ СПРАВОЧНИКА. Действующие пунктуационные нормы опираются на «Правила русской орфографии и пунктуации» (1956). Правила эти во многом несовершенны, что не раз отмечалось в печати (см., например, материалы дискуссии по вопросам русского правописания, опубликованные в журнале «Русский язык в школе» в 1962—1963 гг.), однако они остаются пока единой основой и, с учетом некоторых исправлений и уточнений, вносимых практикой, руководством к действию.

При составлении различного рода справочников приходится исходить из того, что общий свод пунктуационных правил не мог, естественно, охватить все многообразие случаев частного характера, в результате чего наблюдаются противоречия и двойственность в применении правил.

Само по себе это обстоятельство не должно нас смущать, если в области орфографии желательна и необходима полная унификация, то к пунктуации это требование неприменимо. Особенности русской пунктуации, с присущей ей многофункциональностью знаков препинания и широкой их взаимозаменяемостью, своеобразие в индивидуально-авторском использовании знаков препинания, гибкость пунктуационной системы, позволяющая выявлять не только смысловую сторону текста, но и стилистические его оттенки, — все это исключает формальный подход к соблюдению правил.

Сказанное не означает отказа от необходимости конкретизации общих положений свода пунктуационных правил, детального рассмотрения разнообразных случаев их практического применения, разумного упорядочения и регламентации. Настоящий справочник и ставит перед собой эту задачу.

СОСТАВ И СТРУКТУРА СПРАВОЧНИКА. В книгу включены традиционные разделы пунктуации, охватывающие все относящиеся к этим разделам правила. Материал классифицирован по синтаксическому принципу и сопровождается указаниями на типы знаков, используемых в данном разделе.

В пособие включен также и материал, отражающий повседневную издательскую практику. В частности, этому посвящены разделы:

1. **Знаки препинания в газетных и журнальных заголовках.** Не говоря уже о том, что в заголовках используются почти все знаки препинания (а это само по себе представляет интерес в плане оптимального их отбора), следует отметить колебания в пунктуационном оформлении одинаковых конструкций; ср.: *Профессия: репортёр* и *Профессия — репортёр.* Или еще пример: *Знаки препинания... зачем они?* — и возможные варианты: *Знаки препинания. Зачем они?; Знаки препинания — зачем они?; Знаки препинания... Зачем они?*

2. **Факультативные знаки препинания.** С использованием факультативных знаков препинания мы сталкиваемся чуть ли не на каждом шагу, и в этом, пожалуй, находит самое наглядное выражение гибкость русской пунктуационной системы — возможность широкого выбора из равноценных (но не тождественных, так как абсолютных пунктуационных синонимов не бывает) вариантов нужного в каждом конкретном случае.

3. **Авторская пунктуация.** Независимо от различия в толковании термина «авторская пунктуация» (своеобразие в использовании знаков препинания, не выходящее за пределы нормы, или же сознательное отступление от нее) относящийся к этому разделу материал важен для показа стилистической функции знаков препинания[1].

4. **Знаки препинания в текстах разговорной речи.** Включение этого раздела не нуждается в обосновании: случаи перенесения живой устной речи на печатные страницы весьма многочисленны, но пунктуационная сторона этих текстов остается неразработанной. Достаточно привести предложения такого типа: *Площадь Пушкина не подскажете где*; *Выпей молока/мама оставила*, чтобы убедиться в возникающих здесь трудностях, связанных с пунктуацией и объясняемых существенным различием между двумя системами национального языка — разговорной речью и кодифицированным литературным языком, на который преимущественно рассчитаны действующие правила пунктуации.

---

[1] См.: *Валгина Н.С.* Что такое авторская пунктуация? //Рус. речь. 1978. № 1.

5. Пунктуационное и графическое оформление текста в пьесах. Этот небольшой раздел (§ 53) содержит материал, продолжающий рассмотрение пунктуации при прямой речи и диалоге, но вместе с тем дающий добавочные сведения об особенностях использования знаков препинания в текстах драматических произведений, а также о графическом оформлении этих текстов.

Иллюстративный материал для справочника отобран из произведений художественной литературы (русской классической и современной, что позволяет в некоторых случаях проследить развитие пунктуационной системы), текстов научных, публицистических, деловых, газетных. В основном представлены микротексты — отдельные предложения, со структурой которых связаны те или иные правила. Что касается таких проблем, как пунктуация связного текста[1] или стилистическая функция пунктуации[2], то они являются предметами самостоятельных работ.

При всем разнообразии приводимых в книге иллюстративных примеров, сопровождающих формулировки соответствующих правил, теоретическое обоснование их, по условиям жанра справочного пособия, остается лаконичным, и для более углубленного понимания отдельных вопросов в сносках дана рекомендуемая литература.

ИСПОЛЬЗОВАННАЯ ЛИТЕРАТУРА[3]

Бабайцева В.В. Русский язык. Синтаксис и пунктуация. М., 1979.
Валгина Н.С. Принципы русской пунктуации: В помощь редактору, корректору. М., 1972.
Валгина Н.С. Русская пунктуация. Принципы и назначение. М., 1979.
Вопросы правописания// Рус. язык в школе. 1962. № 4 — 6; 1963. № 1 — 6.
Земская Е. А. Русская разговорная речь: Проспект. М., 1968.
Иванова В.Ф. История и принципы русской пунктуации. Л., 1962.
Правила русской орфографии и пунктуации. М., 1956.
Русская разговорная речь. Саратов, 1970.
Русская разговорная речь. М., 1973.
Современная русская пунктуация. М., 1979.
Шапиро А.Б. Основы русской пунктуации. М., 1955.
Шапиро А.Б. Современный русский язык. Пунктуация. М., 1974.
Шведова Н.Ю. Очерки по синтаксису русской разговорной речи. М., 1960.

---

[1] См.: *Валгина Н.С.* Принципы русской пунктуации. М., 1972. С. 26—36.
[2] См.: *Макарова Р.В.* Стилистика и знаки препинания// Рус. речь. 1967. № 3.
[3] Другие источники указаны в сносках.

Раздел 1

Знаки препинания в конце предложения и при перерыве речи

§ 1. Точка

1. Точка ставится в конце законченного повествовательного предложения: *Навстречу солнцу ползёт тёмная свинцовая громада. На ней то там, то сям красными зигзагами мелькает молния. Слышны далёкие раскаты грома. Тёплый ветер гуляет по траве, гнёт деревья и поднимает пыль. Сейчас брызнет майский дождь и начнётся настоящая гроза.* (Ч.)[1]

Примечание. Точка не ставится в конце предложения после точки, обозначающей сокращение слова: *...и др.; ...и пр.; ...и т.д.; ...и т.п.*

2. Точка ставится после коротких предложений, рисующих единую картину, для придания изложению большей выразительности: *Поздно. Ветер стал холодный. Темно в долине. Роща спит над отуманенной рекою. Луна сокрылась за горою.* (П.)

3. Точка ставится в конце номинативных (назывных) предложений, не заключающих в себе ни вопроса, ни восклицания: *Поле. Огороды. Пасека. Молочная ферма. Птичник. Плодовый сад. Лес. Два трактора. Мастерские. И всё это в блестящем состоянии.* (Кат.)

---

[1] Здесь и в дальнейшем точка поставлена перед скобкой условно, только для иллюстрации правил.

4. Точка ставится после первой части так называемых с е г м е н т и р о в а н н ы х к о н с т р у к ц и й, или конструкций с «двойным обозначением», состоящих из двух частей. Первая часть (с е г м е н т, т.е. отрезок), находящаяся в начале предложения или текста и выраженная, как правило, формой именительного падежа существительного либо словосочетанием во главе с этой формой (и м е н и т е л ь н ы й т е м ы, или и м е н и т е л ь н ы й п р е д с т а в л е н и я), называет лицо, предмет, явление, которое во второй части (в последующем тексте) получает другое обозначение в форме местоимения: *Земля. На ней никто не тронет... Лишь крепче прижимайся к ней.* (Сим.); *Производительность труда. Как её повысить?* (Газ.)

5. Точка ставится после разделительной паузы перед п р и с о е д и н и т е л ь н ы м и к о н с т р у к ц и я м и, которые при другой пунктуации играли бы роль членов предложения (так называемая п а р ц е л л я ц и я, т.е. членение): *В любом случае обращайся ко мне. В любую минуту.* (Чак.); *Митрофанов усмехнулся, помешал кофе. Сощурился.* (Н.И.); *Три молодые работницы часового завода прибежали после работы в редакцию. Взволнованные. Встревоженные.* (Нар.); *Мир стал иным. На год старше.* (Газ.); *Программа грандиозная. И вполне реальная.* (Газ.)

6. Точка ставится в конце п о б у д и т е л ь н о г о предложения, если оно произносится без восклицания: *Вам бы полечиться.* (М.Г.); *Позвольте мне прочесть в другой раз.* (Бл.); *Ты меня не учи.* (Добр.)

7. Точка ставится перед союзами *и, а, но, однако* и др., если они начинают собой н о в о е предложение: *На всех углах стоят фонари и горят полным накалом. И окна освещены.* (Сим.); *Заблудился, видно, человек. А плутать сейчас в тайге — гиблое дело: не видно ни месяца, ни звёзд.* (Марк.); *Мне было бы легче, если бы он стал ругать меня. Но он молчал и молчал.* (Кав.)

8. Точка ставится в конце рубрик перечисления, если у цифр или литер, которыми рубрики обозначены, стоит точка:

§ *83. Пишутся слитно:*

1. Наречия, образованные соединением предлогов с наречиями... **наврядли, задаром**. <...>

2. Наречия, образованные соединением предлогов ***в*** *и* ***на*** *с собирательными числительными...* **натрое**, *но:* **по двое, по трое**.

3. Наречия, образованные соединением предлогов с краткими прилагательными... **потихоньку, сгоряча**. (Правила русской орфографии и пунктуации.)

Примечания: 1. При наличии в нумерованных рубриках подпунктов последние обычно разделяются **точкой с запятой** (реже — **запятой**).

2. Если внутри абзаца, образующего подпункт, имеется самостоятельное предложение, то перед ним ставится **точка** и первое слово начинается с **прописной** буквы:

...Своевременно определять и изменять направленность исследований и разработок, организационную структуру научных учреждений. Усилить взаимодействие общественных, естественных и технических наук;

повысить эффективность использования научного потенциала высших учебных заведений для решения народнохозяйственных задач. Совершенствовать подготовку, повышение квалификации и аттестацию научных и научно-педагогических кадров.

9. Точка ставится в конце предложения, вводящего в дальнейшее развернутое изложение: *Вот этот рассказ*. (Пауст.) [дальше следует рассказ]; *Представьте себе следующее*. [дальше — подробное повествование]; *Новый станок имеет такое устройство*. [дальше — пространное описание].

§ 2. Вопросительный знак

1. Вопросительный знак ставится в конце простого предложения, заключающего в себе прямой вопрос: *Ты откуда же взялся, Андрей?* (Горб.); *Любишь апельсины?* (Сим.)

Примечание. Вопросительный знак может ставиться в вопросительных предложениях после каждого однородного члена с целью расчленения вопроса: *Что я — попугай? индейка?* (М.); *Кравцов ласково улыбался — его нетерпению? самомнению? гениальности?* (Гран.)

2. Вопросительными могут быть и **номинативные** (назывные) предложения: *Пожар?* (Кож.)

3. Вопросительный знак ставится в конце **сложносочиненного** предложения, если все части, входящие в его состав, или только последняя заключают в себе вопрос: *В ней сердце долго ли страдало, иль скоро слёз прошла пора?* (П.); *Жить с ними надоест, и в ком не сыщешь пятен?* (Гр.)

4. Вопросительный знак ставится в конце **сложноподчиненного** предложения, если вопрос содержится и в главной, и в придаточной частях предложения или только в главной либо в придаточной: *Вы знаете, что такое сёстры милосердия?* (Остр.); *Всякого рода нарушения, уклонения, отступления от правил приводили его в уныние, хотя, казалось бы, какое ему дело?* (Ч.)

Примечание. Если придаточная часть сложноподчиненного предложения образует **косвенный вопрос**, то в конце предложения вопросительный знак обычно не ставится: *Я прервал речь Савельича вопросом, сколько у меня всего денег* (П.); *Корчагин неоднократно спрашивал меня, когда он может выписаться* (Н.О.).

Однако если косвенный вопрос содержит сильно выраженную вопросительную интонацию, в конце сложноподчиненного предложения **вопросительный знак** ставится: *Скажите, пожалуйста, что это за огни?* (Л.Т.); *Я спросил, как же он стал отшельником?* (М.Г.)

5. Вопросительный знак ставится в конце **бессоюзного сложного** предложения, если образующие его части являются вопросительными предложениями (между ними ставятся **запятые**) или только последняя часть содержит **прямой вопрос** (перед ней ставится **двоеточие** либо **тире**, в зависимости от смысловых отношений между частями предложения): *Кто скачет, кто мчится под хладною мглой?* (Жук.); *А я* ехала сейчас, говорила с вами и всё думала: почему они не стреляют? (Сим.); *Хвалы приманчивы — как их не пожелать?* (Кр.)

6. Вопросительный знак в скобках ставится для выражения с о м н е н и я или недоумения пишущего, чаще всего внутри цитируемого текста: «*...Уже весёлые и шумные вином, уже певучие (?) и светлые (!) кругами сидели у стола*». *Что за странный набор слов!* (Бел.)

7. О сочетании вопросительного и восклицательного знаков см. § 3, п.7.

§ 3. Восклицательный знак

1. Восклицательный знак ставится в конце в о с к л и ц а т е л ь н о г о предложения: *Э, да это гроза!* (Т.); *Счастливый путь!* (Кож.)

Примечание. Восклицательный знак может ставиться в восклицательных предложениях после каждого однородного члена для обозначения эмоциональной, прерывистой речи: *Играл! проигрывал! в опеку взят указом!* (Гр.)

2. Всегда являются **восклицательными** предложения, имеющие в своем составе слова *что за, как, какой* и т.п.: ***Что за** чудесный человек мой друг!* (Т.); ***Как** вы побледнели!* (П.); ***Какая** необыкновенная была эта девушка на грузовике!* (Ф.)

3. Восклицательный знак ставится в конце п о б у д и т е л ь н ы х предложений, в которых приказание, требование, выраженное формой повелительного наклонения глагола, эмоционально окрашено: *Встань! Ступай отсюда!* (Ч.); *«Держи!» — стонал старик, отпихивая баркас от берега* (Ш.).

4. Восклицательный знак ставится в конце п о б у д и т е л ь н ы х предложений, выраженных не формой повелительного наклонения глагола: *Телефоны! Быстро!* (Сим.); *Офицер бросил бумагу на стол. «Подписать!»* (М.Г.); *Чтобы я больше не слышал таких разговоров!*

5. Восклицательный знак ставится в конце номинативного (назывного) предложения, если оно произносится с восклицательной интонацией: *Чрезвычайное происшествие!* (Г.); *Вот венец мой, венец позора!* (П.)

6. Восклицательный знак ставится в конце слова-обращения, междометного предложения или предложения-обращения, если оно произносится с восклицательной интонацией: *Ещё бы!* (Г.); *Верно! Верно!* (Вс.Ив.); *Нет, нет!* (Крым.); *«Шабаш!»* — крикнул кто-то злым и надорванным голосом (М.Г.); Соня (тоном упрека): *Дядя!* (Ч.)

7. Восклицательный знак в скобках ставится для выражения отношения автора к чужому тексту (согласия, одобрения или иронии, возмущения): *«Наши наблюдения проводились на протяжении ряда лет, выводы подтверждены многочисленными экспериментами (!), основные положения обсуждались на разных совещаниях»* — с этими словами автора нового исследования можно полностью согласиться. (См. также § 2, п. 6.)

Для усиления функции восклицательного (вопросительного) знака при выражении отношения пишущего к чужому тексту встречается сочетание в скобках обоих знаков: *...Небезызвестный... Уильям Бакли, которого «Нью-Йорк таймс» назвала «яростным сторонником консервативных позиций», опубликовал... панегирик под лихим заголовком: «Нейтронная бомба — уникальное антивоенное (?!) оружие»* (газ.).

§ 4. Многоточие

1. Многоточие ставится для обозначения незаконченности высказывания, вызванной различными причинами (волнением говорящего, внешними помехами и т.д.): *«А, так ты...»* — *«Я без души лето целое всё пела»* (Кр.); *«И вы не боитесь...»* — *«Чего не боюсь?»* — *«...Ошибиться?»*; *«И кроме того... — подумалось мне, — и кроме того...»*

2. Многоточие ставится для указания на п е р е р ы в ы в речи, на заминки: *В департаменте... но лучше не называть, в каком департаменте* (Г.); *«А...а...а, как же иначе», — заикался он* (ср.: *«А-а-а», — протяжно и понимающе произнёс он*).

3. Многоточие ставится в конце предложения для указания на то, что приводимое перечисление могло бы быть п р о д о л ж е н о: *На выставке в зале Музея искусств Грузии представлено свыше 50 произведений Пикассо, Ренуара, Гогена, Дега, Бернара, Модильяни, Сезанна, Моне...* (газ.)

4. Многоточие ставится для указания на н е о ж и д а н н ы й п е р е х о д от одной мысли к другой: *Дубровский молчал... Вдруг он поднял голову, глаза его засверкали, он топнул ногой, оттолкнул секретаря...* (П.)

5. Многоточие в начале текста указывает, что продолжается прерванное какой-нибудь вставкой повествование или что между событиями, описываемыми в предшествующем тексте и в данном, прошло много времени: *...А теперь вернёмся к началу этой истории, продолжавшейся двадцать лет.*

6. Многоточие ставится при п е р е ч и с л е н и и слов с нераскрытым содержанием: *Фестивали... Конкурсы... Концерты...* (название рубрики в газете).

7. О постановке многоточия в цитатах см. § 55.

8. О сочетании многоточия с вопросительным или восклицательным знаком см. § 68, п.1.

Раздел 2

Тире между членами предложения

§ 5. Тире между подлежащим и сказуемым

1. Тире ставится между подлежащим и сказуемым при отсутствии связки, если оба главных члена предложения выражены существительными в форме именительного падежа: *Одиночество в творчестве — тяжёлая **штука*** (Ч.); *Следующая **станция** — **Мытищи***; *Московские **игры** — прекрасная **академия** спортивного творчества* (газ.).

Как правило, **тире** ставится:

1) в предложениях, имеющих характер логического определения: *Геометрия — отдел математики, изучающий пространственные формы и отношения тел*;

2) в предложениях книжно-письменных стилей (научного, публицистического, официально-делового), содержащих характеристику, оценку предмета или явления: *Материя — объективная **реальность**, существующая вне и независимо от человеческого сознания*; *Разоружение — веление времени*;

3) в предложениях тождества (подлежащее и сказуемое выражают одно и то же понятие): *Москва — столица России*;

4) после однородных подлежащих: *Казань, Нижний Новгород, Саратов, Волгоград, Астрахань — крупнейшие города Поволжья*;

5) при структурном параллелизме частей предложения: *Усердный в бригаде — клад, ленивый — тяжёлая обуза*;

6) для внесения **ясности** в смысл предложения; ср.: *Старшая* **сестра** *его —* **учительница;** *Старшая* **сестра** *— его учительница.*

Примечание. В ряде случаев тире обычно не ставится:

1) в простых по составу предложениях **разговорного** стиля речи: *Моя* **мать** *инженер; Мой* **брат** *школьник;*

2) если в роли связки выступают **сравнительные союзы** *как, будто, словно, точно, вроде как, всё равно что* и т.п.: *Речи как речи* (Фурм.); *Звёзды будто* **мелкие алмазы;** *Облака словно* **сказочные чудовища;** *Сегодня небо* **точно море.**

Отступления от этого положения у писателей-классиков и у современных авторов связаны с прежними пунктуационными нормами или с желанием подчеркнуть оттенок сравнения, содержащийся в сказуемом: *Твои* **речи** *— будто острый* **нож** (Л.); *Такая фраза — всё равно что* **большой шлем в ералаше** (Т.); *Эта девушка — как праздник!* (Аж.); *Срок войны —* **что жизни век** (Тв.);

3) если перед сказуемым стоит **отрицание** *не: Офицер этот* **не чета** *вам* (Фед.); *...Уссурийский* **тигр** *совсем* **не сказка,** *явь почти* (Март.); *Бедность не порок* (пог.); *Сердце не камень* (пог.); *Аналогия не доказательство.*

Постановка тире в этом случае имеет целью логически и интонационно подчеркнуть сказуемое: *Но объяснение — не оправдание* (М.Г.); *Его взгляды на семейный этикет — не предрассудок ли это?;*

4) если между подлежащим и сказуемым стоит **вводное слово,** иногда наречие, союз, частица: *Дубава, кажется,* **друг** *Корчагина* (Н.О.); **Риск,** *как известно,* **дело** *благородное; Необдуманный* **поступок** *вообще* **шаг** *опасный; Сергеев теперь известный художник; Пихта тоже дерево смолистое; Март только* **начало** *весны.* Ср. наличие или отсутствие тире в зависимости от указанных условий: *Иванов — хороший* **шахматист;** *Иванов, кажется, неплохой* **шахматист** (наличие вводного слова); *Иванов теперь опытный* **шахматист** (наличие наречия); *Иванов тоже известный* **шахматист** (наличие союза); *Иванов только начинающий* **шахматист** (наличие частицы);

5) если перед сказуемым стоит относящийся к нему **второстепенный член предложения:** **Степан** *нам сосед* (Ш.); **Коля** *мне друг;*

6) если сказуемое предшествует подлежащему: *Прекрасный человек Иван Иванович!* (Г.); *Славное место эта долина!* (Л.); *Живописный* **народ** *индийцы* (Гонч.); *Неплохой* **ученик** *этот мальчик.* Постановка тире в этом случае подчеркивает интонационное деление предложения на два состава: *Славные* **люди —** **соседи** *мои!* (Н.); *Удивительное дело — сон* (Т.); *Психологический*

*курьёз — моя **мать*** (Ч.); *Ловкая **штучка** — **умишко** человеческий* (М.Г.); *Гроб — дорога* (Тв.);

7) если подлежащее в сочетании со сказуемым образует неразложимый ф р а з е о л о г и ч е с к и й о б о р о т: ***Грош** цена теории, которая фиксирует одни шаблоны* (Гол.); *Два сапога пара* (пог.).

2. Тире ставится между подлежащим и сказуемым, если оба они выражены н е о п р е д е л е н н о й ф о р м о й г л а г о л а (инфинитивом) или если один из главных членов выражен формой именительного падежа существительного, а другой — неопределенной формой глагола: *О решённом **говорить** — только **путать*** (М.Г.); *Долг наш — **защищать** крепость до последнего нашего издыхания* (П.); *Конечно, это большое **искусство** — **ждать*** (Соб.); *Чай **пить** — не дрова **рубить*** (посл.); *Заставить меня свернуть с правильного пути — **дудки**!*; *Писать посредственные вещи — **на это не нужен никакой талант** —* инфинитив в функции именительного темы, сказуемое выражено целым предложением; *Казалось бы, **чего проще** — **написать** ответное письмо* (ср.: *Написать ответное письмо — дело простое*).

Но (при инверсии и отсутствии паузы): *Какое **счастье** сына **обнимать**!* (Долм.)

3. Тире ставится перед словами *это, это есть, значит, это значит, вот*, присоединяющими сказуемое к подлежащему: ***Поймать** ерша или окуня — э т о такое **блаженство**!* (Ч.); ***Спорт и культура** — в о т два **ключа** к радости, красоте* (газ.); *Понять — з н а ч и т простить*; *Самая поздняя **осень** — э т о **когда от морозов рябина сморщится и станет**, как говорят, «сладкой»* (Пришв.) — в роли сказуемого выступает целое предложение.

4. Тире ставится, если оба главных члена предложения выражены количественными ч и с л и т е л ь н ы м и или если один из них выражен формой именительного падежа существительного, а другой — числительным либо оборотом с числительным: ***Двадцать лет** — хо-*

рошая *вещь* (Сим.); ***Расставанья и встречи* —** *две главные **части**, из которых когда-нибудь сложится счастье* (Долм.); *Трижды пять* — *пятнадцать*; *Скорость* — *шестьдесят километров в час*.

Примечание. В специальной литературе при характеристике предмета тире в этом случае часто не ставится: *Грузоподъёмность крана 2,5 т, вылет стрелы 5 м; Температура плавления золота 1063° С.*

5. Тире ставится между подлежащим, выраженным **неопределенной формой глагола**, и сказуемым, выраженным предикативным **наречием** (категорией состояния) на -*о*, при наличии паузы между главными членами предложения: *Уступить* — *позорно* (Тендр.); *Это очень **несносно** — **переезжать*** (Гонч.); *Это **ужасно** — **струсить** в последний момент; Это чертовски **весело** — **кататься** на лодке* [ср. без паузы: ***Кататься** на лодке **весело**; **Судить** человека в немилости очень **легко*** (Л.Т.)].

6. Тире ставится перед сказуемым, выраженным **фразеологическим оборотом**: *И женщина и мужчина* — ***пятак пара*** (Ч.); *А крыльцо* — ***дай Бог иному князю*** (А.Т.); *Заработок у него теперь* — ***будь здоров**; Серёжа* — ***седьмая вода на киселе*** *и вам и мне*.

7. При подлежащем, выраженном словом *это*, **тире** ставится или не ставится в зависимости от логического выделения подлежащего и наличия либо отсутствия паузы после него. Ср.:

***Это** — **начало** всех начал; **Это** неплохое **начало**;*
Это** — **одиночество (Ч.); ***Это** дом Зверкова* (Г.).

8. Тире обычно не ставится, если подлежащее выражено **личным местоимением**, а сказуемое — формой именительного падежа существительного: ***Он** порча, **он** чума, **он** язва здешних мест* (Кр.); ***Я** честный человек и никогда не говорю комплиментов* (Ч.).

Тире в этом случае ставится:

1) при **логическом подчеркивании**: ***Я** — страница твоему перу. Всё приму. Я белая страница. **Я** — хранитель твоему добру...* (Цв.);

2) при противопоставлении: *Я — фабрикант, ты — судовладелец* (М.Г.); ***Она*** *— сплошной* ***клубок нервов****, а* ***он — воплощение*** *олимпийского спокойствия*;

3) при структурном параллелизме предложений или частей предложения: *Без тебя* ***я*** *—* ***звезда*** *без света. Без тебя* ***я*** *—* ***творец*** *без мира* (Бр.); ***Мы — люди*** *беспокойные, ибо* ***мы — в ответе*** *за планету*; *Двое людей, он и она, шли рядом:* ***он — молодой человек*** *в тёмном костюме,* ***она — молодая****, очень хорошенькая* ***девушка*** *в цветастом платье*;

4) при инверсии главных членов предложения: ***Герой*** *этого спектакля —* ***я***; ***Пример*** *тому —* ***он***.

9. Тире не ставится, если один из главных членов предложения выражен вопросительным местоимением, а другой — существительным в форме именительного падежа или личным местоимением: *Скажи мне,* ***кто*** *твой* ***друг****, и я скажу тебе,* ***кто ты***; *Эта* ***книга чья?***; *Вы* ***кто?***

10. Тире обычно не ставится, если сказуемое выражено прилагательным (в том числе местоименным), предложно-именным сочетанием: *Погода несносная, дорога скверная, ямщик упрямый...* (П.); *Земля велика и прекрасна* (Ч.); *Вишнёвый* ***сад мой!*** (Ч.); *Небо без* ***единого облачка***; *Люди здесь* ***необыкновенной доброты***.

Тире перед сказуемым-прилагательным ставится:

1) при логическом или интонационном членении предложения: *Зрачки — кошачьи, длинные* (Ш.); *Высота возле разбросанных домиков хутора — командная* (Каз.);

2) при наличии однородных сказуемых: ***Ритм*** *суворовского училища —* ***чёткий, быстрый, военный*** (газ.); *Он сильно изменился: походка, движения, черты лица, даже взгляд —* ***мягче, спокойнее, проще***;

3) при структурном параллелизме частей предложения: *Ночь — тёплая, небо — синее, луна — серебристая, звёзды — блестящие.*

11. В сносках **тире** отделяет объясняемое слово от объяснения, независимо от формы выражения сказуемого: *Посейдон — в древнегреческой мифологии бог морей*; *Пегас — **считается символом** поэтического вдохновения*.

§ 6. Тире в неполном предложении

1. Тире ставится при наличии п а у з ы в так называемых э л л и п т и ч е с к и х предложениях (самостоятельно употребляемых предложениях с отсутствующим сказуемым): *Влево, в углу, у дверей, на табурете — ведро воды для жаждущих* (Пом.); *За калиткой — третий плац, строевой, необыкновенной величины* (Купр.); *Мужики — за топоры...* (А.Т.); *И это вы — при дочери?* (Фед.); *А в двери — бушлаты, шинели, тулупы...* (М.); *За ночным окном — туман* (Бл.); *Олимпийский огонь — на нашей земле!* (газ.); *В роли обиженных — маленькие дети*; *И затем — минутная тишина*; *Арбузов и дынь — горы*; *Коров — две*; *В ответ — полное молчание*; *Впереди — А.Карпов*.

При отсутствии паузы в эллиптических предложениях тире не ставится: *А в доме стук, ходьба...* (Гр.); *Вдруг передо мною рытвина глубокая* (Л.); *Скрип шагов вдоль улиц белых, огоньки вдали* (Фет); *У Хохла пожар!* (М.Г.); *Револьвер на стол!* (Тр.); *Справа дверь в соседнюю комнату, слева выход на террасу* (так оформляются ремарки в пьесах); *В этом вся суть*.

2. Тире ставится в неполных предложениях при п а р а л л е л и з м е к о н с т р у к ц и й (предложений или частей предложения): *Её [литературы] красота — в истине, её главное значение — в правде* (Кор.); *Во всех окнах — любопытные, на крышах — мальчишки* (А.Т.); *Вместо хлеба — камень, вместо поучения — колотушка* (С.-Щ.); *Здесь — овраги, дальше — степи, ещё дальше — пустыня, в другом конце — леса, болота, мох* (Фед.); *Тёркин — дальше. Автор — вслед* (Тв.); *И над* этим плугом — все мечтанья, и под этим плугом — вся земля, и душа — как в первый миг свиданья, и душа — как парус корабля (Бл.); *О, я хочу безумно жить, всё сущее — увековечить, безличное — вочеловечить, несбывшееся — воплотить!* (Бл.); *Забора — нет. Ворот — нет. Границ — нет. Перед домиком — цветник, ограда, позади — усыпанный свежим песком квадратный дворик* (Кат.); *Молочный суп — на первое, блинчики с творогом — на второе.*

3. Тире ставится в неполных предложениях особой структуры, основу которых образуют два с у щ е с т в и т е л ь н ы х — в формах дательного и винительного падежей, без подлежащего и сказуемого, с четким и н т о н а ц и о н н ы м д е л е н и е м на две части: *Лыжникам — хорошую базу; Массам — культуру; Молодёжи — образование.* Обычно такие предложения используются в качестве лозунгов и газетных заголовков.

4. Тире ставится в расчлененных (двучленных) з а г о л о в к а х, представляющих собой неполные безглагольные предложения, в которых имеются слова со значением субъекта действия, объекта, обстоятельства, отвечающие на вопросы «кто — чему?», «кто — куда?», «что — куда?», «что — как?», «что — где?» и т.п.: *Мастера искусств — молодёжи; Туризм — для всех; Отряды — в путь; Герои — рядом; Заботы и радости — пополам; Новые книги — нарасхват.*

5. Тире ставится в неполном предложении, составляющем часть сложного предложения, когда пропущенный член (обычно сказуемое) восстанавливается из предыдущей части фразы и в месте пропуска делается п а у з а: *Ермолай стрелял, как всегда, победоносно; я — довольно плохо* (Т.); *За окном вагона плыла кочковатая равнина, бежали кустарники, дальние — медленно, ближние — вперегонку* (А.Т.); *Голоса офицеров с каждой минутой становились громче, слова — резче, аргументы — непримиримее* (Гол.); *Мир освещается солнцем, а человек — знанием* (посл.); *Под-*

берите ещё несколько примеров, каких — не имеет значения; *У него в глазах — как бы поскорее отделаться от меня; Теперь я понимаю, чем он всех привлекает, — непреклонностью; Мы взялись за дело весело, они — даже с энтузиазмом; Трудно было установить, кто из них был прав, кто — виноват* (ср. без вспомогательного глагола: *Трудно было установить, кто прав, кто виноват*); *Одни голосовали за предложенную резолюцию, другие, наоборот, — против* (ср.: *Одни голосовали за, другие против*); *Идти дальше через трясину было опасно, оставаться — тоже; Такую температуру могут выдержать только сплавы стали, а из лёгких металлов — только сплавы титана; Предстояли большие строительные работы, а главное — сооружение водопровода; Вы здесь уже давно, а я — только несколько дней; Одни работают, понимая своё дело как общее для всех, другие — стараясь извлечь выгоду только для себя; Пассажиры... рассовывали чемоданы, сумки, свёртки, переносили подушки, кто — чтобы лечь головой от окна, кто — чтобы головой к окну* (Роз.); *Карманы были двойные: внутренний — из полотна, внешний — из серого коленкора* (Юг.); *Один атом натрия замещает один атом водорода, один атом цинка — два атома водорода, а один атом алюминия — три атома водорода.*

При отсутствии паузы в месте пропуска члена предложения тире не ставится: *Егорушка долго оглядывал его, а он Егорушку* (Ч.); *Из нашей батареи только Солёный пойдёт на барже, мы же со строевой частью* (Ч.); *Алёша смотрел на них, а они на него* (Дост.); *У вора один грех, а у нас с хозяином десять* (Остр.); *...Ты делаешь вещи долгие, а я короткие* (Леон.).

6. Тире ставится в однотипно построенных частях сложного предложения при пропуске какого-либо члена и даже без пропуска: *Они смотрели друг на друга: Райский — с холодным любопытством, она — с дерзким торжеством* (Гонч.); *В жизни каждого была такая девушка. Один встретил свою в лаборатории,* *другой — в радиорубке, третий — в геологической партии, четвёртый — в море, пятый — в небе, на скрещении воздушных дорог* (Горб.); *В зале говорили свидетели — торопливо, обесцвеченными голосами, судьи — неохотно и безучастно* (М.Г.).

§ 7. Интонационное тире

1. Тире ставится для указания места р а с п а д е н и я простого предложения на с л о в е с н ы е   г р у п п ы, чтобы подчеркнуть или уточнить с м ы с л о в ы е   о т н о ш е н и я между членами предложения, когда другими знаками препинания или порядком слов нужный смысл не может быть выражен. Ср.:

Ходить — долго не мог (т.е. лишен был возможности передвигаться в течение длительного периода, например после тяжелой болезни); *Ходить долго — не мог* (т.е. не мог заниматься длительной ходьбой);

В случае нужды — прошу (т.е. в случае нужды прошу обратиться ко мне); *В случае нужды прошу* (т.е. обращаюсь с просьбой, когда испытываю нужду).

Такое тире называется и н т о н а ц и о н н ы м, оно может отделять любую часть предложения: *...Неостановимо, невосстановимо хлещет жизнь. Подставляйте миски и тарелки! Всякая тарелка будет — мелкой, миска — плоской* (Цв.); *Пошли в клуб — почитать, поиграть в шашки, потанцевать* — тире перед однородными обстоятельствами цели подчеркивает их связь со сказуемым (ср. также: *Беру бинокль — наблюдать*); *Все любили его — за присущее ему упорство, силу воли, за полнокровность всего его существа; К станции приближались пешеходы — с узлами, мешками, чемоданами* — однородные члены предложения относятся к сказуемому и имеют значение дополнения, а при отсутствии тире могли бы быть восприняты как несогласованные определения к подлежащему: *Я — что, это вы крупный специалист* (ср.: *Он что — не согласен на отъезд?*).

2. Интонационный характер имеет также **тире**, которое ставится между членами предложения для выражения неожиданности или для обозначения логического ударения: *И щуку бросили — в реку* (Кр.); *Через несколько минут загремели цепи, двери отворились, и вошёл — Швабрин* (П.).

§ 8. Соединительное тире

1. Тире ставится между двумя или несколькими словами для обозначения пределов («от ... до»):

1) пространственных: *Беспосадочный перелёт **Москва —Хабаровск**; Через эту станицу можно было выйти к большому пути **Уральск — Лбищенск — Сахарная — Гурьев*** (Фурм.);

2) временных: *Крестовые походы **XI — XIII веков**; Репертуар театра на **январь — март**;*

3) количественных: *Рукопись объёмом **десять — двенадцать** авторских листов* (то же цифрами: *10 — 12*); *Груз массой **300 — 350** тонн*; ***5 — 7**-кратное превосходство.*

Примечание. Если между двумя рядом стоящими числительными можно по смыслу вставить не слова *от...до*, а слово *или*, то они соединяются **дефисом**: *Пробудет в командировке **пять-шесть** дней* (но при цифровом обозначении ставится тире: *...5 — 6 дней*).

2. Тире ставится между двумя или несколькими именами собственными, совокупностью которых называется какое-либо учение, научное учреждение и т.п.: *Физический закон **Бойля — Мариотта**; Матч **Карпов — Каспаров**; Матч **«Спартак» — «Торпедо»**.*

3. Тире ставится между отдельными словами для показа внутренней связи между ними: *Завершился конгресс Международного союза архитекторов, проходивший под девизом **«Архитектура — человек — окружающая среда»*** (газ.); *Вчера — сегодня — завтра.*

Раздел 3

Знаки препинания в предложениях с однородными членами

В предложениях с однородными членами используются следующие знаки препинания: запятая, точка с запятой, тире, двоеточие.

§ 9. Однородные члены предложения, не соединенные союзами

1. Между однородными членами предложения, связанными только и н т о н а ц и о н н о, обычно ставится **запятая**: *Вопросы, **восклицания**, рассказы посыпались наперерыв* (Т.); *Зотов **нахмурился**, перестал **писать**, закачался на стуле* (Пан.); *В воде тихо ходили бледные огни, **вспыхивая**, угасая, выплывая на поверхность, **уходя** опять в таинственную и страшную глубь* (Кор.).

П р и м е ч а н и я: **1.** Не ставится запятая:

1) между двумя глаголами в одинаковой форме, указывающими на д в и ж е н и е и его цель или образующими единое с м ы с л о в о е ц е л о е (в таких сочетаниях нет однородных членов): *Зайду проведаю* (Л.Т.); ***Пойди посмотри** расписание занятий*; *Смотри не оступись*; ***Идёт себе посматривает***; *Сидим завтракаем*; ***Попробуй определи** на вкус*; *Сядь отдохни*; ***Ждём не дождёмся** весны*;

2) в устойчивых выражениях: *За всё про всё её бранят* (Кр.); ***Ни с того ни с сего** обиделся*; *Поболтали **о том о сём***;

3) между существительным и приложением к нему (определением), при которых повторяется один и т о т ж е предлог: *Постеснялся бы **при сестре при девушке***; *Отобрал **от девочки от сироты***.

2. Не являются однородными членами предложения и не разделяются запятой, а соединяются **дефисом**:

1) парные сочетания с и н о н и м и ч е с к о г о характера: *Поведёт дело — любо-дорого смотреть* (Остр.); *Мне надо, худо-бедно, восемь бригад* (Ник.); *сделать шито-крыто; разыгрались вьюги-метели; рассказать правду-истину; мил-дорог человек; конца-краю нет; она заливается-хохочет; с радости-веселья кудри вьются; ну и пошло-поехало; всё завертелось-закрутилось; он мне друг-приятель; она убивается-плачет; поведать про их житьё-бытьё; этот старый вор-разбойник; какая здесь польза-выгода; изменились обычаи-порядки; будем его просить-молить; как вас звать-величать; прошу миловать-жаловать; как изволили спать-почивать; кругом смрад-дым; торговали бездáнно-беспóшлинно; привозили то-сё;*

2) парные сочетания а н т о н и м и ч е с к о г о характера: *сформулировать вопросы-ответы; расширился экспорт-импорт; условия купли-продажи; отмечать приход-расход; приём-выдача книг; твёрдость-мягкость согласных; бегать вверх-вниз; двигаться вперёд-назад;*

3) парные сочетания а с с о ц и а т и в н о г о характера: *Молодо-зелено, на всё ещё я тогда смотрел не своими глазами* (Леск.); *весёлые песни-пляски; идти в лес по грибы-ягоды; угощать хлебом-солью; подать чай-сахар; принесли чашки-плошки; разные там водятся птицы-рыбы; гремят ножи-вилки; связать по рукам-ногам; указать своё имя-отчество; все они братья-сёстры; вспомнят нас внуки-правнуки; стали всех гостей поить-кормить; кончили пить-есть.*

3. Различаются внешне похожие конструкции; ср.: *Для завершения работы над проектом понадобится **неделя, другая*** — при втором однородном члене предложения опущено слово *неделя*; *Сыграем **партию-другую*** — сочетание, близкое к сложному слову, а не перечисление однородных членов.

Различаются также сочетания с числительными; ср.: *Придётся ждать томительных **три, четыре** дня* (перечисление); *Работа будет закончена через **восемь — десять** дней* (в значении «от...до»; см. § 8, п.1) *Он вернётся через **два-три** дня* (в значении «или»; см. § 8, п.1).

2. Для усиления выразительности и интонационного членения допускается постановка **тире** между однородными членами предложения: *Вспоминается цепь событий: **приезд Веры — знакомство — разговоры о литературе и искусстве — объяснение — отказ — расставание**; Все говорят одно и то же: **Распутин — царица — немцы — война — революция*** (М.Г.).

3. Распространенные однородные члены предложения, особенно если внутри них имеются запятые, могут разделяться **точкой с запятой**: *Во мраке смутно представлялись те же неясные предметы: в некотором отдалении **чёрная стена**, такие же **движущиеся пятна**; подле самого меня **круп лошади**, которая, помахивая хвостом, широко раздвигала задними ногами; **спина в белой черкеске**, на которой покачивалась винтовка в чёрном чехле и виднелась белая головка пистолета в шитой кобуре; **огонёк папиросы**, освещающий русые усы, бобровый воротник и руку в замшевой перчатке* (Л.Т.).

4. При противопоставлении между однородными членами предложения, не связанными союзами, ставится **тире**: *Не за горами смерть-то — за плечами* (Т.); *Не небесам чужой отчизны — я песни родине слагал* (Н.); *Ему хотелось не говорить — кричать об этом; Для меня он был больше чем простым знакомым — близким другом, чутким наставником; Это было не воспоминание, не свежая мысль — скорее нечто похожее на давнее сновидение; Он не расстроился, наоборот, — обрадовался; Он не то что сочиняет — фантазирует.*

§ 10. Однородные и неоднородные определения

1. Между однородными определениями, не связанными союзами, ставится **запятая**.

Определения являются однородными:

1) если обозначают отличительные признаки разных предметов: *Толпы ребятишек в **синих, красных, белых** рубашках стоят на берегу* (М.Г.);

2) если обозначают различные признаки одного и того же предмета, характеризуя его с одной стороны: ***Могучий, буйный, оглушительный** ливень хлынул на степь* (Буб.). В этом случае каждое из определений непосредственно относится к определяемому сущест-

вительному, между определениями можно вставить сочинительный союз: *крепкий, неподвижный, здоровый сон* (Т.); *дождливая, грязная, тёмная осень* (Ч.); *пустой, безлюдный берег* (Сер.); *тяжёлое, суровое дело* (Эр.); *сильное, решительное, твёрдое слово* (Фурм.); *жирные, ленивые суслики; чёрные, голые деревья; мрачные, безрассудные, опасные мысли; дерзкое, надменное, гневное лицо; лёгкая, непринуждённая, увлекательная беседа; строгая, резкая, отрывистая команда; тухлая, зелёная вода болота; густая, тяжёлая, непрозрачная жидкость; высокомерное, капризное лицо; вызывающий, непозволительный тон; утончённые, благородные, изящные манеры; весёлый, яркий праздник; великое, гордое, грозное имя; милая, добрая женщина; причудливые, угрожающие тени; морщинистая, дряхлая старушка; жёсткий, колючий, пронзительный взгляд; толстые, бесформенные ноги; грубые, дикие, жестокие нравы средневековья; старое, выцветшее платье; ревностная, исступлённая приверженность к искусству; густая, удушливая пыль; отсталые, тёмные, суеверные люди; добродушный, ласковый старичок; острый, умный взгляд; жаркий, безоблачный день; длинный, узкий коридор; глухое, безлюдное место; добрые, грустные, смущённые глаза; мирная, спокойная жизнь; тёплый, неподвижный, плотный воздух; опрятные, чистые, весёлые детишки; суровое, мужественное лицо; незнакомый, загадочный, великолепный мир джунглей; тяжёлый, мучительный путь; живописная, извилистая речка; свежее, душистое сено; плотный, крепкий мужчина; сочные, жирные листья кустарника*;

3) если, характеризуя предмет с разных сторон, в условиях контекста объединяются каким-либо о б щ и м   п р и з н а к о м (внешним видом, сходством производимого ими впечатления, отнесением к отдаленному общему понятию, причинно-следственной связью и т.д.): *В небе таяло одно **маленькое, золотистое** облачко* (М.Г.) — внешний вид; *Вода струится по камешкам и прячет **нитчатые, изумрудно-зелёные** водоросли*

(Сол.) — общее внешнее впечатление; *С **бледным,** **покривившимся** лицом он вдруг вскочил и схватил себя за голову* (Ч.) — общее понятие («изменившийся от волнения»); *Был **лунный, ясный** вечер* (Ч.) («лунный, а потому ясный»); *Раздался **страшный, оглушительный** удар грома* («страшный, потому что оглушительный»); *Наступили **тяжёлые, мрачные** времена* («тяжелые, поэтому и мрачные»); *Он прикрыл глаза **красными, воспалёнными** веками* («красными, потому что воспаленными»); *пустынный, неприветливый дом; душная, гнетущая темнота; серый, непрерывный, мелкий дождик; густой, чёрный дым; бледное, строгое лицо; запылённые, оборванные люди; тяжёлое, злое чувство; старческие, бесцветные глаза; дальний, тёмный угол; гордый, храбрый вид; чистенький, новый костюм.*

Ср. в языке художественной литературы: ***Тяжёлые, холодные** лучи лежали на вершинах окрестных гор* (Л.); *На небе кое-где виднелись **неподвижные, серебристые** облака* (Т.); ***Крупные, дутые** бусы в три ряда обвились вокруг **смуглой, худой** шеи* (Т.); *Он протягивал мне **красную, опухшую, грязную** руку* (Т.); *Петя был теперь **красивый, румяный, пятнадцатилетний** мальчик* (Л.Т.); ***Милые, твёрдые, красные** губы её всё так же морщились, как и прежде* (Л.Т.); *Покажите всем, что эта **неподвижная, серая, грязная** жизнь надоела вам* (Ч.); *Его встретила **тощая, горбатая** старуха* (Ч.); *Он щипал пальцами **тонкие, пушистые** усы* (М.Г.); *В **густых, тёмных** волосах блестели седые пряди* (М.Г.); ***Серый, маленький** дом Власовых всё более притягивал внимание слободки* (М.Г.); ***Ровное, монотонное** бормотанье прерывается* (Сер.); *...Запив **розовым, кисленьким, душистым** винцом* (Кат.);

4) если в условиях контекста между определениями создаются с и н о н и м и ч е с к и е   о т н о ш е н и я: *Настали **тёмные, тяжёлые** дни* (Т.); ***Холодный, металлический** свет блеснул на тысячах мокрых листьев* (Гран.); *С **чудесной,** почти **волшебной** лёгкостью орудовал он своим инструментом*, а также: *сплошная,*

беспросветная тьма; прозрачный, чистый воздух; красное, злое лицо; робкий, апатичный характер; густое, тяжёлое масло; тихая, скромная жизнь; белые, крепкие зубы; весёлая, добродушная улыбка; гордый, независимый вид; отдалённый, пустынный переулок; сухая, потрескавшаяся земля; суровый, упрямый характер; счастливая, озорная, мальчишеская улыбка;

5) если представляют собой **художественные определения**: *Одни кузнечики дружно трещат, и утомителен... этот **непрестанный, кислый** и **сухой** звук* (Т.); *Его **бледно-голубые, стеклянные** глаза разбегались* (Т.); *Старуха закрыла **свинцовые, погасшие** глаза* (М.Г.); то же при употреблении определения-прилагательного в переносном значении: *круглые, рыбьи глаза мальчика; тонкие, журавлиные ноги*;

6) если образуют смысловую **градацию** (каждое последующее определение усиливает выражаемый им признак): *Осенью ковыльные степи совершенно изменяются и получают свой **особенный, самобытный, ни с чем не сходный** вид* (Акс.); *Приехав домой, Лаевский и Надежда Фёдоровна вошли в свои **тёмные, душные, скучные** комнаты* (Ч.); ***Радостное, праздничное, лучезарное** настроение распирало* (Сер.);

7) если за **одиночным** определением следует определение, выраженное **причастным оборотом**: *малоизвестные, расположенные на отшибе курганы; древняя, почерневшая от времени деревянная статуэтка; небольшое, устланное коврами возвышение; чёрные, гладко причёсанные волосы; худое, изборождённое глубокими морщинами лицо; пустое, запорошенное снегом поле; ранняя, чуть заигравшая зорька; твёрдый, плохо выбритый подбородок* (ср. при другом порядке слов: *плохо выбритый твёрдый подбородок*).

Ср. в языке художественной литературы: *В сундуке я нашёл **пожелтевшую, написанную по-латыни** гетманскую грамоту* (Пауст.); *Было как-то по-хорошему грустно в этом **маленьком, уже тронутом поздней осенью** саду* (Горб.); *То была **первая, не замутнённая*** никакими опасениями *радость открытия* (Гран.); *На белой, тщательно отглаженной скатерти появились медвежье мясо, вяленая сохатина...* (Аж.); *Открылся вид на высокий, чуть розовеющий небосвод* (Е.М.); *Сквозь маленькое, затянутое льдом оконце... пробивался лунный свет* (Закр.).

Но: *чёрные появившиеся на скатерти пятна; заячий наполовину потёртый воротник; большой собранный автором материал* и т.п. — первое определение относится к сочетанию второго определения с существительным;

8) если стоят п о с л е определяемого существительного (в этом положении каждое из определений непосредственно связано с существительным и имеет одинаковую смысловую самостоятельность): *Я видел женщину молодую, прекрасную, добрую, интеллигентную, обаятельную* (Ч.); *Я буду тогда обладать истиной вечной, несомненной* (Т.).

Возможные отступления: а) в стихотворной речи, что связано с ритмомелодикой стиха: *Здравствуйте, дни голубые осенние* (Бр.); б) в сочетаниях терминологического характера: *груша зимняя позднеспелая; трубы тонкостенные электросварные нержавеющие; кран мостовой электрический грейферный; брюки серые суконные; астра ранняя махровая;*

9) если п р о т и в о п о с т а в л я ю т с я сочетанию других определений при том же определяемом слове: *Ещё недавно в нашем районе стояли низенькие, деревянные дома, а теперь — высокие, каменные; В окошечко билетной кассы протягивались то большие, мужские руки, то маленькие, женские;*

10) особый случай представляют собой так называемые п о я с н и т е л ь н ы е определения, когда запятая между определениями ставится, если второе из них поясняет первое (между ними можно вставить союз *то есть* или *а именно*): *Внутри дома комнаты были наполнены заурядною, нехитрой мебелью* (Т.); *Быстрыми шагами прошёл я длинную «площадь» кустов,*

взобрался на холм и... увидел совершенно **другие**, мне **незнакомые** *места* (Т.); *С добрым чувством надежды на* ***новую, лучшую*** *жизнь он подъехал к своему дому* (Л.Т.); *Приближался вечер, и в воздухе стояла та* ***особенная, тяжёлая*** *духота, которая предвещает грозу* (М.Г.); *Совсем* ***другие, городские*** *звуки слышались снаружи и внутри квартиры* (Кат.); *...**Нормальное, мирное** сосуществование государств; Представляла интерес и **другая, дополнительная** работа; Вскоре мы вступим в **новое**, XXI столетие*. В этих случаях второе определение выступает не как однородное, а как пояснительное (см. § 23). Возможность вариантов пунктуации объясняется различным толкованием смысла предложения; ср.: *Я хочу купить **другой кожаный** портфель* — у меня уже имеется кожаный портфель; *Я хочу купить **другой, кожаный** портфель* — у меня имеется портфель, но не кожаный.

2. Между неоднородными определениями запятая не ставится.

Определения являются н е о д н о р о д н ы м и, если предшествующее определение относится не непосредственно к определяемому существительному, а к сочетанию последующего определения с этим существительным: *Алёша подал ему **маленькое складное кругленькое*** *зеркальце* (Дост.) (ср.: *кругленькое зеркальце — складное кругленькое зеркальце — маленькое складное кругленькое зеркальце*); *Старуха мать раскладывала виноград на **низеньком круглом татарском** столике* (Л.Т.); *...Представляете ли вы себе **скверный южный уездный*** *городишко?* (Купр.); ***Ранняя суровая зимняя*** *заря проступала сквозь мертвенную дымку* (Ф.).

Неоднородные определения характеризуют предмет с разных сторон, в разных отношениях, т.е. выражают признаки, относящиеся к разным родовым (общим) понятиям: *В углу гостиной стояло **пузатое ореховое*** *бюро* (Г.) — форма и материал; *Волшебными подводными островами... тихо проходят **белые круглые*** *облака* (Т.) — цвет и форма; *Мы жили в подвале* *большого каменного дома* (М.Г.) — размер и материал; *Как-то давно довелось мне плыть по **угрюмой сибирской реке*** (Кор.) — качество и местонахождение.

Если такие признаки объединены общим родовым понятием, подобные определения могут стать однородными: *Для туристской базы отведён **большой, каменный** дом* — объединяющий признак — «благоустроенный».

В зависимости от стиля речи некоторые примеры допускают разное понимание, а в связи с этим — разную интонацию и пунктуацию; ср.: *Именно эти **новые, большие, многоэтажные** здания в основном определяли лицо города* (Кат.) — в художественной прозе; *Построены **новые большие многоэтажные** дома* — в деловой речи. Ср. также: *Вдали виднелись **крошечные, неподвижные** огоньки*; *Вдали виднелись **крошечные неподвижные** огоньки*.

Неоднородные определения выражаются:

1) сочетанием относительных прилагательных или причастий и относительных прилагательных: *летний оздоровительный лагерь; мраморные четырёхугольные колонны; неизданные авторские черновые наброски; витая железная лестница; запущенный фруктовый сад*;

2) сочетанием качественных и относительных прилагательных: *высокий редкий прошлогодний камыш; новенькие жёлтые стулья; чистое ситцевое полосатое платье; громадные чёрные дискообразные противотанковые мины; неровный глиняный мазаный пол; неглаженое серое холщовое полотенце; красивое небольшое овальное зеркало; роскошная резная золочёная рама; новые высокие экономические рубежи; интересное продолговатое смуглое лицо; модный пышный завитой парик; толстая выпяченная нижняя губа; густые изогнутые высокие брови*.

Ср. в языке художественной литературы: ***Яркое зимнее** солнце заглянуло в наши окна* (Акс.); *По **широкой большой бесшоссейной** дороге шибкою рысью ехала **высокая голубая венская** коляска цугом* (Л.Т.); *Снежные* сугробы *подёрнулись* **тонкой ледяной корой** (Ч.); *Вдруг* **конское тревожное** *ржанье раздалось во тьме* (Ф.);

3) реже — сочетанием качественных прилагательных: *крохотная белая пушистая собачка; мягкие густые чёрные кудри; огромные удивительные тёмно-синие махаоны* (Пришв.); *молочник с густыми жёлтыми сливками* (Купр.); *лёгкий сдержанный шёпот* (Т.).

Выше рассматривалась пунктуация при согласованных определениях. Н е с о г л а с о в а н н ы е определения, как правило, о д н о р о д н ы: *Вошёл молодой человек* **лет двадцати пяти**, **блещущий здоровьем, со смеющимися щеками, губами и глазами** (Гонч.).

§ 11. Однородные и неоднородные приложения

1. Между однородными приложениями, не соединенными союзами, ставится **запятая**.

Приложения являются однородными, если характеризуют лицо или предмет с о д н о й с т о р о н ы, указывают б л и з к и е п р и з н а к и: *Обломов,* **дворянин родом**, **коллежский секретарь чином**, *безвыездно живёт двенадцатый год в Петербурге* (Гонч.) — приложения, стоящие после определяемого слова, так же как и определения, являются однородными; *Верстах в пятнадцати от моего имения живёт один мне знакомый человек,* **молодой помещик, гвардейский офицер в отставке***, Аркадий Павлыч Пеночкин* (Т.) — в дореволюционной России гвардейскими офицерами были, как правило, помещики-дворяне; **Учитель военной прогимназии, коллежский регистратор** *Лев Пустяков обитал рядом с другом своим, поручиком Леденцовым* (Ч.) — связь между профессией-должностью и гражданским чином в дореволюционных учебных заведениях; *Декан факультета* **кандидат технических наук, доцент** *С. И. Сергеев* — ученая степень и ученое звание; **Молодая, красивая женщина***, поэтесса Иванова.*

Наименования ученых степеней и ученых званий, почетные звания выступают в общем ряду как однородные приложения: *действительный член РАН, доктор географических наук, профессор Е.В. Орлов; заслуженный деятель науки и техники, заведующий кафедрой «Сопротивление материалов», доктор технических наук, профессор А.И. Соколов; доктор геолого-минералогических наук, профессор, проректор по научной работе С.Г. Беляев.*

2. Между неоднородными приложениями запятая не ставится.

Н е о д н о р о д н ы е приложения характеризуют лицо или предмет с р а з н ы х с т о р о н: *командир космического корабля «Союз-40» Герой Советского Союза лётчик-космонавт СССР Л.И. Попов; автор книги журналист Юрий Жуков; заведующий кафедрой профессор Г.В. Степанов; начальник лаборатории кандидат химических наук В.К. Леонова; рекордсменка страны москвичка Кочина; участник выставки художник Недогонов; кандидат технических наук капитан-инженер С.Т. Петров; экс-чемпион мира по шахматам гроссмейстер В. Смыслов; председатель подкомиссии лидер республиканцев в Сенате сенатор Смит.*

Примечание. Неоднородные приложения, стоящие перед определяемым существительным, становятся однородными в положении п о с л е определяемого слова; ср.: ***новатор производства токарь*** *Ильин — Ильин*, ***новатор производства***, ***токарь***.

Воинские звания, стоящие непосредственно перед фамилией, не являются однородными по отношению к предшествующим приложениям: *командир соединения капитан 2-го ранга Е.П. Леонов; профессор, доктор технических наук генерал-майор С.Г. Сорокин; Герой России, лётчик-испытатель 1-го класса, кандидат технических наук полковник Н.Н. Иванов.*

Но: ***полковник медицинской службы***, *член-корреспондент АМН, профессор И . П . П е т р о в* — распространенное приложение, обозначающее воинское звание, не стоит непосредственно перед фамилией.

§ 12. Однородные члены предложения, соединенные неповторяющимися союзами

1\. Между однородными членами предложения, связанными одиночными с о е д и н и т е л ь н ы м и союзами *и, да* (в значении «и»), *да и*, запятая не ставится: *Часовой **дошёл** до противоположного угла **и повернул** обратно* (Ф.); *Я видел только **верхушки** лозняка **да** извилистый **край** противоположного берега* (Ч.); *Я слушаю, **слушаю да и засну*** (М.Г.).

2\. Если союз *и* имеет п р и с о е д и н и т е л ь н о е значение (с помощью этого союза может присоединяться также неоднородный член предложения), то перед ним ставится запятая: [*Лизавета Ивановна*] *р а з л и в а - л а чай, **и получала выговоры за лишний расход сахара**; она вслух ч и т а л а романы, **и виновата была во всех ошибках автора**; она с о п р о в о ж д а л а графиню в её прогулках, **и отвечала за погоду и за мостовую*** (П.); *Люди ч а с т о посмеиваются над ним, **и справедливо*** (Пан.). (О присоединительных членах предложения см. § 24.)

3\. При указании на в н е з а п н о с т ь, неожиданность наступления действия или при наличии оттенка п р о - т и в о п о с т а в л е н и я перед союзом *и*, соединяющим два однородных сказуемых, ставится **тире**, реже — **многоточие**: *Скакун мой **призадумался** — **и прыгнул*** (Л.); *Хотел **объехать** целый свет — **и не объехал** сотой доли* (Гр.); *...Лиза **подняла** глаза на отца — **и вдруг всплеснула руками*** (Дост.); *Тогда Алексей... изо всех сил **рванул** унт обеими руками — **и тут же потерял сознание*** (Пол.); *Его **обвиняют** — **и оправдывают, упрекают — и защищают**; Бурмин **побледнел**... **и бросился** к её ногам* (П.); *Не получая ответа, Дуня **подняла** голову... **и с криком упала** на ковёр* (П.).

Реже в этих случаях тире ставится после союза *и*: *Так я это всё **рассудил и** — вдруг совсем **решился*** (Дост.); *Проси в субботу расчёт **и** — **марш** в деревню* (М.Г.).

4. Перед присоединительным союзом *и*, за которым следует указательное местоимение *тот* (*та, то, те*), употреблённое для усиления значения предшествующего существительного, запятая не ставится: *Ребёнок **и тот** бы так не поступил; Лучшее лекарство **и то** уже теперь не поможет; Малейшей царапины **и той** не было*; ср.: *В воскресенье **и то** с делами прибегают* (Кетл.).

5. Перед неповторяющимися разделительными союзами *или, либо* между однородными членами предложения запятая не ставится: *Цветы лучше всего собирать **утром или под вечер*** (Пауст.); *...Приеду по весне к вам **либо отправлюсь** на Кавказ* (Бат.).

6. Между однородными членами предложения, соединенными посредством противительных союзов *а, но, да* (в значении «но»), *однако, зато* и др., подчинительных союзов (уступительных, условных) *хотя, если, пусть,* ставится **запятая**: *Теперь море сияло уже **не сплошь, а лишь в нескольких местах*** (Кат.); *Было **светло, но по-осеннему скучно*** (М.Г.); *На взгляд-то он **хорош, да зелен*** (Кр.); *Дни стояли **пасмурные, однако тёплые*** (Акс.); *Приют наш **мал, зато спокоен*** (Л.); *Вопрос **спорный, тем не менее важный**; Да, это был **прекрасный, хотя** и несколько **печальный** город* (Пауст.); *Случай **исключительный, если не единственный** в своём роде.*

7. После последнего однородного члена предложения, присоединяемого противительным или подчинительным союзом и не заканчивающего собой предложения, запятая не ставится, т.е. он не обособляется: ***Не род, а ум** поставлю в воеводы* (П.); *Каждый вечер солнце садилось **в море, а не в тучи** и было при этом клюквенного цвета* (Ю.К.); *Они получили **небольшую, но удобную** квартиру; Поставлена **трудная, зато интересная** задача; Слышалась **жалобная, если не униженная** просьба пощадить его самолюбие; В кинофильме рассказывается о **первой, пусть неразделённой** любви; Получены **важные, хотя** и не **итоговые***

*сведения; У девочки **опасная, потому что заразная** болезнь.*

Но если определение, присоединяемое посредством подчинительного союза, носит характер у т о ч н е н и я, то оно обособляется, т.е. после него ставится **запятая** (см. § 22, п. 4).

После однородного члена предложения, присоединяемого союзом *а также* или *а то и*, запятая не ставится, т.е. он не обособляется: *Всеобщая **грамотность** населения, **а также** широкая **пропаганда** научных знаний должны способствовать неуклонному росту культуры в нашей стране; Бывает **трудно, а то и невозможно** сразу разобраться в подобной ситуации.*

При наличии вводных слов, связывающих однородные члены предложения, после второго из них запятая не ставится: *В результате **сила** электромагнитного **поля** проходящих сигналов, **а значит**, и **сила приёма** увеличиваются во много раз; **Странный, если хотите — вызывающий** тон неприятно подействовал на окружающих.*

§ 13. Однородные члены предложения, соединенные повторяющимися союзами

1. Между однородными членами предложения, соединенными с помощью повторяющихся союзов *и...и, да...да, ни...ни, или...или, либо...либо, то...то, не то...не то* и др., ставится **запятая**: *В этом возгласе было **и восхищение, и благодарность, и любовь** (Пауст.); Там белые **рубахи** баб, **да** пёстрые **рубахи** мужиков, **да голоса, да звяканье** проворных кос (Н.); **Ни справа, ни слева, ни на воде, ни на берегу** никого не было (Гайд.); Всякий вечно позабывал в кухне **или шапку, или кнут** для чужих собак, **или что-нибудь подобное** (Г.); С чужими я **либо робел, либо важничал** (М.Г.); Дорога **то проваливалась** между горных гребней, **то поднималась** на округлые холмы (Леон.); **Не то мысли, не то***

воспоминания, не то мечты бродили в голове Оленина (Л.Т.); *То ль от зноя, то ль от стона* подошла усталость (Багр.).

2. При двух однородных членах предложения с повторяющимся союзом *и* запятая не ставится, если образуется тесное с м ы с л о в о е е д и н с т в о (обычно такие однородные члены не имеют при себе пояснительных слов): *Кругом было **и светло и зелено*** (Т.); *Он носил **и лето и зиму** старую жокейскую кепку* (Пауст.); *Прибрежная полоса, пересечённая мысами, уходила **и в ту и в другую сторону*** (Сем.); *Он был **и весел и печален** в одно и то же время.*

Такие смысловые единства образуются словами с ассоциативными (часто антонимическими) связями: *и брат и сестра; и родители и дети; и отцу и матери; и с сыном и с дочерью; и друзья и враги; и слава и позор; и зрение и слух; и тело и душа; и глухой и немой; и море и горы; и музыка и пение; и стихи и проза; и любовь и ненависть; и радость и горе; и зимой и летом; и ножи и вилки; и блюдца и чашки; и он и она.*

3. При наличии п о я с н и т е л ь н ы х с л о в при одном из двух однородных членов предложения между ними ставится запятая: *Срубленные осины придавили собой **и траву, и мелкий кустарник*** (Т.); *Всё вокруг переменилось: **и природа, и характер** леса* (Л.Т.).

4. Внутри выражений ф р а з е о л о г и ч е с к о г о х а р а к т е р а с двумя повторяющимися союзами *и...и, ни...ни* запятая не ставится: *и день и ночь; и смех и горе; и стар и млад; и так и этак; и там и сям; и туда и сюда; ни бе ни ме; ни больше ни меньше; ни брат ни сват; ни взад ни вперёд; ни да ни нет; ни дать ни взять; ни два ни полтора; ни дна ни покрышки; ни днём ни ночью; ни жив ни мёртв; ни за что ни про что; ни конца ни края; ни много ни мало; ни нашим ни вашим; ни ответа ни привета; ни пава ни ворона; ни пуха ни пера; ни рыба ни мясо; ни с того ни с сего; ни свет ни заря; ни себе ни людям; ни слуху ни духу; ни стать ни* *сесть; ни так ни сяк; ни то ни сё; ни тот ни другой; ни тот ни этот; ни тпру ни ну; ни туда ни сюда; ни убавить ни прибавить; ни шатко ни валко.*

Но: *Заказ будет выполнен точно в назначенный срок, **ни раньше, ни позже*** — налицо сочетание однородных членов предложения с повторяющимися союзами, а не застывшее выражение. Ср. в пословицах и поговорках: *Ни Богу свечка, ни чёрту кочерга; Ни в городе Богдан, ни в селе Селифан.*

5. Между однородными членами предложения с п о в т о р я ю щ и м с я союзом *и*, если первое *и* является присоединительным (стоит после точки), ставится **запятая**: *И вспоминали прошлое, и старались объяснить себе, как всё это произошло.*

6. Если число однородных членов предложения больше двух, а союз п о в т о р я е т с я перед каждым из них, кроме первого, то **запятая** ставится между ними всеми: *Листья в поле **пожелтели, и кружатся, и летят**; **Лён, и полотна, и пряжу** несут; А вокруг были **дым, и бой, и смерть** (М.Г.); Отрывистый и ломаный звук **метался, и прыгал, и бежал** куда-то в сторону от других (Андр.); Иные хозяева вырастили уже **вишни, или сирень, или жасмин** (Ф.); Только **мальвы, да ноготки, да кручёный паныч** цвели кое-где по дворам (Пан.); Весь вечер Ленский был рассеян, **то молчалив, то весел** вновь* (П.).

7. Между всеми однородными членами предложения **запятая** ставится также в том случае, когда только часть их связана повторяющимися союзами, а остальные соединяются бессоюзной связью: *Он **слеп, упрям, нетерпелив, и легкомыслен, и кичлив** (П.); Твоя живая **тишина**, твои лихие **непогоды**, твои **леса**, твои **луга, и Волги** пышные **брега, и Волги** радостные **воды** — всё мило мне* (Яз.).

8. Если два однородных члена предложения с союзом *и* образуют тесно связанную по смыслу пару, соединенную союзом *и* с третьим однородным членом, запятая не ставится: *Вода давно **сбыла** в Тереке и быстро **сбегала и сохла** по канавам* (Л.Т.) — парная группа *сбегала и сохла* с общим второстепенным членом *по канавам*, оба глагола несовершенного вида, в отличие от первого глагола-сказуемого *сбыла*; *Задолго до рассвета Ильинична **затопила** печь и к утру уже **выпекла** хлеб и **насушила** две сумы сухарей* (Ш.) — парная группа *выпекла и насушила*, с общим обстоятельством времени *к утру*; *Любка была девушка **прямая и бесстрашная** и даже по-своему же **стойкая** в тех случаях, если она кого-нибудь не любила* (Ф.); *Фыркает конь и ушами прядёт, **брызжет и плещет** и дале плывёт* (Л.); *Первый звук его голоса был **слаб и неровен** и, казалось, **не выходил** из его груди, но принёсся откуда-то издалека* (Т.); *Пройти **огонь и воду** и медные трубы* (пог.); *Он был **молод и любознателен** и **считал нужным** пользоваться каждым случаем для расширения кругозора.* Ср. также: *Тишь да гладь да Божья благодать* (пог.); *Жить да поживать да добра наживать* (пог.).

9. Если союз *и* соединяет однородные члены предложения п о п а р н о, то **запятая** ставится только между парными группами, а внутри них не ставится: *Лицо Николая и голос, тепло и свет в комнате успокаивали Власову* (М.Г.); *Русские реки вошли в **историю и быт** страны, в её **экономику и народную поэзию**, в **литературу и живопись*** (Пауст.); *Я слышал разговоры — **пьяные и трезвые, робкие и отчаянные, полные покорности и злобы**, — всякие разговоры* (Пауст.); *На бесконечном, на вольном просторе **шум и движенье, грохот и гром*** (Тютч.).

Парные группы, в свою очередь, могут соединяться повторяющимся союзом *и*: *И нагнулся старый атаман, и стал отыскивать свою люльку с табаком, неотлучную спутницу **на морях и на суше, и в походах и дома*** (Г.); *Среди рек есть **и большие и малые, и спокойные и буйные, и быстрые и медленные**; Снаряды рвались **и близко и далеко, и справа и слева**.*

10. Стоящие в конце перечисления слова *и другие* рассматриваются как однородный член предложения, и перед ними ставится **запятая**, если союз *и* при однородных членах повторяется: *Приглашаетесь **и вы, и он, и я, и другие***.

Слова *и т.д.* (*и так далее*), *и т.п.* (*и тому подобное*) не выступают в роли однородных членов предложения, и запятая перед ними не ставится, даже если союз *и* повторяется перед предшествующими однородными членами: *В этот цикл естественных наук входят **и биология, и физика, и химия** и т.д.*; *На выставку можно представить **и рисунки, и этюды, и наброски** и т.п.*

11. Если союз *и* повторяется в предложении не при однородных членах, то запятая между ними не ставится: *Рассмотреть планы и тезисы докладов и выступлений на научной конференции и своевременно напечатать их.*

Не ставится запятая в выражениях типа *два и три и пять* (*два да три да пять*) *составляют десять,* так как в них нет перечисления однородных членов предложения. То же в выражении *два плюс три плюс пять*.

12. Союзы *ли...или*, стоящие при однородных членах предложения, не приравниваются к повторяющимся, поэтому запятая перед *или* не ставится: ***Видит ли он это или не видит?*** (Г.); ***Было ли это на самом деле или нет?***

§ 14. Однородные члены предложения, соединенные двойными или парными союзами

1. Если однородные члены предложения соединены двойными союзами *если не...то, хотя...но* или парными (сопоставительными, градационными) союзами *как...так и, не так...как, не только...но и, не* *столько...сколько, насколько...настолько* и т.п., то **запятая** ставится только перед второй частью союза: *Санин ощущал во всём существе своём **если не удовольствие, то** некоторую лёгкость* (Т.); *Для Алевтины Васильевны **хотя и привычна, но тяжела** была власть Ерофея Кузьмича* (Буб.); *Я имею поручение **как от судьи, так равно и от всех наших знакомых** примирить вас с приятелем вашим* (Г.); *Зарево распространилось **не только над центром города, но и далеко вокруг*** (Ф.); *К тишине ожидания уже примешивался **не столько слышимый, сколько угадываемый** шум неотвратимого движения поезда* (Кат.).

Постановка **запятой** перед первой частью парного союза связана с п о я с н и т е л ь н ы м характером всей конструкции: *Необходимо добиваться сокращения всех видов оружия, **как обычных, так и массового поражения*** (газ.).

При пропуске второй части двойного союза вместо запятой ставится **тире**: *Она ему **не то что в матери — в бабушки** годится*.

Примечание. Простые предложения с двойными (парными) союзами следует отличать от сложных предложений с теми же союзами; ср.: *Тёплая погода если и вернётся, то не надолго* (простое предложение, запятая перед *если* не ставится). — *Тёплая погода, если она и вернётся, то не надолго; По вечерам, если нет ветра и на небе нет облаков, то запах сена чувствуется сильнее* (сложные предложения, **запятая** перед *если* ставится).

2. После однородного члена предложения, следующего за второй частью парного союза и не заканчивающего собой предложения, запятая не ставится (ср. § 12, п. 7): *В это лето дожди шли **если не каждый день, то через день** или два и отличались каким-то назойливым постоянством; Работа **хотя и несложная, но трудоёмкая** и потребует дополнительного времени для своего выполнения*.

3. Внутри сопоставительных союзов *не то что...а, не то чтобы...а (но)* запятая перед *что* и *чтобы* не ставится: *За копейку он **не то что братеника**, а* *самого Бога обшельмует* (Гл.); *В ту минуту я **не то чтобы струсил**, а немного **оробел*** (Купр.); *Брови Лизы **не то чтобы нахмурились**, а дрогнули* (Т.).

§ 15. Обобщающие слова при однородных членах предложения

В роли обобщающих слов выступают: 1) р о д о в о е (общее) понятие, по отношению к которому однородные члены предложения являются видовыми (частными) понятиями: *На следующих станциях жадно хватали все газеты: **центральные**, **местные**, **краевые*** (Кетл.); 2) название ц е л о г о, по отношению к которому однородные члены обозначают части: *Но я как будто вижу перед собой эту к а р т и н у: **тихие берега**, **расширяющуюся** лунную **дорогу** прямо от меня к баржам понтонного моста и на мосту **длинные тени** бегущих людей* (Кав.).

1. Если однородным членам предложения предшествует обобщающее слово (или словосочетание), то перед ними ставится **двоеточие**: *Приметы осени связаны с о   в с е м: **с цветом неба**, **с росой и туманами**, **с криком птиц** и яркостью **звёздного неба*** (Пауст.); *Отец совершил несколько будничных д в и ж е н и й: **достал бумажник**, **порылся** в нём, **извлёк** две старые трёшницы, **получил билеты*** (Наг.); *Он был м а с т е р   н а   в с е   р у к и: **слесарь**, **столяр**, **плотник** и даже механик* (Кор.); *Спорили здесь о   ч ё м   у г о д н о: о **марках** тракторов, **сортах** водки, втором **фронте**, немецких трофейных **автоматах*** (Мус.).

2. Если после обобщающего слова (словосочетания) стоят слова *как-то, а именно, например, то есть*, то перед ними ставится **запятая**, а после них — **двоеточие**: *Сухими болотами называются места, носящие в себе все признаки некогда существовавших болот, к а к - т о: **кочки**, **следы** родниковых ям и разные **породы** болотных трав* (Акс.); *На этом угольном столе*

поместилось вынутое из чемодана платье, *а именно:* **панталоны** *под фрак,* **панталоны** *новые,* **панталоны** *серенькие,* **два** *бархатных* **жилета***, и два атласных* **сюртука,** *и два* **фрака** (Г.); *Хорь понимал действительность, то есть:* **обстроился, накопил деньжонку, ладил** *с барином и с прочими властями* (Т.); *К краснолесью относятся породы деревьев смолистых, например:* **сосна, ель, пихта**.

3. Если однородным членам предложения не предшествует обобщающее слово (словосочетание), то **двоеточие** ставится только в том случае, когда необходимо предупредить читателя, что дальше следует перечисление: *Из-под сена виднелись:* **самовар, кадка** *с мороженной формой и ещё какие-то привлекательные* **узелки и коробочки** (Л.Т.); *Тут были:* **Павел, чухонец, штабс-капитан** *Ярошевич,* **фельдфебель** *Максименко, красная* **фуражка, дама** *с белыми зубами,* **доктор** (Ч.). Ср. в деловой и научной речи: *На заседании присутствовали: ...; Для получения смеси нужно взять: ...; Роли исполняют: ...; В ролях: ...*

4. Если однородным членам предложения, выраженным собственными именами лиц, предшествует общее для них приложение, не выступающее в роли обобщающего слова (при чтении в этом случае отсутствует характерная для произнесения обобщающего слова пауза), то двоеточие не ставится: *Писатели-классики* **Гоголь, Тургенев, Чехов** *рисовали картины из жизни крестьян*.

Не ставится двоеточие также в том случае, когда однородные члены выражены географическими названиями, которым предшествует общее для них определяемое слово, после которого при чтении пауза отсутствует: *Славятся своими здравницами города-курорты* **Кисловодск, Железноводск, Ессентуки, Пятигорск** (ср.: *...следующие города-курорты: ...*).

То же при перечислении названий литературных произведений, которым предшествует родовое наименование, не играющее роли обобщающего слова:

*Романы Гончарова «**Обломов**», «**Обрыв**», «**Обыкновенная история**»* образуют своего рода трилогию (ср.: *Следующие романы Гончарова: ...*).

Ср. различные, хотя внешне схожие случаи: *На приёмных экзаменах по русскому языку и литературе абитуриентам были предложены темы: «Сравнительная характеристика Онегина и Печорина», «Основные образы романа Б.Пастернака «Доктор Живаго», «Место В.В.Маяковского в русской литературе»* — после обобщающего слова *темы* ставится двоеточие; *Абитуриенты писали сочинение на тему «М.Горький — писатель-реалист»* — после определяемого существительного *на тему* не ставится никакого знака; *Тема доклада — «Современные молодые художники»* — тире между подлежащим и сказуемым при отсутствии связки; *Тема урока: «Бессоюзное сложное предложение»* — запись на доске в виде заголовка, в котором вторая часть поясняет первую; между ними ставится двоеточие.

5. Если однородные члены предложения носят характер п р и л о ж е н и я или у т о ч н е н и я, то вместо двоеточия после обобщающего слова может ставиться **тире**: *Алый свет нежно заливал окрестности — ветряную **мельницу**, шиферные **крыши** машинно-тракторной станции, **элеваторы*** (Кат.); *Легенды и сказки любят все — **дети и взрослые**; Положительные черты характера проявляются всё равно в чём — **в сдержанности, в терпеливости, в смелости**; Друг мой был человек замечательный — **умный, добрый, чуткий, готовый** в любую минуту **прийти на помощь**.*

6. Если обобщающее слово следует за однородными членами предложения, то перед ним ставится **тире**: *Вся наигранная **весёлость, самообладание, сдержанность** — всё покинуло Титка в этот момент* (Ш.); *На **крокетной площадке, на лужайке, в беседке** — всюду та же неприязненная тишина* (Кат.); *И **старичок, и я** — мы оба веселились* (Пауст.); *Обман,* *расчёт, холодное ревнивое **тиранство и ужас** над бедным разорванным сердцем — в о т ч т о понял он в этом бесстыдно не таившемся более смехе* (Дост.).

7. Если после однородных членов предложения перед обобщающим словом стоит в в о д н о е с л о в о или словосочетание (*словом, одним словом, короче говоря* и т.п.), то перед ним ставится **тире**, а после — **запятая**: *Пшеница, просо, овёс, подсолнух, кукуруза, бахчи, картофель — с л о в о м, на что только ни взгляни, всё уже созрело* (Баб.).

8. Если однородные члены предложения, стоящие после обобщающего слова, не заканчивают собой предложения, то перед ними ставится **двоеточие**, а после — **тире**: *Разве все эти в е щ и:* **карандаш** *в оправе, записная* **книжка, часы,** *фотографический* **аппарат** *— не говорят больше всяких слов об интересном госте?* (Пришв.); *В е з д е:* **над головой, под ногами и рядом** *с тобой — живёт, грохочет, торжествуя свои победы, железо* (М.Г.).

Если по условиям контекста после однородных членов в этих конструкциях требуется постановка **запятой**, то она ставится, а **тире** или ставится, или опускается. Ср.: *Наряду с иными стихийными бедствиями, к а к - т о:* **пожар, град,** *начисто выбивающий хлебные поля,* **ненастье или,** *наоборот, великая* **сушь,** *— есть в деревне ещё одно бедствие* (Сол.) — запятая закрывает обособленный оборот с предложным сочетанием *наряду с*; *Владелец тщательно осведомляется о ценах на разные большие произведения, к а к - т о:* **муку, пеньку, мёд** *и* **прочее,** *но покупает только небольшие безделушки* (Г.) — запятая как бы «поглощает» тире.

9. Если обобщающее слово, в целях усиления его смысловой роли при большом числе однородных членов предложения, употреблено дважды — перед перечислением и после него, то сохраняется принятая для конструкций с однородными членами и обобщающим словом пунктуация, т.е. **двоеточие** перед однородными членами и **тире** после них: *В с ё: быстро проехавший* **экипаж** *по улице,* **напоминание** *об обеде,* **вопрос** *девушки о платье, которое надо приготовить; ещё хуже,* **слово** *неискреннего, слабого участия — всё болезненно раздражало рану, казалось оскорблением* (Л.Т.); *Мне было охота почитать про всё: и* **про травы**, *и* **про моря**, *и* **про солнце** *и* **звёзды**, *и* **про великих людей**, *и* **про революцию** *— про всё то, что люди хорошо знают, а я ещё не знаю* (Пауст.).

Вместо двоеточия перед однородными членами в этих случаях возможно тире (т.е. однородные члены с двух сторон выделяются тире; ср. п. 5): *Все эти люди —* **матросы** *разных наций,* **рыбаки**, **кочегары**, *весёлые* **юнги**, *портовые* **воры**, **машинисты, рабочие, лодочники, грузчики, водолазы, контрабандисты** *— все они были молоды, здоровы и пропитаны крепким запахом моря и рыбы* (Купр.).

10. Если находящаяся в середине предложения группа однородных членов, стоящих после обобщающего слова, имеет характер у т о ч н я ю щ е г о з а м е ч а н и я или может быть приравнена к обособленным п р и л о ж е н и я м, то она с обеих сторон выделяется **тире** (см. п. 9): *Всё это —* **звуки и запах**, **тучи и люди** *— было странно красиво и грустно* (М.Г.); *В четырёх городах Италии —* **Риме, Неаполе, Турине и Милане** *— приняла старт финальная часть футбольного чемпионата Европы* (газ.); *Все присутствующие —* **делегаты и гости** *— внимательно слушали докладчика.*

11. Если стоящие после обобщающего слова однородные члены предложения сильно р а с п р о с т р а н е н ы и особенно если внутри них имеются запятые, то они разделяются не запятой, а **точкой с запятой** (ср. § 9, п. 3): *Земля, оказывается, бесконечно в е л и к а:* **и моря, и снеговые горы** *в облаках,* **и безбрежные пески**; **и неожиданные города** *с церквами, похожими на надетые друг на друга колокола; с деревьями, как вы-*

сокие папоротники; **и люди**, чёрные, как вымазанные сажей, голые, страшные, как черти, и плосколицые, с крошечными глазками, в балахонах, в шлыках, с длинными косами; **и женщины,** закутанные в белые холсты с головы до ног; а рядом с лошадьми — длинноухие полулошадки-полутелята, **и слоны** с будками на спинах (Гл.).

Раздел 4

Знаки препинания при повторяющихся словах

§ 16. Запятая при повторяющихся словах

1. Запятая ставится между повторяющимися словами, произносимыми с интонацией перечисления и обозначающими:

1) длительность действия: *Но он **ехал, ехал**, а Жадрина было не видать* (П.); *Зимы **ждала, ждала** природа* (П.); *Сапожник **бился, бился** и наконец за ум хватился* (Кр.); *А я **сидел, сидел, слушал, слушал*** (Т.);

2) настойчивое приказание, усиленную просьбу: ***Пошёл, пошёл**, Андрюшка!* (П.); ***Стой, стой**, Василий Петрович!* (Гарш.); ***Сжалься, сжалься** же, родная...* (Раз.); ***Читай, читай** вслух*;

3) большое число предметов или явлений: *За теми деревнями **леса, леса, леса*** (М.-П.); *Кругом **пески, пески, пески**; **Много, много** времени прошло с тех пор*;

4) высокую степень качества: ***Синий, синий**, ходит он плавным разливом* (Г.); *А ребёнок-то у вас ещё **маленький, маленький***;

5) усиление обстоятельственного значения: ***Страшно, страшно** поневоле средь неведомых равнин!* (П.); *И **ближе, ближе** всё звучал грузинки голос молодой* (Л.); *Всё это ушло от меня **навсегда, навсегда*** (Ф.);

6) подкрепление согласия, отказа и т.п.: *Да, да; Хорошо, хорошо; Ладно, ладно; Нет, нет*.

2. Если после повторяющегося слова или словосочетания с ним при чтении не делается паузы, то никакими знаками препинания от последующих слов в предложении оно не отделяется: *Мне **страстно**, до боли **страстно** захотелось оскорбить или унизить их* (М.Г.); ***Лес**, сплошной **лес** окружал нас со всех сторон; **Часто**, очень **часто** можно наблюдать подобные явления; Все **надрывались**, буквально **надрывались** от хохота; Важно установить **предельные**, повторяю — **предельные** сроки строительства дороги; **Вы**, только **вы** можете помочь мне; **Никогда**, слышите, **никогда** это не должно повториться; **Немногие**, я в этом уверен, очень **немногие** проявили бы такую стойкость; Он был **наивен**, более того — чрезвычайно **наивен** до этой истории; **Тишина**, глубокая **тишина** воцарилась вокруг.*

Но если после повторяющегося слова или словосочетания с ним при чтении делается пауза, то после него ставится **запятая** и весь оборот оказывается выделенным с двух сторон запятыми (иногда — **тире**): *Но **люди** — большие, взрослые **люди** — не переставали обманывать и мучить себя и друг друга* (Л.Т.); *Прошло **пять лет**, пять долгих, тоскливых **лет**, со дня их последней встречи; В этих гостиницах есть **всё**, или почти **всё**, для удобства приезжих.*

3. Если оборот с повторяющимся словом присоединяется союзом *и*, то перед союзом ставится **запятая**, а при подчеркивании присоединяемой конструкции — **тире**: *Суд руководствуется **законом**, и только **законом**; **Ты**, и только **ты** можешь сделать это; **Да**, и только **да**!; **Факты**, и только **факты** могут подтвердить сказанное; **В этом**, и только **в этом** заключается правда; Это была **победа** — и важная **победа**; Он **выигрывал** — и как **выигрывал**!*

Но (без интонации присоединения): *Через три точки, не принадлежащие одной прямой, проходит **одна и только одна** плоскость.*

4. Запятая не ставится:

1) между двумя повторяющимися словами, из которых второе употреблено с отрицанием *не*, если сочетание этих слов образует единое смысловое целое, выражающее неполное отрицание или неопреде-

ленность в обозначении чего-либо: *Страшно не страшно, а на душе как-то строго* (Леск.); *Дождь не дождь, а паши* (Ш.); *На нём надето что-то круглое: сюртук не сюртук, пальто не пальто, фрак не фрак, а что-то среднее* (С.-Щ.); *Рад не рад, корми его* (П.); *Попал в стаю, лай не лай, а хвостом виляй* (Ч.); *Маленький не маленький, а это знать не мешает; Была не была — пойду;*

2) при повторении слова с частицей *так* для усиления смысла: *Пропаду так пропаду, всё равно!* (Дост.); *Свадьба так свадьба; я Огудалова, я нищенства не допущу* (Остр.); *Вот это была косьба так косьба!* (См.); *Да так да, нет так нет; Не надо так не надо.*

§ 17. Дефисное написание повторяющихся слов

1. Между двумя повторяющимися словами пишется **дефис**, если образуется сложное слово, обычно с одним фонетическим ударением. Сюда относятся:

1) прилагательные со значением усиления признака: *белый-белый* снег («очень белый»); *слабенький-слабенький* голосок («очень слабенький»); *По синему-синему небу плыли облака* (А.Т.); *...Птички уже поют в лесу, заря на востоке розовая-розовая, воздушная-воздушная* (Пан.). Разграничение написаний типа *белый-белый* и типа *синий, синий* (см. § 16, п.1) можно показать на таких примерах: *В траве прыгал маленький-маленький кузнечик* («очень маленький»); *Маленький, маленький, а какой ловкач* («маленький-то маленький, а...»);

2) глаголы со значением непрерывности процесса или интенсивности действия: *На самой заре встанешь и топчешься-топчешься по избе: и воды надо принести, и печь растопить* (Пауст.); *сидел-сидел в напрасном ожидании; просил-просил о помощи;*

3) глаголы со значением действия, ограниченного каким-либо отрезком времени: *Похожу-похожу по двору, на улицу загляну и опять на печь лягу* (С.-Щ.); *посмотрел-посмотрел и улыбнулся;* **посидели-посидели** *и разошлись*. Разграничение написаний типа *ехал, ехал* и типа *просил-просил* связано с присущими этим сочетаниям значениями: в первом случае указывается на длительность действия (см. § 16, п. 1), во втором — на непрерывность, интенсивность действия или его ограниченность во времени (см. выше);

4) вопросительно-относительные местоимения и наречия со значением неопределенного лица-предмета и обстоятельства, которым противопоставляется нечто противоположное: *И* **чего-чего** *только не почудится в звуках шумящего леса* (Пришв.); *Уж* **кому-кому**, *а мне-то пора было этому научиться* (Кав.); *Овёс-то, братцы, лаком;* **когда-когда** *его мужичий коняга видит!* (С.-Щ.); **кто-кто**, *а он в этом не откажет;* **что-что**, *а это я давно знаю;* **где-где**, *а у нас этого добра хватает*.

Но (при наличии предлога): *Уж* **в ком, в ком**, *а в нём можете не сомневаться; И* **о чём, о чём** *они не перетолковали!* (Т.);

5) наречия с подчеркнутым выражением присущего им значения: *едва-едва, еле-еле, чуть-чуть* и т.п.;

6) частицы: *вот-вот* («сейчас», «еще немного и...»), *ни-ни* (со значением категорического запрещения делать что-либо или для обозначения отсутствия чего-либо), *нет-нет да и* («время от времени», «изредка бывает, что и...»): *Наступило то время сумерек, когда фонари ещё не горели, но могли* **вот-вот** *зажечься* (Пауст.); *Только* **ни-ни**, *до именин, смотри, не проболтайся!* (Тел.); **Ни-ни!** *Ничего похожего!* (М.Г.); *Шустрый такой парнишка, а вдруг чего-то притих, задумался и* **нет-нет** *да и взглянет на меня* (Ш.).

2. Разграничение написаний: 1) *да, да* (через **запятую**); 2) *да-да* (с **дефисом**); 3) *да — да* (через **тире**) —

связано с различием в их значениях. Ср.: *Я люблю её! Да, да!* (Герц.) — усиленное утверждение, в значениях «конечно», «совершенно верно»; *Он поспешил согласиться: «Да-да, обязательно»* — экспрессивно выраженное подтверждение, с оттенком торопливости, нетерпения; *Терять ему было нечего: да — да, нет — нет* — в значении «если да, то да, если нет, то нет».

Примечание. Два одинаковых существительных в усилительном сочетании, из которых одно стоит в форме именительного падежа, а другое — творительного, пишутся **раздельно**: *...Я поставлен порядок соблюдать, чтобы работа шла* **честь честью** (Гл.); *дружба дружбой; чин чином; чудак чудаком.*

Раздел 5

Знаки препинания в предложениях с обособленными членами

В предложениях с обособленными членами используются следующие знаки препинания: запятая, тире.

§ 18. Обособленные определения

СОГЛАСОВАННЫЕ ОПРЕДЕЛЕНИЯ

1. Обособляются (отделяются **запятой**, а в середине предложения выделяются с двух сторон запятыми) распространенные определения, выраженные причастием или прилагательным с зависящими от него словами (так называемые о п р е д е л и т е л ь н ы е   о б о р о т ы), стоящие п о с л е определяемого существительного или субстантивированного слова: *По пыльной дороге*, **ведущей к садам**, *тянулись скрипучие арбы*, **наполненные чёрным виноградом** (Л.Т.); *Нас окружал со всех сторон сплошной вековой бор*, **равный по величине доброму княжеству** (Купр.); *Стоят и те трое*, **хмурые все** (М.Г.).

В конце предложения обособленное определение, особенно при перечислении, может отделяться не запятой, а **тире**: *Меня всегда интересовал этот дом в старинном переулке* — **мрачно-таинственный, благородный всем своим видом, ни на один другой не похожий**.

Примечания: **1.** При наличии нескольких однородных обособленных определений, соединенных повторяющимся союзом *и*, запятая ставится и перед первым *и*: *Это были юные таланты, **и по-настоящему любившие музыку, и неплохо разбиравшиеся в тайнах её волшебства**.*

2. Определительный оборот, стоящий после сочинительного союза (*и, или, но* и др.), но не связанный с ним, отделяется от него **запятой** по общему правилу: *Он не чувствовал склонности к чиновничеству и, **одарённый выдающимся талантом наблюдения**, прекрасно знал свою среду* (Герц.).

Но между союзом *а* и определительным оборотом запятая не ставится, если при опущении оборота требуется перестройка предложения: *Шар держится на поверхности бассейна, а **погружённый в воду**, быстро всплывает.*

2. Не обособляются распространенные определения:

1) стоящие п е р е д определяемым существительным и не имеющие добавочных обстоятельственных оттенков значения (см. ниже, п. 8): *Дарья Александровна стояла среди **разбросанных по комнате** вещей* (Л.Т.); *За столом рылся в книгах **приехавший недавно из станицы** с ч е т о в о д* (Ш.);

2) стоящие после определяемого существительного, если последнее само по себе в данном предложении не выражает нужного смысла и нуждается в определении: *Марья Дмитриевна приняла вид **достойный и несколько обиженный*** (Т.) — сочетание слов *приняла вид* не имеет смысла; *Чернышевский создал п р о и з в е д е н и е **в высшей степени оригинальное и чрезвычайно замечательное*** (Д.П.); *Вы выбрали судью **довольно строгого*** (Л.); *Вернер — ч е л о в е к **замечательный по многим причинам*** (Л.); *Если вы ч е л о в е к **себя уважающий**... то непременно напроситесь на ругательства* (Дост.); *Попытки писать просто приводили к р е з у л ь т а т а м **печальным и смешным*** (М.Г.) — без последующих двух определений существительное не выражает нужного понятия; *Это была у л ы б к а **необыкновенно добрая, широкая и мягкая*** (Ч.); *Нас встретил м у ж ч и н а **стройный и приятной наружности**; С портрета смотрит на вас лицо умное и весьма выразительное* (ср.:

*...лицо женщины, **поразительно красивое**); Все они оказались учениками **хорошо подготовленными**; Деление — действие **обратное умножению**; Мы часто не замечаем вещей **куда более существенных**; Вошёл пожилой человек **с черепом лысым, как у апостола**;*

3) связанные по смыслу не только с подлежащим, но и со сказуемым, в состав которого они входят: *В марте зерно лежало **ссыпанное в закрома** (С.-Щ.)* — смысл высказывания заключается не в том, что зерно лежало, а в том, что оно было ссыпано в закрома (в этих случаях определительный оборот может быть выражен формой творительного падежа: *лежало ссыпанным в закрома*); *Аккуратный старичок ходил **вооружённый дождевым зонтом** (М.Г.); Липа стоит как бы **окружённая на большом расстоянии замкнутым кольцом этого запаха** (Пауст.); Вечером Екатерина Дмитриевна прибежала из Юридического клуба **взволнованная и радостная** (А.Т.)* — в роли определительного оборота два одиночных определения; *Утро наступило **умытое дождями, с синими разводьями на полях, с жирным сытым блеском намокшей земли** (Ник.); Луна взошла **сильно багровая и хмурая** (Ч.); Листва из-под ног выходит **плотно слежалая, серая** (Пришв.); Даже берёзы и рябины стояли **сонные в окружавшей их знойной истоме** (М.-С.); Море у его ног лежало **безмолвное и белое от облачного неба** (Пауст.); Автобусы шли **битком набитые**.*

Обычно такие конструкции образуются с глаголами движения и состояния, выступающими в роли знаменательной связки. Ср. с глаголом другой семантики: *Елизавета молчала, **испуганная и взволнованная** (А.Т.).*

Если глагол со значением движения или состояния сам по себе служит сказуемым, то определительный оборот **обособляется**: *Трифон Иваныч выиграл у меня два рубля с полтиной и ушёл, **весьма довольный своей победой** (Т.); Перерыв ещё не кончился, а она уже стояла у станка, **побледневшая, гладенько причёсанная** (Ник.);*

И она пошла рядом со мною, **кряжистая, уверенная в своей силе** (Гл.);

4) выраженные сложной формой сравнительной или превосходной степени прилагательного, так как эти формы не образуют оборота и выступают в функции неделимого члена предложения: *Появились к н и г и* ***более популярные;*** *Работали в у с л о в и я х* ***менее подходящих;*** *Предложен в а р и а н т* ***более простой;*** *Получены с в е д е н и я* ***самые важные;*** *Опыты проводились п р и т е м п е р а т у р а х* ***более низких.*** Ср. (в составе оборота): *В к р у ж к е* ***самом близком к невесте*** *были её две сестры* (Л.Т.).

Но: *Удалось создать н о в ы й с п л а в,* ***более прочный, чем сталь*** — сказывается влияние предшествующего определения *новый* (ср.: *Удалось создать сплав* ***более прочный, чем сталь***); кроме того, при форме сравнительной степени имеется сочетание *чем сталь,* в результате чего образуется определительный оборот.

Примечание. Если после однородного определения-прилагательного употреблен причастный оборот (см. § 10, п. 7), то он отделяется от определения-прилагательного **запятой** (но не выделяется запятыми с двух сторон): *Его чёрная,* ***ничем не прикрытая голова...*** *так и мелькала в кустах* (Т.).

Но если определительный оборот имеет уточняющее значение, то он обособляется (выделяется **запятыми** с двух сторон): *В утренней прохладе разлит горький запах полыни, смешанный с нежным,* ***похожим на миндаль,*** *ароматом повилики* (Купр.) (об уточняющих определениях см. § 22, п. 4).

3. Определительный оборот, стоящий после н е о п р е д е л е н н о г о м е с т о и м е н и я, обычно не обособляется, так как образует единое целое с предшествующим местоимением: *Её большие глаза... искали в моих ч т о - н и б у д ь* ***похожее на надежду*** (Л.); *В нём уснули все желания, кроме желания думать о ч ё м - т о* ***невыразимом словами*** (М.Г.); *На лице его промелькнуло н е ч т о* ***похожее на усмешку.***

Но при менее тесной связи и при наличии после местоимения паузы при чтении оборот **обособляется**: *И к т о - т о,* ***вспотевший и задыхающийся,*** *бегает из* *магазина в магазин* (Пан.) — обособлены два одиночных определения.

4. Определительный оборот, стоящий после о п р е д е л и т е л ь н ы х, у к а з а т е л ь н ы х и п р и т я ж а т е л ь н ы х местоимений, тесно примыкает к ним и запятой не отделяется: *Все **опоздавшие на лекцию** стояли в коридоре; Эти **недавно опубликованные** стихи были написаны много времени назад; Ваш **проверенный на практике** метод заслуживает внимания; Всё **смеющееся, весёлое, отмеченное печатью юмора** было ему мало доступно* (Кор.); *Даша ждала всего, но только не этой **покорно склонённой** головы* (А.Т.).

Но если определительный оборот имеет характер пояснения или уточнения (см. § 22, п. 4), то он **обособляется**: *Всё, **связанное с железной дорогой,** до сих пор овеяно для меня поэзией путешествий* (Пауст.) — определительное местоимение субстантивировано.

Оборот *вместе взятое* в разных формах всегда **обособляется**: *Всё это, **вместе взятое,** убеждает в правильности принятого решения; В этих сборниках, **вместе взятых,** содержатся сотни упражнений*.

Примечание. В конструкциях с указательным местоимением возможны варианты пунктуации. Ср.: *Вон **тот высокий** вырвался вперёд* — здесь *тот* — определение при субстантивированном прилагательном *высокий*; *Вон тот, **высокий,** вырвался вперёд* — субстантивированное местоимение *тот* — подлежащее, при нем обособленное определение *высокий*.

5. Определительный оборот, стоящий после о т р и ц а т е л ь н о г о местоимения, обычно не отделяется от него запятой: *Никто **допущенный к третьему этапу конкурса** лучше Иванова не выступил; С этим аттракционом не сравнится ничто **показываемое в цирковой программе**.*

Но при интонационном выделении оборота: *...И никто уже, **испуганный смертью,** не боялся рабской жизни* (М.Г.).

6. Обособляются два или более одиночных (нераспространенных) определения, стоящих после определяемого существительного, если последнему предшествует еще одно (или несколько) определение: *Обвитое виноградником место было похоже на крытую уютную беседку*, **тёмную и прохладную** (Л.Т.); *Любимые лица*, **мёртвые и живые**, *приходят на память* (Т.); *С юных лет я был одержим всевозможными недугами*, **и наследственными, и благоприобретёнными** (С.-Щ.) (о постановке запятой перед первым *и* см. п. 1, прим. 1); *Другой берег*, **плоский и песчаный**, *густо и нестройно покрыт тесной кучей хижин* (М.Г.); *А театр осаждало людское море*, **буйное, напористое** (Н.О.).

Однако если предшествующее определение выражено местоимением, то последующие определения могут **обособляться** или не обособляться; ср.: *И сон, и сладостный покой... посетили снова мой угол тесный и простой* (П.); *И раз мой взор*, **сухой и страстный**, *я удержать в пыли не мог* (Бр.).

При отсутствии предшествующего определения последующие одиночные определения **обособляются** или не обособляются в зависимости от степени их интонационно-смысловой близости с определяемым существительным. Ср.:

А запорожцы, **и пешие и конные**, *выступали на три дороги к трём воротам* (Г.); *...Особенно понравились мне глаза*, **большие и грустные** (Т.); *Вот уже третью неделю льёт дождь*, **упорный, беспощадный, нахальный, уничтожающий** (М.-С.); *Над Ветлугой спустились сумерки*, **синие, тёплые, тихие** (Кор.); *В воздухе*, **знойном и пыльном**, *тысячеголосый говор* (М.Г.); *Мать*, **грустная и тревожная**, *сидела на толстом узле и плакала* (Гл.); *Просёлок лежит вдоль леса* — **пыльный, сухой и прямой** (о постановке тире см. п. 1) — в этих примерах существительное не нуждается в определении, связь между ними слабая;

Вместо весёлой петербургской жизни, ожидала меня скука в стороне **глухой и отдалённой** (П.); *Под этой толстой серой шинелью билось сердце* **страстное и** *благородное* (Л.); *Солнечный свет и звуки говорили, что где-то на этом свете есть жизнь* **чистая, изящная, поэтическая** (Ч.); *Он стал рассказывать о детских своих днях словами* **крепкими и тяжёлыми** (М.Г.) — в этих примерах существительное нуждается в определении, без него высказывание не имеет законченного смысла.

Одиночные определения **обособляются**, если не находятся непосредственно при определяемом существительном: *Цвет небосклона,* **лёгкий, бледно-лиловый,** *не изменяется во весь день* (Т.); *Небо раскрылось в вышине,* **прозрачно-льдистое и голубое** (Ф.); *Речью своей,* **страстной и живой,** *Беридзе увлёк всех* (Аж.). (Ср. п. 9.)

В стихотворной речи оказывают влияние на обособление или необособление интонация произношения, ритм стиха. Так, не обособлены два одиночных определения в следующих примерах: *В поле чистом серебрится снег* **волнистый и рябой** (П.); *Сидит на камне между ними лезгинец* **дряхлый и седой** (Л.); *Лесом* **частым и дремучим**... *ехал всадник* (Майк.); *Я хочу изведать тайны жизни* **мудрой и простой** (Бр.); *В порыве* **пламенном и смелом** *он затрубил в призывный рог* (Бедн.); *Водил смычком по скрипке старой цыган* **поджарый и седой** (Марш.); *По дорожке* **чистой, гладкой** *я прошёл, не наследил* (Ес.); *Я дрожу от боли острой, злобы* **горькой и святой** (Тв.).

7. Одиночное определение **обособляется**:

1) если несет на себе значительную с м ы с л о в у ю н а г р у з к у и может быть приравнено к придаточной части сложноподчиненного предложения: *Молодому человеку,* **влюблённому,** *невозможно не проболтаться* (Т.) [ср.: *Молодому человеку, если (когда) он влюблён*...]; *В небе,* **густо-синем,** *таяла серебряная луна* (М.Г.);

2) если имеет добавочное о б с т о я т е л ь с т в е н н о е значение: *Фата Любочки опять цепляется, и две барышни,* **взволнованные,** *подбегают к ней* (Ч.) — к чисто определительному значению (какие барышни?)

добавляется значение причинное (почему подбегают?) или с другим обстоятельственным оттенком (в каком состоянии подбегают?); *Люди же,* ***изумлённые****, стали как камни* (М.Г.); *Миронов,* ***удивлённый****, долго, до боли в глазах смотрел в небо* (М.Г.); *Мальчик,* ***сконфуженный****, покраснел*;

3) если **оторвано** в тексте от определяемого существительного: *Глаза смыкались и,* ***полузакрытые****, тоже улыбались* (Т.); *На лавке,* ***разбросанные****, лежали поршни, ружьё...* (Л.Т.); *Настасья Петровна ещё раз обняла Егорушку, обозвала его ангельчиком и,* ***заплаканная****, стала собирать на стол* (Ч.);

4) если имеет **уточняющее** значение: *И минут через пять лил уже сильный дождь,* ***обложной*** (Ч.).

Примечание. Обособленное определение может относиться к отсутствующему в данном предложении, но воспринимаемому из контекста существительному: *Смотри — вон,* ***тёмный****, бежит степью* (М.Г.) (ср. § 19, п. 9).

8. Распространенные или одиночные определения, стоящие непосредственно **перед** определяемым существительным **обособляются**, если они имеют добавочное обстоятельственное значение (причинное, условное, уступительное и т.п.): ***Усталые до последней степени****, альпинисты не могли продолжить своё восхождение* — на определительное значение (какие альпинисты?; ср. без обособления: *Усталые до последней степени альпинисты...*) наслаивается причинное значение (почему не могли продолжить свое восхождение?); ***Предоставленные самим себе****, дети окажутся в трудном положении* — здесь важно не столько определительное значение (какие дети?; ср. без обособления: *Предоставленные самим себе дети...*), сколько обстоятельственное — условное (при каком условии окажутся в трудном положении?); ***Обычно спокойный****, оратор на этот раз сильно волновался* — здесь не только дается характеристика человека (какой оратор?; ср. без обособления: *Обычно спокойный оратор...*), но и вносится уступительный оттенок значения (вопреки тому, что он обычно спокоен...). Во всех подобных случаях определительный оборот легко заменяется причинной придаточной частью сложноподчиненного предложения (...*потому что устали до последней степени*), условной (...*если будут предоставлены самим себе*), уступительной (...*хотя он обычно спокоен*).

Для проверки наличия обстоятельственного значения используется замена определительного оборота оборотом со словом *будучи* (*будучи усталыми до последней степени; будучи предоставленными самим себе; будучи обычно спокойным*): при возможности такой замены можно говорить о наличии обстоятельственного значения, что дает основание для обособления. Ср.: **Сопровождаемый офицером**, комендант вошёл в дом (П.) — т.е. будучи сопровождаем — значение одновременности; **Сконфуженный**, Миронов поклонился в спину ему (М.Г.); **Весёлый и жизнерадостный**, Радик был вообще любимцем (Ф.); **Охваченный каким-то неясным предчувствием**, Корчагин быстро оделся и вышел из дому (Н.О.); **Взъерошенный, немытый**, Нежданов имел вид дикий и странный (Т.); **Утомлённые маминой чистоплотностью**, ребята приучились хитрить (Пан.); **Широкая, свободная**, аллея вдаль влечёт (Бр.); **Высокая**, Лёля и в стёганых одеждах была излишне худой (Коч.); **Оглушённый тяжким гулом**, Тёркин никнет головой (Тв.).

9. Распространенные или одиночные определения обособляются, если они отделены от определяемого существительного другими членами предложения (независимо от того, находится ли определение впереди или после определяемого слова): Мне навстречу, **чистые и ясные**, словно обмытые утренней прохладой, принеслись звуки колокола, и вдруг мимо меня, **погоняемый знакомыми мальчиками**, промчался отдохнувший табун (Т.); Каштанка потянулась, зевнула и, **сердитая, угрюмая**, прошлась по комнате (Ч.); *Стрелы*, *пущенные в него, упали, **жалкие**, обратно на землю* (М.Г.); *И снова, **отсечённая от танков огнём**, залегла на голом склоне пехота* (Ш.); *За шумом они не сразу расслышали стук в окошко — **настойчивый, солидный*** (Фед.); *Несколько раз, **таинственный и одинокий**, появлялся мятежный броненосец «Потёмкин» на горизонте* (Кат.); ***Окаймлён летучей пеной**, днём и ночью дышит мол* (Бл.); ***Распластанные на траве**, сушились заслуженные рубахи и штаны* (Пан.).

10. Определения, относящиеся к л и ч н о м у м е с т о и м е н и ю, **обособляются** независимо от степени их распространенности и местоположения: ***Убаюканный сладкими надеждами**, он крепко спал* (Ч.); ***Низенький, коренастый**, он обладал страшною силою в руках* (М.Г.); *Он повернулся и ушёл, а я, **растерянный**, остался рядом с девочкой в пустой жаркой степи* (Пауст.); ***Раненные**, они снова ползли на камни, с трудом таща за собой автоматы* (Соб.); *От него, **ревнивого**, запершись в комнате, вы меня, **ленивого**, добрым словом вспомните* (Сим.).

П р и м е ч а н и е. Не обособляются определения при личном местоимении:

1) если определение по смыслу связано не только с подлежащим-местоимением, но и со сказуемым (см. п. 2): *Я сидел **погружённый в глубокую задумчивость*** (П.); *Мы расходились **довольные своим вечером*** (Л.); *Он выходит из задних комнат уже **окончательно расстроенный*** (Гонч.); *Я прихожу к вечеру **усталый, голодный*** (М.Г.); *До шалаша мы добежали **промокшие насквозь*** (Пауст.);

2) если определение стоит в форме винительного падежа (такая конструкция, с оттенком устарелости, может быть заменена современной конструкцией с формой творительного падежа): *Я нашёл его **готового пуститься в дорогу*** (П.) (ср.: *...нашёл готовым...*); *И потом он видел его **лежащего на жёсткой постели в доме бедного соседа*** (Л.);

3) если определение не согласовано с местоимением в падеже: *Я вижу его **склонившимся над чертёжной доской*** — связь и с глаголом-сказуемым — *вижу склонившимся*, и с местоимением — согласование в роде и числе;

4) в восклицательных предложениях типа: *Ах ты глупенький!*; *О я несчастный!*

НЕСОГЛАСОВАННЫЕ ОПРЕДЕЛЕНИЯ

1. Несогласованные определения, выраженные формами косвенных падежей существительных (чаще с предлогами), **обособляются** для выделения какого-либо признака или для усиления выражаемого ими значения: *Холоп*, ***в блестящем убранстве, с откидными назад рукавами***, *разносил тут же разные напитки и съестное* (Г.); *Офицеры*, ***в новых сюртуках, белых перчатках и блестящих эполетах***, *щеголяли по улицам и бульвару* (Л.Т.); *Плескалось и шуршало море*, ***всё в белых кружевах стружек*** (М.Г.); ***В белом галстуке, в щегольском пальто нараспашку, с вереницей звёздочек и крестиков на золотой цепочке в петле фрака***, *генерал возвращался с обеда* (Т.); *У многих русских рек*, ***наподобие Волги***, *один берег горный, другой луговой* (Т.).

Обычно **обособляются** несогласованные определения, дополняющие или уточняющие представление о лице либо предмете, который сам по себе (без определения) достаточно конкретен, уже известен. В этой роли выступают имена собственные (они выделяют лицо-предмет из ряда подобных), названия лиц по степени родства (тоже конкретное выделение), по занимаемому положению, профессии, должности (то же самое), личные местоимения (указывают на лицо, уже известное из контекста). Учитываются и некоторые синтаксические условия (см. ниже).

Таким образом, несогласованные определения, выраженные формами косвенных падежей существительных, **обособляются**:

1) если относятся к с о б с т в е н н о м у и м е н и лица: *Сама Бережкова*, ***в шёлковом платье, в чепце на затылке и в шали***, *сидела на диване* (Гонч.); *Шабашкин*, ***с картузом на голове***, *стоял подбочась и гордо взирал около себя* (П.); *Коля*, ***в своей новой курточке с золотыми пуговками***, *был героем дня* (Т.); *Дарья Александровна*, ***в кофточке и с пришпиленными на затылке косами уже редких, когда-то густых и прекрасных***

волос, стояла среди разбросанных по комнате вещей (Л.Т.); ***Русый, с кудрявой головой, без шапки и с расстёгнутой на груди рубахой,*** *Дымов казался красивым и необыкновенным* (Ч.); *Из памяти не выходила Е л и з а в е т а К и е в н а,* ***с красными руками, в мужском платье, с жалкой улыбкой и кроткими глазами*** (А.Т.);

2) если относятся к названиям лиц по степени родства, по занимаемому положению, профессии и т.д.: *Величественно вышла м а т ь,* ***в сиреневом платье, в кружевах, с длинной нитью жемчуга на шее*** (М.Г.); *Д е д,* ***в бабушкиной кацавейке, в старом картузе без козырька,*** *щурится, чему-то улыбается* (М.Г.); *С о т с к и й,* ***со здоровой палкой в руке,*** *стоял сзади него* (М.Г.); *С т а р о с т а,* ***в сапогах и в армяке внакидку, с бирками в руке,*** *издалека заметив папа́, снял свою поярковую шляпу* (Л.Т.);

3) если относятся к личному местоимению: *Я удивляюсь, что в ы,* ***с вашей добротой,*** *не чувствуете этого* (Л.Т.); *...Сегодня о н а,* ***в новом голубом капоте,*** *была особенно молода* (М.Г.);

4) если отделены от определяемого слова другими членами предложения (независимо от того, выражено ли определяемое слово собственным или нарицательным именем): *После десерта все двинулись к буфету, где,* ***в чёрном платье, с чёрной сеточкой на голове,*** *сидела Каролина* (Гонч.); *На румяном лице его,* ***с прямым большим носом,*** *строго сияли голубоватые глаза* (М.Г.);

5) если образуют ряд однородных членов предложения с предшествующими или последующими обособленными согласованными определениями (независимо от того, какой частью речи выражено определяемое слово): *Я увидел м у ж и к а,* ***мокрого, в лохмотьях, с длинной бородой*** (Т.); *Этот рысистый человек,* ***тощий, с палочкой в руке,*** *сверкал и дымил, пылая ненасытной жадностью к игре делом* (М.Г.); ***С костистыми лопатками, с шишкой под глазом,*** *со-*

гнувшийся и явно трусивший воды, о н представлял из себя смешную фигуру (Ч.); *Старик чабан,* **оборванный и босой, в тёплой шапке, с грязным мешком у бедра и с крючком на длинной палке,** *унял собак* (Ч.);

6) если служат способом намеренного отрыва определительного оборота от соседнего сказуемого, к которому он мог бы быть отнесен по смыслу и синтаксически, и отнесения его к подлежащему: *Бабы,* **с длинными граблями в руках,** *бредут в поле* (Т.); *Маляр,* **в нетрезвом виде,** *выпил вместо пива чайный стакан лаку* (М.Г.).

2. Несогласованные определения, выраженные оборотом с формой сравнительной степени прилагательного (часто определяемому существительному предшествует согласованное определение), **обособляются**: *Сила,* **сильнее его воли,** *сбросила его оттуда* (Т.); *Короткая борода,* **немного темнее волос,** *слегка оттеняла губы и подбородок* (А.К.Т.); *Другая комната,* **почти вдвое больше,** *называлась залой* (Ч.).

Но при тесной связи с определяемым существительным оборот не обособляется: *Зато в другое время не было человека* **деятельнее его** (Т.); *Я много видел живописных и глухих мест в России, но вряд ли когда-нибудь увижу реку* **более девственную и таинственную,** *чем Пра* (Пауст.).

3. Несогласованные определения, выраженные неопределенной формой глагола, перед которой можно без ущерба для смысла поставить слова *а именно*, отделяются посредством **тире**: *...Я шёл к вам с чистыми побуждениями, с единственным желанием —* **сделать добро!** (Ч.); *Но прекрасен данный жребий —* **просиять и умереть** (Бр.); *...Мы все одержимы одной страстью —* **сопротивляться** (Кетл.); *С батареи получен приказ —* **не отнимать трубку от уха и каждые пять минут проверять линию** (Кат.); *Своей беззащитностью она вызывала в нём рыцарские* *чувства* — **заслонить, оградить, защитить**; *Откуда вы право взяли себе такое* — **судить**? Подобные определения носят пояснительный характер (см. § 23, п. 1).

Если такое несогласованное определение находится в середине предложения, то оно обособляется с помощью **тире**: *...Каждый из них решал этот вопрос* — **уехать или остаться** — *для себя, для своих близких* (Кетл.). Если по условиям контекста после определения должна стоять запятая, то второе тире обычно опускается: *Так как оставался один выбор* — **потерять армию и Москву или одну Москву**, *то фельдмаршал должен был выбрать последнее* (Л.Т.).

§ 19. Обособленные приложения

1. Обособляется распространенное приложение, выраженное нарицательным существительным с зависимыми словами и относящееся к нарицательному существительному (обычно такое приложение стоит *после* определяемого слова, реже — впереди него): *Старуха,* **Гришкина мать**, *умерла, но старики,* **отец и тесть**, *были ещё живы* (С.-Щ.); *Добродушный старичок,* **больничный сторож**, *тотчас же впустил его* (Л.Т.); **Наследник блестящего дворянства и грубого плебеизма**, *буржуа соединил в себе самые резкие недостатки обоих, утратив достоинства их* (Герц.); **Веков минувших великаны, преданья славы сторожа**, *стоят казацкие курганы* (Сурк.).

Обособляются также конструкции типа: *Выступал постановщик фильма,* **он же исполнитель одной из ролей**, *Эльдар Рязанов*.

2. Обособляется одиночное (нераспространенное) приложение, стоящее *после* нарицательного существительного, если определяемое существительное имеет при себе пояснительные слова: *Он остановил коня, поднял голову и увидал своего корреспонден-*

та, **дьякона** (Т.); *Ухаживала за мной одна девушка*, **полька** (М.Г.).

Реже нераспространенное приложение обособляется при одиночном определяемом существительном с целью усилить смысловую роль приложения, не дать ему интонационно слиться с определяемым словом (см. ниже): *Отца*, **пьяницу**, *кормила с малых лет, и сама себя* (М.Г.); *Девочка*, **умница**, *сразу догадалась, куда спрятали книгу*.

Примечания: 1. Одиночное приложение обычно присоединяется к определяемому нарицательному существительному посредством **дефиса**: *город-герой; гвардейцы-миномётчики; девочки-подростки; зима-волшебница; инженер-конструктор; рабочие-новаторы; мороз-воевода; отец-покойник* (но: *отец протоиерей*); *паны-шляхтичи* (но: *пан гетман*); *самолёт-бомбардировщик; сосед-музыкант; сторож-старик* (но: *старик сторож); студент-отличник* (но: *студенты отличники учёбы... —* неоднородные приложения; см. § 11, п. 2); *учёный-биолог; учитель-француз*.

2. В некоторых случаях возможно **дефисное** написание и при наличии пояснительного слова (определения), которое по смыслу может относиться:

1) ко всему сочетанию: *известный экспериментатор-изобретатель; ловкий акробат-жонглёр;*

2) только к определяемому слову: *демобилизованный офицер-ракетчик; оригинальный художник-самоучка; моя соседка-педагог;*

3) только к приложению: *женщина-врач с большим стажем*.

В этих случаях обычно возможна двоякая пунктуация; ср.: *Лекцию прочитает известный **профессор-химик**. — Лекцию прочитает известный профессор, химик*.

3. Дефис пишется после имени собственного (чаще всего — географического названия, выступающего в роли приложения при родовом наименовании): *Москва-река, Ильмень-озеро, Казбек-гора, Астрахань-город* (но при обратном порядке слов: *река Москва, озеро Ильмень, гора Казбек, город Астрахань*; выражения типа *матушка-Русь, матушка-земля* имеют характер устойчивых сочетаний).

После собственного имени лица дефис ставится только в случае слияния определяемого существительного и приложения в одно сложное интонационно-смысловое целое: *Иван-царевич, Иванушка-дурачок, Аника-воин, Дюма-отец, Рокфеллер-старший* (но: *Катон Старший* — прозвище исторического лица, *Марк Порций Катон Младший*, или *Утический* — перевод прозвища с латинского языка).

4. Дефис не пишется:

1) если предшествующее однословное приложение может быть по значению приравнено к о п р е д е л е н и ю - п р и л а г а т е л ь н о м у: *красавец мужчина* (ср. *красивый мужчина*), *старик отец, гигант завод* (но: *завод-гигант*), *бедняк сапожник, богатырь всадник, крошка сиротка, хищник волк, искусник повар*. Следует, однако, заметить, что приложение-существительное может по смыслу отличаться от прилагательного-определения; так, в предложении *Татьяна по воле барыни была выдана замуж за пьяницу башмачника* (Т.) сочетание *пьяница башмачник* (постоянный признак) не то же, что *пьяный башмачник* (временный признак);

2) если в сочетании двух нарицательных существительных первое обозначает р о д о в о е понятие, а второе — в и д о в о е: *цветок хризантема, дерево эвкалипт, гриб подосиновик, птица зяблик, попугай какаду, обезьяна макака, краска серебрянка, газ углерод, нитки мулине, ткань нейлон, леденцы монпансье, суп харчо*.

Но если такое сочетание образует сложный научный термин (вторая часть не всегда служит самостоятельным видовым обозначением), название специальности и т.п., то **дефис** пишется: *заяц-русак, птица-лира, ястреб-тетеревятник, жук-олень, жук-носорог, жук-плавунец, рак-богомол, рак-отшельник, мышь-полёвка, бабочка-капустница, врач-терапевт, слесарь-инструментальщик, преподаватель-математик, химик-органик, художник-пейзажист, монах-доминиканец*;

3) если определяемое существительное или приложение само пишется через дефис: *женщины-врачи хи-*

рурги, *инженер-строитель проектировщик, слесарь-котельщик монтажник, техник-механик конструктор, Волга-матушка река, герой лётчик-истребитель* (но в отдельных терминах — два дефиса: *капитан-лейтенант-инженер, контр-адмирал-инженер*);

4) если при определяемом существительном имеются два нераспространенных приложения, соединенных союзом *и: студенты филологи и журналисты; депутаты консерваторы и либералы;* то же, если при двух определяемых существительных имеется общее приложение: *студенты и аспиранты филологи.*

В терминологических сочетаниях используется в этих случаях так называемый **висячий дефис**: *агрономы- и механизаторы-хлопководы* (т.е. *агрономы-хлопководы и механизаторы-хлопководы;* приложением является второй компонент сложного существительного, дефис пишется после первого компонента); *инженер-механик, -металлург, -электрик* (общий компонент — первая часть сложения, дефис пишется перед второй частью)[1];

5) если первым элементом сочетания являются слова <u>гражданин, господин, наш брат, ваш брат, товарищ</u> (в значениях «я и мне подобные», «вы и вам подобные»): *гражданин судья, господин посланник, наш брат студент.*

5. Обособляется приложение, относящееся к имени собственному, если оно стоит п о с л е определяемого существительного: *Чемодан внесли кучер С е л и ф а н,* **низенький человек в тулупчике**, *и лакей П е т р у ш к а,* **малый лет тридцати в подержанном сюртуке** (Г.); *С е р г е й Н и к а н о р ы ч,* **буфетчик**, *налил пять стаканов чаю* (Ч.); *Безродный человек М а р к у ш а,* **дворник**, *сидя на полу, строгал палочки и планки для птичьих клеток* (М.Г.).

---

[1]См.: *Букчина Б.З.* Висячий дефис// *Современная* русская пунктуация. М., 1979.

Перед именем собственным приложение обособляется только в том случае, если имеет добавочное обстоятельственное значение: *Упрямец во всём*, Илья Матвеевич *оставался упрямцем и в учении* (Коч.) (ср.: *будучи упрямцем во всём* — с причинным значением); *Прославленный разведчик*, Травкин *остался тем же тихим и скромным юношей, каким был при их первой встрече* (Каз.) (ср.: *хотя он был прославленным разведчиком* — с уступительным значением).

Но (без добавочного обстоятельственного значения): *Поручик царской армии* Василий Данилович Дибич *пробирался из немецкого плена на родину* (Фед.).

6. Собственное имя лица или кличка животного выступают в роли **обособленного** приложения, если они поясняют либо уточняют нарицательное существительное (перед таким приложением можно без изменения смысла вставить слова *а именно, то есть, а зовут его*; см. § 23, п. 1): *Дочь Дарьи Михайловны*, **Наталья Алексеевна**, *с первого взгляда могла не понравиться* (Т.); *Отец мой*, **Клим Торсуев**, *известный мыловар, был человек тяжёлого характера* (М.Г.); *У дверей, на солнышке, зажмурившись, лежала любимая борзая собака отца* — **Милка** (Л.Т.); *А братья Ани*, **Петя и Андрюша**, *гимназисты, дёргали его* [отца] *сзади за фрак...* (Ч.); *Четвёртый сын ещё совсем мальчик*, **Вася** (Пауст.).

Примечание. Во многих случаях возможна двоякая пунктуация, в зависимости от наличия или отсутствия пояснительного оттенка значения и соответствующей интонации при чтении. Ср.:

Один только казак, **Максим Голодуха**, *вырвался дорогою из татарских рук* (Г.); *Елизавета Алексеевна поехала погостить к брату*, **Аркадию Алексеевичу** — у нее только один брат; если бы было несколько, то при выражении той же мысли собственное имя не следовало бы обособлять; *Он сына моего*, **Борьку**, *напомнил* — то же основание;

Вошла её сестра **Мария**; *Сегодня я и друг мой* **Серёжа** *уезжаем на юг*; *Выступал староста группы* **Коля Петров**; *По дороге нам встретился главный инженер* **Жуков**.

7. Обособленное приложение может присоединяться союзом *как* (с дополнительным значением причинности), а также словами *по имени, по фамилии, по прозвищу, родом* и др. (независимо от того, какой частью речи выражено определяемое слово): *Илюше иногда,* ***как резвому мальчику****, так и хочется броситься и переделать всё самому* (Гонч.); ***Как старый артиллерист****, я презираю этот вид холодного украшения* (Ш.); *Леонтьев увлёкся этой мыслью, но,* ***как человек осторожный****, пока что о ней никому не рассказывал* (Пауст.); *..Маленький чернявый лейтенант,* ***по фамилии Жук****, привёл батальон к задним дворам той улицы* (Сим.); *Хозяин,* ***родом яицкий казак****, казался мужик лет шестидесяти* (П.); *Студент этот,* ***по имени Михалевич****, энтузиаст и стихотворец, искренно полюбил Лаврецкого* (Т.); *Была у Ермолая легавая собака,* ***по прозвищу Валетка*** (Т.).

Но (без интонации обособления): *Завёл он себе медвежонка* ***по имени Яша*** (Пауст.); *Пригласили врача-специалиста* ***по фамилии Медведев****.*

Примечание. Если союз *как* имеет значение «в качестве», то присоединяемый им оборот не обособляется: *Полученный ответ рассматривается* ***как согласие*** (Аж.) (см. также § 42, п. 4). Не обособляется и приложение с союзом *как,* характеризующее предмет с какой-либо одной стороны: *Читающая публика успела привыкнуть к Чехову* ***как юмористу*** (Фед.).

8. Всегда **обособляется** приложение при **личном местоимении**: *Ему ли,* ***карлику****, тягаться с исполином?* (П.); ***Доктринёр и несколько педант****, он любил поучительно наставлять* (Герц.); *Мне,* ***как лицу высокопоставленному****, не подобает ездить на конке* (Ч.); ***Ещё вчера беглецы****, они сегодня становились изгнанниками* (Фед.); *Вот оно,* ***объяснение*** (Л.Т.).

В предложениях, подобных последнему примеру, возможна двоякая пунктуация: в зависимости от характера интонации, наличия или отсутствия паузы после местоимения 3-го лица (в указательной функции) с предшествующей частицей *вот*; ср.: *Вот они,* ***заячьи-то мечты!*** (С.-Щ.); *Вот они,* ***работнички!***

(Троеп.); *Вот она **действительность-то*** (С.-К.); *Вот она **гордость-то**...* (Горбун.); *Вот оно **торжество добродетели и правды**.*(Ч.).

Не ставится запятая в подобных предложениях при следовании указательной частицы *вот* с местоимением за существительным: ***Весна-то** вот она, на дворе* (Пол.).

9. Обособляется приложение, которое относится к отсутствующему в данном предложении слову, если последнее подсказывается контекстом: *Ты держи его, держи, а то уйдёт, **анафема*** (Ч.) (имеется в виду налим); *«Сумасшедшего хоронят» — «А-а! Тоже отжил, **голубчик**, своё»* (Фед.); *Так и нужно. В другой раз пусть не фискалит, **каналья*** (Купр.). Отсутствующее местоимение может подсказываться личной формой глагола-сказуемого: *Никогда, **грешница**, не пью, а через такой случай выпью* (Ч.). (См. также § 18, п. 7.)

10. При обособлении приложений вместо запятой употребляется **тире** в следующих случаях:

1) если перед приложением можно без изменения смысла вставить слова *а именно*: *В дальнем углу светилось жёлтое пятно — **огонь квартиры Серафимы*** (М.Г.); *Она зарисовала древние светильники с гербом города Ольвии — **орлом, парящим над дельфинами*** (Пауст.); *На суховатом лице Нечаева, с мягким мальчишеским лбом, остались следы ожогов — **два белых незагорающих пятна*** (Н.Чук.);

2) перед распространенным или одиночным приложением, стоящим в конце предложения, если подчеркивается самостоятельность либо дается разъяснение такого приложения: *Я не слишком люблю это дерево — **осину*** (Т.); *В углу гостиной стояло пузатое бюро на пренелепых четырёх ногах — **совершенный медведь*** (Г.); *Путь мой шёл мимо бердской слободы — **пристанища пугачёвского*** (П.); *Объехали какую-то старую плотину, потонувшую в крапиве, и давно высохший пруд — **глубокую яругу, заросшую бурьяном*** (Бун.); *В лабазах в два ряда зияли*

широченные круглые ямы — **деревянные чаны, глубоко врытые в землю** (М. Г.); *Выручил его велосипед — **единственное богатство, накопленное за последние три года работы*** (Фед.); *На маяке жил только сторож — **старый глухой швед*** (Пауст.); *Стоял чудесный апрельский день — **лучшее время в Арктике*** (Горб.); *Она первым делом отправилась в ссудную кассу и заложила там кольцо с бирюзой — **единственную свою драгоценность*** (Ч.); *В марсианской почве содержится перекись водорода — **яд для живого**; Каждая Олимпиада не только называет чемпионов, но и выдвигает спортивных героев — **правофланговых мирового спорта*** (газ.);

3) для выделения с двух сторон приложений, носящих пояснительный характер: *Какая-то ненатуральная зелень — **творение скучных беспрерывных дождей** — покрывала жидкою сетью поля и нивы* (Г.); *Лёгкие судороги — **признак сильного чувства** — пробежали по его широким губам* (Т.); *Смотритель ночлежки — **отставной солдат скобелевских времён** — шёл следом за хозяином* (Фед.); *Память об Авиценне — **выдающемся учёном-энциклопедисте, борце за разум и прогресс** — дорога для всего человечества* (газ.); *Ловили рыбу бреднем — **маленьким неводом** — да вершами-ловушками*; *Достали глубиномер — **гирьку на длинной бечёвке** — и промерили глубину*; *Он — **инвалид** — продолжал работать и помогать другим.*

Примечание. Второе тире опускается:

1) если по условиям контекста после обособленного приложения ставится запятая: *Если бы он привлёк к решению вопроса свой прибор — **весы**, то понял бы источник ошибки*; *Используя специальное устройство для дыхания человека под водой — **акваланг**, можно погружаться на глубину в десятки метров*; *Среди актёров передвижной труппы Сергея Эйзенштейна были юноши, впоследствии ставшие известными кинорежиссёрами, — **Григорий Александров, Иван Пырьев**, а также актёр Максим Штраух* (газ.);

2) если приложение выражает более конкретное значение, а предшествующее определяемое слово имеет общее или образное значение: *На совещании министров иностранных дел стран — **членов Организации американских государств** выступил*

министр иностранных дел Кубы (газ.); *Прилетели сюда первые ласточки — **наши спортсмены** для участия в парусных гонках; Высшая награда Французского института океанографии за выдающиеся океанографические работы — **медаль в память Альберта I принца Монакского** присуждена видному учёному Л.А. Зенькевичу* (газ.);

3) если приложение п р е д ш е с т в у е т определяемому слову: ***Один из аутсайдеров чемпионата страны** — спортсмены клуба «Фили» (Москва) одержали третью победу подряд* (газ.); ***Глашатай лесов** — кукушка известила всех о событии;*

4) для внесения я с н о с т и, если приложение относится к одному из однородных членов предложения: *В оранжерее разводились магнолии, камелии — **цветы Японии**, орхидеи и цикламены; За столом сидели хозяйка дома, её сестра — **подруга моей жены**, двое незнакомых мне лиц, моя жена и я.* Второе тире в этих случаях не ставится: *Я начал говорить об условиях, о неравенстве, о людях — **жертвах жизни** и о людях — **владыках её*** (М.Г.).

Однако, если возможно двоякое толкование фразы, ставится и второе тире: *Над проектом работали конструктор, инженер — **специалист по связи** — и радист* (при отсутствии второго тире получится, что инженер был одновременно и радистом);

5) для отделения от определяемого слова препозитивных (стоящих перед определяемым словом) однородных приложений: ***Величайший наш поэт, основоположник русского литературного языка, крупнейший представитель национальной литературы** — Пушкин по праву занимает одно из первых мест в истории культурного развития России*; при чтении после приложений делается пауза;

6) если приложение п о я с н я е т другое приложение: *Все мы, воспитатели — **учителя и родители**, — должны учитывать возрастные особенности в общении с детьми;*

7) если приложение относится к двум или нескольким предшествующим определяемым существительным и при чтении отделяется от них паузой: *Приехала делегация поэтов, прозаиков и драматургов — **москвичей*** (при отсутствии паузы тире может быть опущено; см. выше, п. 4);

8) если приложение значительно р а с п р о с т р а н е н о и имеет внутри себя запятые: *Всестороннее изучение грузинской народной архитектуры — **искусства многогранного, сложившегося под влиянием своеобразных природных условий, несущего на себе печать различных эпох и экономических формаций с их социальными противоречиями**, — поможет выявить лучшие, прогрессивные черты народного творчества* (газ.) (ср. выше, п. 10);

9) в конструкциях типа: *Эрнани — Горев плох, как сапожник* (Ч.); *Чацкий — Качалов был неподражаем.*

§ 20. Обособленные обстоятельства

ДЕЕПРИЧАСТНЫЕ КОНСТРУКЦИИ

1. Деепричастный оборот, как правило, **обособляется** независимо от места, занимаемого им по отношению к глаголу-сказуемому: *Окна разинув, стоят магазины* (М.); *Тогда Кузьма Кузьмич, достав из кармана свежий огарок, зажёг его и сел рядом с Дашей* (А.Т.); *Чиркнула спичка, на секунду осветив развешанные сети* (Сер.); *Через полминуты соловей пустил высокую мелкую дробь и, испробовав таким образом свой голос, начал петь* (Ч.); *Дедушка ясно, сознательно улыбнулся, показав дёсны, и проговорил что-то тихо* (Кат.); *Он нередко даже в простом разговоре теряет слова, а иногда, и зная слово, не может понять его значение* (здесь *и* имеет значение «даже»).

2. Деепричастный оборот, стоящий после сочинительного или подчинительного союза либо союзного слова, отделяется от него **запятой** (такой оборот можно «оторвать» от союза и переставить в другое место предложения): *Наш отец Чимша-Гималайский был из кантонистов, но, выслужив офицерский чин, оставил нам потомственное дворянство и именьишко* (Ч.); *Жизнь устроена так дьявольски, что, не умея ненавидеть, невозможно искренне любить* (М.Г.); *Становилось слышно, как, отсчитывая секунды с точностью метронома, капает из крана вода* (Пауст.). То же после присоединительного союза, которым начинается предложение (союз стоит после точки): *Но, рассмотрев всесторонне своё положение в роли мужа Вареньки, он засмеялся* (М.Г.); *И, подойдя ко мне, сказал...*; *Но, вспомнив это, спросил...*

Исключение составляют те случаи, когда деепричастный оборот (или одиночное деепричастие) стоит после противительного союза *а* (деепричастную конструкцию невозможно «оторвать» от союза, изъять из предложения или переставить в другое место без разрушения структуры предложения): *Он начал приносить книги и старался читать их незаметно, **а прочитав**, куда-то прятал* (М.Г.); *Необходимо принять срочное решение, **а приняв его**, неукоснительно проводить в жизнь*.

Однако при противопоставлении соответствующих однородных членов предложения, связанных союзом **а**, **запятая** после него ставится: *Не стойте на месте, **а, преодолевая одну трудность за другой**, всегда стремитесь вперёд; Элемент старого качества не исчезает, **а, трансформируясь в других условиях**, продолжает существовать как элемент нового качественного состояния; Он не приводил никаких подробностей, **а, говоря о своей теории в целом**, излагал только её сущность*.

3. Деепричастный оборот, в начале которого стоят частицы *только, лишь*, интонационно не отделяется от предшествующей части предложения (при чтении пауза перед ним не делается), но **запятая** перед ним обычно ставится: *Понять это произведение можно, **только учитывая условия его создания**; Выучить иностранный язык можно, **лишь постоянно занимаясь им***.

Но (при тесном слиянии оборота со сказуемым): *Они встретились **только будучи уже взрослыми**.*

4. Два деепричастных оборота, соединенные неповторяющимся союзом *и*, запятой не разделяются, как и другие однородные члены предложения в подобных случаях: *Раз, **идя по шумному, весёлому проспекту и чувствуя себя вместе с толпою жизнерадостным**, он испытывал счастливое удовольствие...* (Фед.)

Но если союз *и* соединяет не два деепричастных оборота, а другие конструкции (два сказуемых, два простых предложения в составе сложносочиненного), то **запятая** может стоять как перед союзом, так и после него (в соответствии с нужным правилом): *Ма-*

кар сидел на дровнях, *слегка покачиваясь*, и продолжал свою песню (Кор.); *Я слез в канаву и, согнав впившегося в середину цветка и сладко и вяло заснувшего мохнатого шмеля, принялся срывать цветок* (Л.Т.). Ср. предложения с деепричастной конструкцией, в которых запятая стоит и перед союзом, и после него: *Левинсон постоял немного, вслушиваясь в темноту, и, улыбнувшись про себя, зашагал ещё быстрее* (Ф.) — первый деепричастный оборот относится к предшествующему сказуемому *постоял*, а второй — к последующему сказуемому *зашагал*; *Хаджи Мурат остановился, бросив поводья, и, привычным движением левой руки отстегнув чехол винтовки, правой рукой вынул её* (Л.Т.); *Александр Владимирович молча протиснулся вперёд, отстранив жену, и, спустившись на две ступени, оглядел свысока поле боя* (Фед.).

Если в аналогичных случаях стоящие рядом два деепричастных оборота соединены бессоюзной связью, то вопрос об отнесении каждого из них к предшествующему или последующему сказуемому решается на основании смысла, но никакого дополнительного знака препинания (например, тире) между ними не ставится: *Потом протарахтел трактор, заглушив все звуки, вспарывая снежную целину, срезал дорогу* — смысловая связь ясна: деепричастный оборот *заглушив все звуки* относится к предшествующему сказуемому *протарахтел*, а оборот *вспарывая снежную целину* — к последующему сказуемому *срезал*.

Примечание. Деепричастный оборот не обособляется:
1) если оборот (обычно со значением обстоятельства образа действия) тесно связан по содержанию со сказуемым и образует смысловой центр высказывания: *Она сидела чуть откинув голову* (Марк.) — указывается не просто, что она сидела, а что сидела с откинутой головой; *Жили Артамоновы ни с кем не знакомясь* (М.Г.) — важно не то, что жили, а что жили без всяких знакомств; *Это упражнение делают стоя на вытянутых носках* — смысл сообщения в том, каким образом делают упражнение; *Старик шёл прихрамывая на правую ногу; Студенты приобретают знания не только слушая лекции, но и выполняя*

*практические работы; Писал он обычно **наклонив голову**; **Не унижая себя** говорю, а говорю с болью в сердце* (М.Г.); *Огромного роста, редкой силы, волосатый, он ходил по земле **наклоня голову**, как бык* (М.Г.); *Яков сидел **опустив ноги*** (М.Г.). Ср. в составе другой конструкции (деепричастный оборот не отделяется запятой от причастия или другого деепричастия, к которому тесно примыкает): *Кучер, спавший **опершись на локоть**, начал пятить лошадей* (Гонч.); *Даже и Ласка, спавшая **свернувшись кольцом** в краю сена, неохотно встала* (Л.Т.); *Но Клим видел, что Лида, **слушая рассказы отца поджав губы**, не верит им* (М.Г.); *Другой приглашённый, **по-стариковски согнувшись** сидевший рядом со мной, упорно молчал*;

2) если оборот представляет собой фразеологизм: *И день и ночь по снеговой пустыне спешу к вам **голову сломя*** (Гр.); *Он работал **не покладая рук*** (М.Г.); *Но если не было опасности, он относился к своим обязанностям **спустя рукава**, точно исполняя что-то постороннее и ненужное* (Н.-П.); *Соня, слушавшая его **едва переводя дыхание**, вдруг схватила мантильку, шляпку и выбежала из комнаты* (Дост.); *кричать **не переводя духа**; мчаться **высуня язык**; лежать **уставясь в потолок**; сидеть **затаив дыхание**; работать **засучив рукава**; метаться **не помня себя**; провести ночь **не смыкая глаз**; слушать **развесив уши***.

Исключение составляют застывшие выражения в форме деепричастных оборотов, выступающие в роли в в о д н ы х с о ч е т а н и й: ***По совести говоря**, можно было сделать гораздо лучше; **Судя по всему**, кризис в течении болезни уже миновал*;

3) если перед деепричастным оборотом стоит усилительная частица *и*: *Можно прожить **и не хвастая умом*** (М.Г.); *Можете уйти **и не дожидаясь ответа**; Он оставался скромным **и победив сильного противника***;

4) если деепричастие имеет в качестве зависимого слова союзное слово *который* в составе определительной придаточной части сложноподчиненного предложения (такое деепричастие от придаточной части запятой не отделяется): *Перед старыми заводами возникали десятки серьёзных проблем, **не решив которые невозможно было перейти к новым методам постройки кораблей*** (Коч.); *Направо была дверь, **пройдя которую можно было попасть в коридор**, ведущий на сцену; Опубликованы новые произведения молодого писателя, **читая которые нетрудно видеть его творческий рост***. У поэтов-классиков в стихотворных текстах встречаются деепричастные обороты, включающие в свой состав подлежащее, которое не выделяется внутри оборота запятыми: ***Услышав граф её походку и проклиная свой ночлег и своенравную красотку**, в постыдный обратился бег* (П.); ***На ель Ворона взгромоздясь**, позавтракать было совсем уж собралась*

(Кр.); ...*Старосту лизнув Лев милостиво в грудь*, *отправился в дальнейший путь* (Кр.); *Сатиров я для помощи призвав, подговорю, и все пойдёт на лад* (Л.); *Но рабскую верность Шибанов храня, свово отдаёт воеводе коня* (А.К.Т.);

5) если деепричастие утратило глагольное значение: *Почта находится не доходя ста метров отсюда*; *Буду дома начиная с семи часов вечера* — слово *начиная* можно опустить без ущерба для смысла и структуры предложения, вместе с относящимися к нему словами оно не образует деепричастного оборота и не обособляется; сочетание *начиная с* выступает в роли сложного предлога; *По новым программам школа работает начиная с прошлого года*; *К работе можно приступить начиная с будущей недели*.

Но оборот со словами *начиная с* **обособляется**, если носит характер уточнения, попутного пояснения или не связан с понятием времени: *Это подтверждает история многих стран, начиная с Индии и Египта*; *Призы лучшим спортсменам континентов присуждаются, начиная с конца XIX века, в Лос-Анджелесе*; *Многое изменилось, начиная с главного* — слово *начиная* нельзя опустить без ущерба для смысла предложения; *Поэма «Василий Тёркин» печаталась по мере написания отдельных глав на протяжении всей войны, начиная с 1942 года*; *Всё это показалось странным, начиная с его заявления*; *Всю неделю, начиная с воскресенья, шли дожди*. Ср. также: *С хозяйкой дома была пожилая дама, вся в чёрном, начиная с чепца до ботинок* (Гонч.); *Всё в его фигуре, начиная от усталого, скучающего взгляда до тихого мерного шага, представляло самую резкую противоположность с его маленькою, оживлённою женой* (Л.Т.) (*начиная от* — вариант *начиная с*); *Аносов, начиная с польской войны, участвовал во всех кампаниях, кроме японской* (Купр.).

Оборот со словами *исходя из* («на основании») в большинстве случаев тоже не входит в деепричастную конструкцию и не обособляется: *Статистические показатели выводятся исходя из многих данных* — слово *исходя* можно опустить; *Таблица составлена исходя из полученных сведений*; *Годовая потребность рассчитывается исходя из потребностей на каждый квартал*.

Но оборот со словами *исходя из* **обособляется**, если по смыслу относится к производителю действия, который может «исходить из чего-то» (определенное или неопределенное лицо): *Калькулятор составил расчёт, исходя из представленных ему данных*; *Налогом облагают, исходя из установленных ставок*; *Лётчикам предоставляется право изменять свой боевой порядок, исходя из сложившейся обстановки*.

Оборот со словами *смотря по* («в зависимости от чего-либо», «в соответствии с чем-либо»), выступающий в роли сложного предлога и не имеющий значения деепричастной конструкции (вместе с зависимыми словами), не обособляется: *Будем действовать **смотря по обстоятельствам**.*

Но если этот оборот имеет значение **уточнения** или **присоединения**, то он **обособляется**: *Приходилось действовать осторожно, **смотря по обстоятельствам** — уточнение; Отпуск можно использовать для занятий различными видами спорта, **смотря по времени года** — присоединение; Гребцов, **смотря по величине лодки**, бывает от 4 до 8 и даже до 12 человек* (Гонч.); *Эти воображаемые картины были различны, **смотря по объявлениям**, которые попадались ему* (Ч.);

6) если оборот выступает в качестве однородного члена предложения с необособленным обстоятельством: *Алёша длинно и **как-то прищурив глаза** посмотрел на Ракитина* (Дост.); *...Вдруг завопила она раздирающим воплем и **залившись слезами*** (Дост.); *Остановив Власову, он одним дыханием и **не ожидая ответов** закидал её трескучими и сухими словами* (М.Г.); *Клим Самгин шагал по улице бодро и **не уступая дорогу встречным людям*** (М.Г.); *Он долго и **нимало не стесняясь подробностями** объяснял, почему именно монашек мог быть родителем Иванушки* (М.Г.); *Сначала Мишка снимал танки лёжа и **сидя на корточках*** (Сим.); *Он научился решать задачи быстро и **не прибегая к справочникам**; Мальчик стоял неподвижно и **не спуская глаз с собаки**; Спокойно и **не глядя ни на кого** она продолжала свой рассказ.* То же в сочетании с одиночным деепричастием: *Дворник с недоумением и **нахмурясь** разглядывал Раскольникова* (Дост.); *Князь Андрей взглянул на Тимохина, который испуганно и **недоумевая** смотрел на своего командира* (Л.Т.); *Веретёна с разных сторон равномерно и **не умолкая** шумели* (Л.Т.); *К дверям кабинета все подходили обыкновенно **перешёптываясь** и на цыпочках* (Л.Т.); *Тот ему отвечал **не смущаясь** и откровенно* (Пом.).

Но для смыслового выделения или попутного пояснения подобные сочетания наречия с одиночным деепричастием или с деепричастным оборотом могут **обособляться** (см. раздел «Обстоятельства, выраженные наречиями»): ***Тихо и как бы капельку побледнев**, проговорила Катерина Ивановна* (Дост.); *В тёмном небе, **устало и не сверкая**, появились жёлтенькие крапинки звёзд* (М.Г.); ***Виновато и покашливая**, мать простилась с нами* (Леон.); ***Недоверчиво, но всё же улыбаясь всем своим существом**, он пошёл к ней* (Леон.).

5. Два одиночных деепричастия, выступающие в функции **однородных обстоятельств**, **обособляются**: *Туманы, **клубясь и извиваясь**, сползали туда по морщинам соседних скал* (Л.); *Ермолай, **шмыгая и**

переваливаясь, улепётывал вёрст пятьдесят *в сутки* (Т.); ***Ворча и оглядываясь,*** *Каштанка вошла в комнату* (Ч.).

Но: *В ту же минуту старая женщина... вошла **припевая и подплясывая*** (П.) — тесная связь со сказуемым (см. п. 4); *Кучер мой слез **молча и не торопясь*** (Т.) — деепричастие перешло в наречие или имеет наречное значение (ср. такие слова, как *лёжа, сидя, стоя, не спеша* и т.п.).

6. Одиночное деепричастие **обособляется**, если сохраняет значение глагольности, выступая в функции второстепенного сказуемого, указывая на время действия, его причину, условие и т.д., но не образ действия. В последнем случае оно обычно приближается по значению к наречию или к сочетанию существительного с предлогом, употребленному в обстоятельственном значении, и не обособляется; ср.: *Поезд шёл **не останавливаясь*** («безостановочно»); *Она говорила об этом **улыбаясь*** («говорила с улыбкой»); ***Уходя,*** *гасите свет* (не как гасите, а когда гасите; о роли места деепричастия в предложении см. ниже); *Он сидел **не шевелясь*** (как сидел? в каком положении?); *Казаки разъехались, **не договорившись*** (Ш.) — возможные вопросы: когда разъехались? (*после того как не договорились*), почему разъехались? (*потому что не договорились*), вопреки чему разъехались? (*хотя не договорились*), т.е. налицо или обстоятельство времени, или обстоятельство причины, или обстоятельство уступки, но только не обстоятельство образа действия (вопросы «как разъехались» и «каким образом разъехались» явно не подходят).

Примеры обособленных одиночных деепричастий: *Пастух шёл, **напевая**, за стадом жадных и пугливых овец* (Т.) («шел и напевал»); *Недалеко заухал филин, и Ласка, **вздрогнув**, стала прислушиваться* (Л.Т.) («вздрогнула и стала прислушиваться»); ***Отдохнув**, он собирался уходить* (Фед.) («после того как отдохнул»); *Да потеряешь время, **бегая*** («если будешь бегать»);

«Да, давно я уже не мылся», — говорил он, **раздеваясь** (Ч.); ...Дед, **кряхтя**, влез в арбу (М.Г.); Мать, **недоумевая**, улыбалась (М.Г.); Довольные пассажиры, **примолкнув**, любовались солнечным днём (Фед.); За чертой, **не всходя**, томилось солнце (Ш.); Казаки сдержанно посматривали на него, **расступаясь** (Ш.); В этот момент от тоски и боли он обычно просыпался и долго лежал, **отходя** (Гран.); Он, **улыбаясь**, жмурился от света (Щип.); Он поправил меня, **смеясь**; **Задыхаясь**, я перепрыгивал через канавы; **Подходя**, спросил Сергей; Она забегала по комнате, **рассказывая**; **Наблюдая**, удовлетворяешь свою любознательность; **Соперничая**, они старались превзойти один другого; Девушка, **не раздумывая**, повернула назад; Весело отвечал он, **чокаясь**; **Морщась**, он покосился на соседа; **Скучая**, слонялись они по улицам; Потом шаги их затихли, **удаляясь**; С усмешкой сказал он, **интригуя**; Вечером, **засыпая**, он смутно вспоминал события дня; Ползёт в гору, **пыхтя**, маленький паровозик; **Не хвастая**, расскажу о нашем походе; Она отвернулась, **зарыдав**; **Рассказывая**, он искоса поглядывал на присутствующих; Подумал он, **насторожившись**; **Обжигаясь**, пили горячий чай; Дети столпились кругом, **любопытствуя**; Под торжественные аккорды гимна в голубое небо, **трепеща**, взмывает флаг нашей страны; Он поскользнулся, упал и, **чертыхаясь**, с трудом встал на ноги; Ученик переспросил, **не поняв**; **Играя**, учись; Эти мосты неприятель взорвал, **отступая**; **Не зная**, и впрямь можно было поверить в это; По дороге, **лая**, бежала собака; Докладчик, **отвернувшись**, улыбнулся; Проводник, **возвращаясь**, стал махать рукой; Отвечайте, **подумав**; Он удивлённо посмотрел на всех, **очнувшись**; Он прервал свой рассказ, **закуривая**; Всё в природе, **совершенствуясь**, меняется; **Уходя** — уходи (название кинофильма); Бегут, **озираясь**, облака.

Примеры необособленных одиночных обстоятельств: *Ищущие проявления силы обращались внутрь* и никли **увядая** (Гонч.); *Веретьев сидел **наклонившись** и похлопывал веткой по траве* (Т.); *До двух часов занятия должны были идти **не прерываясь*** (Л.Т.); *Он спал **не раздеваясь*** (Л.Т.); *Спят журавли обыкновенно **стоя*** (Акс.) — наречное значение; *Дома у себя Громов всегда читал **лёжа*** (Ч.) — наречное значение; *За гробом жены он шёл **спотыкаясь*** (М.Г.); *Она воротилась оттуда **похудев*** (М.Г.); *Дмитрий слушал его **нахмурясь*** (М.Г.); *Он... **не считая** бросал деньги* (М.Г.); *Говорил он **задыхаясь*** (М.Г.); *Там, в темноте, чьи-то глаза смотрели **не мигая*** (А.Т.); *Сергей отстранил Веру, кивнул ей и ушёл **посвистывая*** (А.Т.); *Поначалу я отвечал **нахохлившись*** (Форш); *[Аксинья] вошла в зал **не постучавшись*** (Ш.); *Девочка вбежала в комнату **рыдая**; Иной простак **не шутя** так подумает; Сергей сидел **наклонившись** и подвязывал коньки; Дети болтали **не переставая**; Он жил со своим горем **не прячась**; Он продолжал говорить **позёвывая**; Глаза её перебегали от одной картинки к другой **сравнивая**; Он спрятал деньги в бумажник **не считая**; Дождь шёл **не прекращаясь**; Поезд прошёл **не задерживаясь**; Мимо них не пройдёшь **не порадовавшись**; Партизаны шли **пригибаясь**; Сосед слушал меня **не возражая**; Шли **обнявшись** по лесной дороге; Девочка говорила **задыхаясь**; Шофёр кричал **ругаясь**; Они слушали **не понимая** наши разговоры —* словосочетание *наши разговоры* относится к сказуемому *слушали*; *Бумаги он подписывал **не читая**; Шли вперёд **не оглядываясь**; Он сел на стул **не раздеваясь** и задумался; Старик шёл **пошатываясь**; Ушли **не простившись**; Яблоко падает **созрев**; Проходили **не таясь**; Обсуждали вопрос кто **посмеиваясь**, кто всерьёз; Тропинка шла **извиваясь**; Он вбежал во двор **крича**; Никому не дано права жить **не работая**; Девочка рассказывала **всхлипывая**; Ушёл **потупившись**; **Не умолкая** тот же крик тревожил слух; Прошёл мимо **не обернувшись**; Все прислушивались **не дыша**; **Не торопясь** он прошёлся по комнате; **Не задумываясь** отвергла она; Не следует* делать **не думая**; Выполняйте **не рассуждая**; Люди стояли **окаменев**; Он заговорил **оправдываясь**; Горная дорога шла **петляя**; Сидит за столом **пригорюнившись**; Взял книгу **не глядя**; Шёл **задумавшись**; Сидел **облокотясь**; Укатилась волна **звеня**; Сообщения с фронта нельзя было читать **не волнуясь**; Минут пять все стояли **не шелохнувшись**; Молодой человек бросился на помощь **не раздумывая**; Снайпер выстрелил **не целясь**.

7. Обособление или необособление одиночного деепричастия может зависеть от м е с т а, занимаемого им по отношению к глаголу-сказуемому: одно и то же слово в начале или в середине предложения может обособляться, а в конце — нет. Ср.:

*Он говорил **запинаясь**; Он добавил, **запинаясь**, несколько слов от себя;*

*Они шли **не торопясь**; По дороге, **не торопясь**, они собирали грибы и ягоды;*

*Она будила сына **улыбаясь**; **Улыбаясь**, она разбудила сына;*

*Ужинали **не спеша** (Марк.); Через двор, **не спеша**, шагал приземистый, коротконогий, круглоголовый человек (Марк.).*

8. На обособление одиночного деепричастия может влиять вид его: чаще не обособляются деепричастия несовершенного вида (на *-а/-я*), поскольку обычно они выражают обстоятельство образа действия, тогда как деепричастиям с о в е р ш е н н о г о вида (на *-в, -ши*) присущи другие оттенки значения (времени, причины, условия, уступки), что часто приводит к их **обособлению**. Ср.: *Слушал **не перебивая**; Стала всматриваться **не узнавая**; Делал перерывы **уставая**; **Отказавшись**, он упустит эту последнюю возможность; **Обомлев**, стояла она неподвижно в дверях; **Не дозвонясь**, зашёл ко мне на дом; **Возмутившись**, он отказался отвечать; **Утомившись**, они делали остановки в пути.*

9. Обособление или необособление одиночного деепричастия может быть связано с лексическим значением глагола-сказуемого: одно и то же деепричастие при одних глаголах обособляется, при других — нет. Ср.:

*Спросил, **не останавливаясь*** (деепричастие не указывает на «способ спрашивания», обозначает другие действия, одновременные с движением); *Шёл **не останавливаясь*** («безостановочно»);

*Погрузился в мысли, **улыбаясь*** («думал и улыбался»); *Говорил **улыбаясь*** («говорил с улыбкой»).

10. Одиночное деепричастие со значением образа действия, стоящее в конце предложения, **обособляется**, если имеет значение у т о ч н е н и я. Ср.:

*Он шёл **не оглядываясь*** («без оглядки»); *Он шёл торопливо, **не оглядываясь**;*

*Пулемёт стрекотал **не умолкая*** («без умолку»); *Пулемёт непрерывно стрекотал, **не умолкая**.*

11. Если одиночное деепричастие находится между двумя глаголами-сказуемыми и по смыслу может быть отнесено к любому из них как обстоятельство образа действия, оно не отделяется запятой от того сказуемого, к которому пишущий его относит: *Он присел на корточки, **кряхтя** полез в нижний ящик стола; Девочка выбежала в сад, **плача** бросилась к матери.*

ОБСТОЯТЕЛЬСТВА, ВЫРАЖЕННЫЕ СУЩЕСТВИТЕЛЬНЫМИ

1. Для смыслового выделения или для попутного пояснения могут **обособляться** обстоятельства, выраженные существительными в формах косвенных падежей (обычно с предлогами), особенно если при этих существительных имеются пояснительные слова: ***С приближением неприятеля к Москве**, взгляд москвичей на своё положение не только не сделался серьёзнее, но, напротив, ещё легкомысленнее* (Л.Т.) — смысловая нагрузка обособленного оборота в начале предложения усиливается в связи с тем, что к временно́му значению добавляется уступительное (взгляд москвичей становился легкомысленнее не только тогда, когда неприятель приближался к Москве, но и вопреки тому, что он приближался); *Петя, **после полученного им решительного отказа**, ушёл в свою комнату и там, запершись от всех, горько плакал* (Л.Т.) — совмещены два значения обособленного оборота — временно́е и причинное (ушел и горько плакал не только после того, как получил отказ, но и потому, что получил его).

Примеры обособленных обстоятельств: *Добрый комендант, **с согласия своей супруги**, решил освободить Швабрина* (П.); *Видно, и Чичиковы, **на несколько минут в жизни**, обращаются в поэтов* (Г.); *Дедушка остановился и, **с помощью Мазана**, набрал большую кисть крупных ягод* (Акс.); *К ней, **из недалёкой деревушки**, часто приходят два уже дряхлые старичка — муж и жена* (Т.); *Вдруг, **где-то в отдалении**, раздался протяжный... звук* (Т.); *Кровля, **от тяжести давившей её когда-то соломы**, приняла совершенно другое направление* (Григ.); *И потом он встречал её в городском саду и на сквере, **по нескольку раз в день*** (Ч.) — с оттенком присоединения; *Утром проснулся он рано, **с головной болью**, разбуженный шумом* (Ч.); *Я отстал немного, потом, **с помощью хлыста и ног**, разогнал свою лошадку* (Л.Т.); *Игра прекратилась; мы все, **головами вместе**, припали к земле смотреть эту редкость* (Л.Т.); *И тишина, **от времени**, становилась всё зловещей* (М.Г.); *В то время там начинали строить мост, и, **в чаянии заработать немного денег на дорогу**, я отправился на место сооружения* (М.Г.); *А Гвоздев, **в упоении самим собой**, продолжал...* (М.Г.); *Как-то вечером, набрав белых грибов, мы, **по дороге домой**, вышли на опушку леса* (М.Г.); *Мы уже посадили последние хлебы в печь и, **из боязни передержать их**, не ложились спать* (М.Г.); *Они, **с выставки**, уехали в Крым* (М.Г.); *У стола... стоял издатель... и, **с тонкой усмешкой на белом сытом лице**, следил за редактором светлыми* глазами (М.Г.); *Она выедет туда первого декабря, я ж,* **для приличия,** *хоть неделей поздней* (Бун.); *Все шестеро,* **в ожидании лошадей,** *сидят тесно на ближних к выходу койках* (Купр.); *Шёл я раз,* **студентом,** *по улице* (Вер.) (т.е. в бытность свою студентом); *Я, тоже* **с узлом на спине,** *семенил за нею* (Гл.); *Подержав Рагозина год в тюрьме, его отправили —* **за участие в уличных беспорядках** *— на три года в ссылку* (Фед.) — постановка тире вместо запятых факультативна; *В ней было,* **в этот момент,** *какое-то сходство с Филиппом* (Фед.); *Печальную славу имела Владимирка: по этой дороге,* **под кандальный звон,** *гнали ссыльных* (Л.Н.); *Ранней весной,* **по неведению своему,** *местные жители почти не ловят рыбы* (Сол.); *С тех пор,* **сначала в кружках самодеятельности, а затем на эстраде,** *он выступал довольно часто; Она во всеуслышание,* **через всю комнату,** *сообщила какие-то подробности; На протяжении многих лет,* **сперва как лаборант, а позднее как ассистент профессора,** *он работал на этой кафедре; И тут же,* **от избытка чувств,** *предложил ему свою помощь; Он поехал по адресу, который,* **через своего сына,** *передал ему старый мастер; Способного ученика учителя выделяли,* **к зависти остальных;** *Он говорил,* **по часам,** *целых десять минут; Эта история основана,* **до некоторой степени,** *на подлинном происшествии; Задача простая и,* **в то же время,** *интересная.*

Подобного рода обособленные обстоятельства могут выражаться и другими склоняемыми частями речи: *Мы все,* **вместе с вами,** *включимся в эту работу; В аудиторию,* **один за другим,** *входили студенты для сдачи экзамена; Сообщить присутствующим и,* **через них,** *остальным членам бригады новый график работы.* Ср. также: *Сюда же,* **служить новому искусству,** *потянулась талантливая молодёжь.*

2. Чаще всего такие конструкции образуются существительными с предлогами или предложными сочетаниями (<u>благодаря, ввиду, в зависимости, во избежание, вопреки, в отличие, в противоположность, в</u>

связи с, в силу, вследствие, в случае, за неимением, за отсутствием, несмотря на, подобно, по причине, по случаю, при, при наличии, при условии, согласно и др.): Савельич, *согласно с мнением ямщика*, советовал воротиться (П.); Я стал на углу площадки, крепко упершись левой ногою в камень и наклонясь немного вперёд, чтобы, **в случае лёгкой раны**, не опрокинуться назад (Л.); Жизнь его, **при всей тягости его положения**, шла легче, стройнее, нежели жизнь Анатоля (Герц.); **Вследствие этого происшествия**, Василий уже более не видался со своим родителем (Т.); Детям, **по причине малолетства**, не определили никаких должностей (Т.); Николай Петрович родился на юге России, **подобно старшему своему брату Павлу** (Т.); **Благодаря отличной погоде и особенно праздничному дню**, улица сельца Марьинского снова оживилась (Григ.); Стёпочка, **по случаю отсутствия танцев**, тоже очень скучал (Пис.); Раиса Павловна, **даже ввиду таких критических обстоятельств**, решительно ничего не делает (М.-С.); **В противоположность своей жене**, доктор принадлежал к числу натур, которые во время душевной боли чувствуют потребность в движении (Ч.); Каждую летнюю зорю Герасим, **несмотря на слепоту**, ходил в поля ловить перепелов (Бун.); Хозяин скрежетал зубами, а мне, **в силу этого**, приходилось работать за двоих (М.Г.); Ехали только днём, **во избежание всяких дорожных случайностей** (Пришв.); Никитин учил мальчишку столярному делу и, **за неимением собеседника**, часами разглагольствовал с ним о старинной мебели (Пауст.); Давыдов решил... проверить, действительно ли бригада, **вопреки его указаниям**, боронует вдоль борозды (Ш.).

В приведенных выше примерах возможность обособления ставится в зависимость от степени распространенности оборота, его близости к основной части предложения, наличия добавочных оттенков значения, места по отношению к сказуемому, стилистической задачи и т.д., поэтому **обособление** ф а к у л ь т а т и в н о.

Как правило, **обособляется** оборот с предложным сочетанием *несмотря на*. Однако при тесной смысловой связи с господствующим словом, после которого он находится, оборот этот не обособляется: *Явился дежурный администратор, вызванный **несмотря на поздний час**; Он это сделал **несмотря на запрет матери***.

Значение смысловой близости обстоятельства, выраженного существительным в форме косвенного падежа с предлогом, к остальной части предложения при обособлении или необособлении видно из таких сопоставлений:

*Речники поражались тому, что глаз камбалы способен перемещаться **в зависимости от того, на каком боку она обычно лежит*** (Чак.) — оборот со словами *в зависимости* тесно связан по смыслу со сказуемым, *может перемещаться* и не обособляется; *Время обеденного перерыва устанавливается или от часа до двух, или от двух до трёх, **в зависимости от характера работы предприятия*** — с оттенком присоединения;

*Я не в состоянии отказать человеку **на основании одних только предположений*** (Ч.); *Поэтому, **на основании выведенной формулы**, следует пересмотреть сделанные ранее расчёты;*

***Наперекор обычаю** даже у трактира не было заметно оживления* (Тел.); *Она, **наперекор требованиям моды**, носила короткие платья;*

***В отличие от брата** он мало интересуется спортом; Кожица шляпки у маслят, **в отличие от кожицы у многих других съедобных грибов**, легко отделяется.*

Роль места, занимаемого обстоятельством этого типа, можно показать на таких сопоставлениях:

*Метелица, **по совету пастушка**, продолжал шагать по нескошенному лугу* (Ф.); *Больной оставался на диете **по совету врача**;*

*Радиопьеса, **по просьбе слушателей**, транслировалась повторно; Пьеса была поставлена вторично **по просьбе зрителей**;*

*Рабочие, **по указанию мастера**, направились в соседний цех; Рабочие направились в соседний цех **по указанию мастера***.

Различие объясняется тем, что в конце предложения слова логически больше выделяются, и это затрудняет их «отрыв» от остальной части предложения.

ОБСТОЯТЕЛЬСТВА, ВЫРАЖЕННЫЕ НАРЕЧИЯМИ

Могут **обособляться** обстоятельства, выраженные наречиями (одиночными или в сочетании с зависимыми словами), с целью смыслового выделения или попутного п о я с н е н и я: *Он, **молча**, опять поклонился* (Л.); *...Спуст́я мгновение на двор, **неизвестно откуда**, выбежал человек* (Т.); *За четверть часа до захождения солнца, **весной**, вы входите в рощу* (Т.); *Музыка, **по-прежнему**, долетала до нас* (Т.); *Проснувшиеся грачи, **молча и в одиночку**, летали над землёй* (Ч.); *Меня, **как бы нечаянно**, обливали водой* (Ч.); *Проходя Театральным переулком, я, **почти всегда**, видел у двери маленькой лавки человека* (М.Г.); *Миша опустил книгу и, **не сразу**, тихо ответил...* (М.Г.); *Но молодость — упряма и, **по-своему**, умна* (М.Г.); *...Надежда сидела на заборе рядом с Колей и всё спрашивала его о чём-то, **тихонько и пугливо*** (М.Г.) — с оттенком присоединения; *На другой день к вечеру, **рысцой**, прибежал Алексей* (М.Г.); *И вот, **неожиданно для всех**, я выдержал блистательно экзамен* (Купр.); *Она, **чуть слышно**, опять прошлась по комнате* (Купр.); *Вот, **назло им всем**, завтра же с утра засяду за книги* (Купр.); *Около них — **ничком** — лежал Иван Гора* (А.Т.); *На пароходе — **спереди** — пулемёты* (А.Т.) — постановка тире вместо запятых факультативна. *Иногда он обращался с какой-нибудь просьбой, **робко**, **застенчиво*** (Кат.) — с оттенком присоединения.

В той же функции может выступать фразеологический оборот: *Раз на перекрёстке, **откуда ни возь-***

мись, *чёрная собака* (Ч.); ...*Затем,* **ничтоже сумняшеся**, *взялся за её скобу и... долго-долго пробыл за этой дверью* (Бун.).

§ 21. Обособленные дополнения

1. В зависимости от смысловой нагрузки, степени распространения оборота, близости к основной части предложения и т.д. могут **обособляться** существительные с предлогами (или предложными сочетаниями) <u>кроме, вместо, помимо, сверх, за исключением, наряду с</u> и др. (условно называемые дополнениями) со значением включения, исключения, замещения, т.е. ограничительным или расширительным значением. Ф а к у л ь т а т и в н о с т ь их обособления видна из таких сопоставлений:

У заставы **вместо часового** *стояла развалившаяся будка* (П.); **Вместо голых утёсов**, *я увидел около себя зелёные горы и плодоносные деревья* (П.); *Он опять хотел заговорить, но* **вместо слов** *из груди его выходило какое-то глухое клокотанье* (Григ.); *Быстрыми шагами прошёл я длинную «площадь» кустов, взобрался на холм и,* **вместо ожиданной знакомой равнины с дубовым леском направо и низенькой белой церковью в отдалении**, *увидел совершенно другие, мне неизвестные места* (Т.);

И стал Михаил Синицкий гвардии красноармейцем, участником всех славных дел своего пышного батальона, несущим **наряду со всеми** *боевые тяготы* (Пол.); *Мистер Гопкинс,* **наряду с другими людьми в серых касках**, *стоял неподвижно* (Кор.);

Как бы человек ни стремился **помимо школы**, *сам по себе получить знания, он всё-таки будет, как говорят, самоучкой; Многие из бойцов,* **помимо своей винтовки**, *были вооружены трофейными автоматами* (Пол.);

Вы будете получать всё нужное **сверх пенсии** (Т.); *Дедушка приказал,* **сверх месячины**, *выдавать птичнице* ежемесячно *по полпуду пшеничной муки на пироги* (Акс.).

Примеры обособленных дополнений: *Толпа разошлась,* **исключая немногих любопытных и мальчишек** (Т.); **Сверх всякого ожидания***, бабушка подарила мне несколько книг* (Акс.); *Все принимали участие в общем разговоре,* **кроме Кити и Левина** (Л.Т.); *Тут,* **кроме небольшого столика с зеркалом, табурета и тряпья***, развешанного по углам, не было никакой другой мебели и,* **вместо лампы***, горел яркий веерообразный огонёк* (Ч.); **За неимением места во флигеле***, мне отвели комнату в графских хоромах* (Ч.); *Рассказ очень понравился мне,* **за исключением некоторых деталей** (М.Г.); *Настроение экипажа,* **сверх обыкновения***, было приподнятое* (Н.-П.); *Все,* **за исключением Вари***, громко аплодировали певцам* (Степ.); *Четыре орудия поочерёдно слали снаряды туда, но,* **сверх Григорьева ожидания***, орудийный огонь не внёс заметного замешательства в ряды...* (Ш.)

2. Предлог *кроме* имеет два значения: 1) «за исключением кого-чего-либо», «не считая кого-чего-либо»: **Кроме чаек***, в море никого не было* (М.Г.); 2) «сверх кого-чего-либо», «вдобавок к кому-чему-либо»: **Кроме старика***, в этот день приходило к нам ещё двое* (Ч.). В обоих значениях оборот с предлогом *кроме* обычно **обособляется**:

1) (исключение) **Кроме большого дыма в Замоскворечье***, ничто не напоминало о ночной схватке* (Леон.); *Дом,* **кроме этой комнаты***, стоял заколоченный* (А.Т.); *Все улыбнулись,* **кроме лейтенанта** (Каз.); *Он ожидал чего угодно,* **кроме этого***;*

2) (включение) **Кроме блюд и соусников***, на столе стояло множество горшочков* (Г.); *Теперь слышались,* **кроме грачиных***, человеческие голоса* (А.Т.); **Кроме дикого зверя***, есть в этих местах и разная птица.*

Однако в печати встречаются и необособленные обороты с предлогом *кроме* со значением включения: *Кроме зарплаты они получают и премиальные; Кроме рисунков* были приложены ещё чертежи; **Кроме хозяев** в комнате были и гости; **Кроме вашей химии** существуют ведь и другие науки.

Вариативность пунктуации позволяет в некоторых случаях внести ясность в текст; ср.: *Пригласили и других, кроме тебя* — значение исключения («пригласили и других, а тебя не пригласили»); *Пригласили и других кроме тебя* — значение включения («пригласили тебя наряду с другими»).

Иногда объем обособляемого оборота с предлогом *кроме* со значением включения меняется в зависимости от вносимого в предложение смысла. Ср.: ***Кроме записей живой диалектной речи***, *на местах имеются и другие источники пополнения наших знаний о словарном богатстве народных говоров* — записи живой диалектной речи являются дополнительным источником к уже имеющимся на местах); ***Кроме записей живой диалектной речи на местах***, *имеются и другие источники пополнения наших знаний о словарном богатстве народных говоров* — записи на местах являются дополнительным источником к имеющимся другим источникам.

Как правило, **обособляется** оборот с *кроме* при отрицательных местоимениях *никто, ничего* и вопросительных местоимениях *кто, что*: *Я н и ч е г о не мог различать, **кроме мутного кручения метели*** (П.); *На охоте дядя Ерошка питался по суткам одним куском хлеба и н и ч е г о не пил, **кроме воды*** (Л.Т.); *Н и к т о, **кроме солнца и голубого неба**, не глядит на него* (М.Г.); *К т о, **кроме нас самих**, должен заботиться об охране природы?*; *Ч т о, **кроме осуждения**, может вызвать неуважение к обществу?*

Обособляются обороты с сочетаниями *кроме как, кроме шуток* и *кроме того* (в значении вводного слова): *Мы и зла-то никому, **кроме как медведям**, не делаем* (Марк.); ***Кроме шуток***, *неужели вам нравятся такие книжки?* (Дост.); *Мечик окончательно уверил* себя в том, что Бакланов гораздо лучше и умней его, что Бакланов, **кроме того**, очень смелый и сильный человек (Ф.). Оборот *кроме того* обособляется и после союза: *И, кроме того...; Но, кроме того...; Если, кроме того...; Хотя, кроме того...* и т.д.

3. Оборот с предлогом *вместо* употребляется и **обособляется** в двух случаях:

1) как дополнение, зависящее от глагола-сказуемого: ***Вместо весёлой петербургской жизни,*** *ожидала меня скука в стороне глухой и отдалённой* (П.) — оборот связан со сказуемым, так как и то и другое «могло ожидать меня»; обособление ф а к у л ь т а т и в н о;

2) как особая конструкция, не управляемая глаголом-сказуемым: ***Вместо ответа,*** *Кириле Петровичу подали письмо* (П.) — оборот синтаксически не связан со сказуемым, поскольку не образуется словосочетание *подать ответ*; ***Вместо ответа на какой-то запрос,*** *Зурин захрипел и присвистнул* (П.) — то же самое: слово *ответ* лексически не сочетается со словами *захрипел* и *присвистнул*; обособление о б я з а т е л ь н о.

Ср. также: ***Помимо своей работы,*** *я теперь тружусь ещё и в Радиокомитете* (Павл.).

Но если предлог *вместо* имеет значения «за», «взамен», то оборот с ним не обособляется: ***Вместо гнедого жеребца*** *Коржу дали толстого белого мерина* (Дик.); ***Вместо шубы*** *надел пальто; Пошёл на заседание* ***вместо заведующего***.

Раздел 6

Знаки препинания в предложениях с уточняющими, пояснительными и присоединительными членами

В предложениях с уточняющими, пояснительными и присоединительными членами используются следующие знаки препинания: запятая, тире.

§ 22. Уточняющие члены предложения

Обособляются (отделяются **запятой** в начале и в конце предложения и выделяются с обеих сторон в середине предложения) слова и словосочетания, уточняющие смысл предшествующих слов (уточнение — это переход от более широкого понятия к более узкому). Чаще всего уточняются обстоятельства и определения.

1. Уточняющие <u>обстоятельства места</u>: *Там,* **ниже,** *мох тощий, кустарник седой* (П.); *Внизу,* **в тени,** *шумел Дунай* (Тютч.); *Илья Ильич учился в Верхлёве,* **верстах в пяти от Обломовки,** *у тамошнего управляющего немца Штольца* (Гонч.); *Прямо против кордона,* **на том берегу,** *всё было пусто* (Л.Т.); *В предместье,* **около боен,** *выли собаки* (Ч.); *Несколько в стороне от гуся,* **на матрасике,** *лежал белый кот* (Ч.); *Вверху,* **над вершинами дубов,** *где ровно синела глубина неба, собирались облака* (Бун.); *За рекою,* **в розовеющем небе,** *ярко сверкала вечерняя звезда* (М.Г.); *В Крыму,* **в Мисхоре,** *прошлым летом я сделал изумительное открытие* (Купр.); *На хуторе,* **в трёх верстах от деревушки Соломенной,** *разведчики оставили*

лошадей и пошли пешком (Ф.); *Шагах в десяти от входа в туннель,* **у самого шоссе,** стоял одинокий домик (Н.О.); *Недалеко,* **в направлении станицы Ольгинской,** привычно перекатывались звуки орудийной стрельбы (Перв.); *Справа,* **у подножия сопок,** расстилалось большое поле (Чак.); *Дорога раздваивается, и неизвестно, куда идти дальше* — **прямо или налево**.

Нередко уточняющие обстоятельства места выстраиваются в ряд, образуют цепочку: *Впереди,* **далеко, на том берегу туманного моря,** виднелись выступающие лесистые холмы (Л.Т.); *Вокруг по левому берегу,* **в полуверсте от воды, на расстоянии семи-восьми вёрст одна от другой,** расположились станицы (Л.Т.); *Вдруг на повороте реки,* **впереди, под тёмными горами,** мелькнул огонёк (Кор.); *Шагах в шести от Челкаша,* **у тротуара, на мостовой,** прислонясь спиной к тумбочке, сидел молодой парень (М.Г.); *В пространной низине,* **справа, до самого хребта,** отвернувшегося в сторону и затерявшегося в мутно-серой дали, виднелся лес (Ф.); *Даже сюда,* **через озеро, за километр,** вместе с горячим воздухом, доносился гул и треск (Гайд.); *Тут же,* **возле амбара, прямо на снегу,** раздевались (Ш.).

В зависимости от смысла одни и те же слова могут рассматриваться или не рассматриваться как уточняющее обстоятельство. Ср.:

Впереди на дороге толпились люди (т.е. в передней части дороги); *Впереди,* **на дороге,** толпились люди (т.е. сама дорога находилась впереди);

Далеко в лесу раздавались удары топора (слушатель находится в лесу); *Далеко,* **в лесу,** раздавались удары топора (слушатель находится вне леса);

Дети расположились **на поляне между кустами** (поляна окружена кустами, а на самой поляне их нет); *Дети расположились на поляне,* **между кустами** (кусты находятся на самой поляне).

К уточняющим обстоятельствам относятся названия районов, областей и т.д., обозначающие местонахождение поселков, деревень и т.д., а также указания в адресах: *В деревне Уваровке,* **Петровского района, Калужской области,** *состоялся праздник урожая; Посёлок Новые Горки,* **Щёлковского района, Московской области,** *находится недалеко от станции Болшево; Москва, улица Плющиха, д.38, кв. 2.* Но: Школа № 4 Талдомского района Московской области — необособленное несогласованное определение.

Обычно уточняющий член предложения о г р а н и ч и в а е т объем понятия, выраженного уточняемым членом предложения: *Внизу,* **под железной сетью воздушной дороги, в пыли и грязи мостовых,** *безмолвно возятся дети* (М.Г.) — уточняющие члены расположены по нисходящей градации, т.е. последующий уточняет значение предыдущего. Но бывают случаи, когда уточняющий член по выражаемому им понятию шире, чем уточняемый: *Я лежал н а к р о в а т и,* **в незнакомой горнице,** *и чувствовал большую слабость* (П.); *Я слышал эти рассказы п о д А к к е р м а н о м,* **в Бессарабии, на морском берегу** (М.Г.).

2. Уточняющие <u>обстоятельства времени</u>: *Я проснулся п о з д н о,* **часу в пятом пополудни** (Акс.); *Мы отправились и бродили д о л г о,* **до вечера** (Т.); *В п о л д е н ь,* **в ясную, солнечную погоду,** *ничего нельзя вообразить печальнее этой развалины* (Т.); *Это было глубокой осенью,* **в холодный и сумрачный день** (Дост.); *Один р а з,* **перед вечером,** *ногаец-ямщик плетью указал из-за туч на горы* (Л.Т.); *Теперь же,* **после половодья,** *это была река саженей в шесть* (Ч.); *Всю н о ч ь,* **до петушиного рассвета,** *мерил Чапаев карту* (Фурм.); *С е й ч а с,* **поздней осенью,** *когда я живу в Москве, шкатулка стоит там одна в пустых нетопленых комнатах* (Пауст.); *Л е т о м,* **вечерними зорями,** *на вершину кургана слетает из подоблачья степной беркут* (Ш.).

Если при наличии двух обстоятельств времени второе из них не служит для о г р а н и ч е н и я понятия, выраженного первым, то оно не является уточняющим и запятая между ними не ставится; ср.:

Завтра, ***в шесть часов вечера****, состоится заседание кафедры; Заседание кафедры состоится* ***завтра в шесть часов вечера***.

3. Уточняющие <u>обстоятельства образа действия</u>: *Он встряхнул кудрями и с а м о у в е р е н н о,* ***почти с вызовом****, глянул вверх, на небо* (Т.); *И о душе своей заботился с о л и д н о,* ***по-барски****, и добрые дела творил не просто, а с важностью* (Ч.); *Он н а и в н о,* ***по-детски****, вытер пальцами глаза* (Л.Т.); *Тихо,* ***с боязнью****, она говорила ему что-то странное* (М.Г.); *Она о з о р н о,* ***по-девичьи****, взглянула на него снизу вверх* (Фед.); *На покривившемся стогу у н ы л о,* ***по-сиротски****, примостилась ворона* (Ф.); *Бабы зашумели в с е с р а з у,* ***в один голос****, не давая Давыдову и слова молвить* (Ш.); *Только т а к,* ***среди травы, цветов, пшеницы****, и могла начаться наша река Ворша* (Сол.); *Он был тщательно,* ***до розового лоска на щеках****, выбрит* (Ант.); *Вот так,* ***походя****, вопрос не решить*.

4. Уточняющие <u>определения</u> со значением цвета, размера, возраста и т.д.: *Ещё о д н о,* ***последнее****, сказанье — и летопись окончена моя* (П.); *Кой-где выглянули женские,* ***большей частью старушечьи****, головы* (Т.); *Их сопровождал небольшой плотненький человечек с ф л е г м а т и ч н ы м,* ***почти заспанным****, лицом* (Т.); *Только у з к а я,* ***саженей в триста****, полоса плодородной земли составляет владение казаков* (Л.Т.); *Пьер, с раннего утра уже стянутый в н е л о в к о м,* ***сделавшемся ему узким****, дворянском мундире, был в залах* (Л.Т.); *Пройдя какую-то п у с т у ю,* ***без жителей****, деревню, эскадрон опять поднялся на гору* (Л.Т.); *Горбоносый камнелом расправил усы и бороду б е л ы м и,* ***в извёстке****, руками* (М.Г.); *Вдали высилось т ё м н о - к р а с н о е,* ***цвета сырого мяса****, здание фабрики* (М.Г.); *На площадку классного вагона вышел человек в ч ё р н о й — **до ворота застёгнутой** — гимнастёрке* (А.Т.); *Вдали, у Никольских ворот, виднелась в ы с о к а я — **трубой** — соболья шапка боярина* (А.Т.); *А они такие све-*

женькие, чистенькие, **без единого пятнышка**, на земле, значит, так вот и лежали? (Фед.); *Вошла молодая*, **лет семнадцати**, *девушка* (Купр.); *На дублёной от жёлтого загара шее собирались толстые*, **в палец**, *складки* (Лид.); *Толстые*, **гвардейского сукна**, *штаны уж никак не шли ни мастеровому, ни батраку* (Кат.); *Гаврик со всех сторон осмотрел маленького гимназиста в длинной*, **до пят**, *шинели* (Кат.); *Через минуту три истребителя один за другим поднялись в голубоватый*, **как бы перламутровый**, *воздух* (Кат.); *Гвардейцы шли во весь рост, широкой цепью, по пёстрому —* **малиновому, лиловому, зелёному** *— клеверному полю* (Кат.); *Высокий, на мачте, фонарь помог Глебу разглядеть его серое*, **небритое, со впадинами на щеках**, *лицо* (Леон.); *Она со страхом смотрела на дедовы руки в коричневых*, **глиняного цвета**, *старческих веснушках* (Ш.); *На цыпочках прошёл в горницу, разделся, бережно повесил праздничные*, **с лампасами**, *шаровары* (Ш.); *Из-под крутого*, **волчьего склада**, *лысеющего лба он бегло оглядел комнату* (Ш.); *Он увидел на белой шапке кургана невдалеке рдяно-жёлтую*, **с огнистым отливом**, *лису* (Ш.); *По соседним*, **без дверей**, *заляпанным светлым комнатам загрохотали, приближаясь, шаги* (Пан.); *Это был посёлок за городом на голом*, **без деревца, без кустика**, *низком месте* (Пан.); *Катер шёл, всё время подвигаясь в чёрной*, **почти чернильного цвета**, *тени* (Сим.); *Это был молодой мужчина невысокого роста, с малозаметными усиками, в простой*, **в полоску**, *рубахе с резинками на рукавах* (Сол.); *Возникает особая*, **технического порядка**, *пауза*; *Глаза не слепил уже белый*, **с отсветами заката**, *снег*; *Пассажир вошёл с оригинальным*, **под крокодиловую кожу**, *чемоданом*; *Каждое из этих явлений имеет свои*, **присущие только ему**, *особенности*; *С её*, **всё-таки не блестящим**, *здоровьем следует больше беречь себя.*

Уточняющие определения могут конкретизировать общее значение местоимений *этот, тот, такой*, каждый, один (в значении местоимения) и т.п.: *Чичиков немного озадачился таким,* **отчасти резким,** *определением* (Г.); *Ни одного,* **ни санного, ни человеческого, ни звериного,** *следа не было видно* (Л.Т.); *Каждому,* **приехавшему и пришедшему,** *они должны были найти и указать место для ночлега* (Ч.); *Хотелось отличиться перед этим,* **дорогим для меня,** *человеком* (М.Г.); *Между ними давно уже установились те,* **чисто формальные,** *отношения, которые так обычны между двумя родственниками* (М.Г.); *Затем удивила Дашу «доморощенность» всего этого,* **так нашумевшего,** *дерзновения* (А.Т.); *Произошло нечто,* **столь необычное в мире,** *что всё бывалое, привычное будто заколебалось в своей власти над жизнью* (Фед.); *Эти,* **не всегда твёрдые и стройные,** *стихотворные строки писала рука, твёрдая, как сталь* (Сим.).

Но если определительный оборот, стоящий после указательного местоимения, тесно примыкает к нему и не имеет значения уточнения, то он не отделяется запятой от этого местоимения (см. § 18, п. 4).

Уточняющие определения могут присоединяться посредством подчинительных союзов: *Неодолимая,* **хотя и тихая,** *сила увлекала меня* (Т.); *Актуальная,* **даже если не совсем новая,** *тема заслуживает внимания; Пожертвовать прошлым ради одной,* **пусть и дорогой,** *встречи он не решался; Следует отметить, что эта интересная,* **потому что ещё никем не разработанная,** *тема выбрана именно молодым исследователем.*

Но если определение, присоединяемое подчинительным союзом, является однородным по отношению к предшествующему и не носит характер уточнения (смыслового и интонационного), то после него запятая не ставится (см. § 12, п. 7). Разграничение этих случаев зависит от воли пишущего.

Примечания: 1. Писатели-классики иногда выделяли запятыми в качестве уточняющего определения причастный оборот, стоящий после однородного определения-прилагательного. Например, у И.С.Тургенева: *Он устроил большую,* **полотном покрытую,** *купальню; В ста шагах от мельницы находился маленький,* **со всех сторон открытый,** *навес; Из особенной,* **мною сперва не** *замеченной, конюшни вывели Павлина.* В настоящее время такая пунктуация встречается редко (см. § 10, п. 1).

2. Уточняющий характер придают высказыванию слова <u>вернее, точнее, скорее, иначе</u> и т.п. Однако следующие за ними члены предложения не обособляются, так как указанные слова, имеющие значение вводных (*точнее, вернее, иначе* по смыслу равнозначны словосочетаниям *точнее говоря, вернее говоря, иначе говоря*), сами выделяются запятыми: *Его доброта,* ***вернее****, его великодушие тронуло меня* — сказуемое согласовано с ближайшим к нему предшествующим словом, от которого оно не может быть отделено запятой; *Совсем недавно,* ***точнее****, в последнем номере журнала была опубликована статья аналогичного содержания; Следует дополнить,* ***скорее****, уточнить приведённые в отчёте данные; Я сразу понял,* ***вернее****, почувствовал всю прелесть ловли перепелов; Песец,* ***иначе полярная лисица****, ценится за свой мех* (здесь *иначе* в значении «то есть»; но: *Мальчика нужно вовремя остановить,* ***иначе*** *он такого натворит* — здесь *иначе* выступает в функции противительного союза); *Брак,* ***вернее****, бракоделы наносят предприятиям немалый ущерб; В отзыве даётся подробный анализ экономических,* ***точнее****, финансовых сторон проекта; Он незлопамятен и быстро забывает,* ***скорее****, даже прощает нанесённые ему обиды.*

Слово *скорее* не выделяется запятыми, если употреблено в значениях: 1) «лучше сказать»: *Павел Петрович медленно похаживал взад и вперёд по столовой... произнося какое-нибудь замечание или* ***скорее*** *восклицание, вроде «а! эге! гм!»* (Т.); *Его не удивил,* ***а скорее*** *обрадовал этот вопрос; Пасмурный,* ***скорее*** *сумрачный, день;* 2) «лучше», «охотнее»: *Она* ***скорее*** *согласилась бы умереть, чем поделиться властью с другой хозяйкой* (Т.).

В роли уточняющего может выступать сочетание слов <u>более того</u>: *Было бы глупостью,* ***более того****, безумием упустить такой случай; Он глубоко уважал своего друга,* ***более того*** — *восхищался им.*

Возможно уточнение без вводящих слов: *Растения были* с п а с е н ы — ***политы****.*

§ 23. Пояснительные конструкции

1. Слова, поясняющие смысл предшествующего члена предложения, отделяются или выделяются **знаками препинания**. Различие между уточняющими и пояснительными членами предложения заключается в том, что если уточнение — это переход от более широкого понятия к более узкому (см. § 22), то пояснение — это обозначение одного и того же понятия другими словами.

Перед пояснительным членом предложения обычно стоят слова *именно, а именно, то есть* (при их отсутствии в предложении эти слова могут быть вставлены): *Она была воспитана по-старинному,* **то есть окружена мамушками, нянюшками, подружками и сенными девушками** (П.); *Иногда что-нибудь хочется сделать — **почитать*** (Г.); *Мы доехали на своих лошадях в возке,* **то есть в крытой рогожею повозке** (Акс.); *На другой день я с пятью якутами переправился через Лену,* **то есть через узенькие протоки,** *разделявшие бесчисленные острова* (Гонч.); *В то время,* **именно год назад,** *я ещё сотрудничал по журналам* (Дост.); *В жизни есть только одно несомненное счастье — **жить для других*** (Л.Т.); *Ему представился свой дом — **шесть больших комнат*** (М.Г.); *Третьего дня,* **то бишь на той неделе,** *сказываю я старосте...* (Сл.); *У деда Семёна была своя золотая и несбывшаяся мечта — **стать столяром*** (Пауст.).

Другие примеры: *Эти птицы* [стенолазы] *добывают свой корм исключительно в воздухе — **питаются летающими насекомыми**; Он обладает особой способностью — **всё делать вовремя**; Эти выводы следует расширить,* **а именно добавить другие возможные варианты**; *В докладе приводится сопоставление производственных результатов и затрат на производство в стоимостной,* **то есть денежной,** *форме; Нужны были и другие краски,* **а именно светлые**.

Пояснительным может быть не только член предложения, но и целое предложение: *При этом необходимо учитывать одно важное обстоятельство, а именно:* **нельзя нарушать экологическое равновесие**.

Как показывают некоторые из приведенных примеров, вместо запятой перед пояснительным членом предложения (при отсутствии пояснительного союза) часто ставится **тире**: *Разговор шёл один — **о погоде**; Было ещё одно препятствие на пути учёных — **суеверие островитян**; Профессия его была самая мирная — **учитель**; На выполнение работы потребовалось меньше, чем мы ожидали, — **два месяца**; То ли он решил, что ошибся — **честного человека не распознал**, то ли по другой причине, но он охотно выполнил просьбу.*

Возможна постановка **двоеточия** (чтобы избежать двух тире): *Предложен и другой путь: **использование некоторых видов морских растений** — водорослей, богатых многими ценными веществами.*

2. Пояснительные члены предложения могут присоединяться союзом *или* («то есть»): *Из лесного оврага неслось воркованье диких голубей, **или горлинок*** (Акс.); *Кругом всего здания идёт обширный каменный балкон, **или веранда**, где в бамбуковых креслах лениво дремлют хозяева казарм* (Гонч.); *Вдруг она [лошадь] оборвалась и села в водомоину, **или канаву*** (Л.Т.); *...Это был Александр Тимофеевич, **или попросту Саша**, гость, приехавший из Москвы* (Ч.); *По всей ширине Лены торчали в разных направлениях огромные льдины, **или**, по-местному, **торосья*** (Кор.); *Кольчатый тюлень, **или нерпа**, относится к числу ластоногих* (Арс.); *На берегу было много гальки, **или мелких, гладко обточенных водой камней**; Электронные лампы, **или**, как их правильнее называют, **электровакуумные приборы**, изготовляются разного назначения; Отметим два вида возбуждающей, **или входной**, функции; Такие эмоционально-оценочные, **или**, иначе, **лирические**, эпитеты встречаются и у других поэтов; Теперь можно сформулировать условия течения со скачком скорости, **или**, как говорят, со «**скольжением**».*

Примечания: 1. Следует различать пояснительный союз *или* (в значении «то есть», перед ним **запятая** ставится) и разделительный союз *или* (перед ним запятая не ставится, если союз не повторяется). Ср.: *Флексия,* **или окончание***, имеется только у слов, относящихся к изменяемым частям речи* — повторить союз нельзя, его можно заменить союзом *то есть*; *Изменяемая часть слова в конце его называется* **флексией или окончанием** — здесь союз имеет разделительное значение, он может быть повторен: *...называется или флексией, или окончанием*). В предложениях типа *Трудно или, лучше сказать,* **скучно** *потому, что это была работа дробная, мелкая* (Бел.) союз *или* является разделительным, а не пояснительным (понятия «трудно» и «скучно» не тождественны), поэтому запятыми выделяется только вводное сочетание *лучше сказать.* То же при наличии слов *вернее, точнее, скорее* и т.п. (по значению равных сочетанию *вернее говоря* и т.п.; см. § 22, п. 4 и § 25, п. 1): *Книга может быть включена в план издания* **или, в е р н е е,** *в план редакционной подготовки будущего года; Двойная* **или, т о ч н е е,** *тройная доза лекарства оказала своё действие на больного; Всех удивило его замечание* **или, с к о р е е,** *тон этого замечания; Я ему напишу* **или, л у ч ш е,** *скажу лично.*

2. Как указано выше (см. § 10, п. 1), определения, носящие характер п о я с н е н и я (перед ними можно поставить слова *а именно, то есть* и т.п.), отделяются **запятой** от поясняемого слова, но после них запятая не ставится: *Торчали толстые головни,* **остатки прежней, сгоревшей бани** (М.Г.); *В романе показаны с т а р ы е,* **исчезающие** *и н о в ы е,* **зарождающиеся** *явления общественной жизни; Все усилия необходимо было сосредоточить на о д н о м,* **северном** *направлении; Очередной,* **шестой** *том подписного издания на днях поступит в магазин; Он заговорил совсем другим,* **серьёзным** *тоном.*

Вопрос об отделении с одной стороны или выделении с двух сторон пояснительного определения решается в условиях контекста. Ср.:

Четвёртая, **последняя** *часть романа завершится эпилогом; Четвёртая,* **по-видимому последняя,** *часть романа завершится эпилогом* (о вводных словах в составе обособленного оборота см. § 25, п. 4);

Другой, **не менее важный** *раздел соглашения посвящён вопросам культурного сотрудничества; Другой,* **и не менее важный,** *раздел соглашения посвящён вопросам культурного сотрудничества* — определение носит присоединительный характер благодаря наличию присоединительного союза *и* (см. § 24).

При одинаковой пунктуации в некоторых случаях сближаются различные по типу определения. Например: *Рядом с этими домами высятся другие здания* — **жилые, административные, торговые** — возможные толкования: а) однородные определения после обобщающего словосочетания *другие здания* (см. § 15, п. 5); б) обособленные определения в конце предложения (см. § 18, п. 1); в) пояснительные определения (*...другие, а именно...*; см. § 10, п. 10); г) присоединительные определения (бессоюзное присоединение; см. § 24, п. 6).

Следует отметить, что пояснительные конструкции широко используются в разных стилях, в частности в языке художественной литературы: *Пили по-обыкновенному, **то есть очень много*** (П.); *Да-с, и к свисту пули можно привыкнуть, **то есть привыкнуть скрывать невольное биение сердца*** (Л.); *Появились касатки, **или морские свинки*** (Гонч.); *На другой стороне я нашёл свежих лошадей и быстро помчался по отличной дороге, **то есть гладкой луговине, но без колеи*** (Гонч.); *Мы, **то есть седоки**, обменялись взглядами* (Гонч.); *Адмирал решил остановиться на островах Зелёного Мыса, в пятистах верстах от африканского материка, **и именно на о. С.-Яго*** (Гонч.); *Я... добрался наконец до большого села с каменной церковью в новом вкусе, **т.е. с колоннами**, и обширным господским домом* (Т.); *Софья Николаевна не имела ещё ни одного жениха, **то есть не получила ни одного формального предложения*** (Акс.); *Ну что же, поедешь нынче вечером к нашим, **к Щербацким то есть?*** (Л.Т.); *В этом отношении случилось даже одно очень важное для них обоих событие, **именно встреча Кити с Вронским*** (Л.Т.); *Первоначальная линия расположения русских войск по Колоче была переломлена, и часть этой линии, **именно левый фланг русских**, вследствие взятия Шевардинского редута 24-го числа, была отнесена назад* (Л.Т.); *Он всеми силами души всегда желал одного — **быть вполне хорошим*** (Л.Т.); *Для Константина Левина деревня была местом жизни, **то есть радостей, страданий, труда*** (Л.Т.); *Мне угодно только одно — **предостеречь вас*** (Ч.); *От него исходило что-то возбуждавшее и опьянявшее меня — **какой-то горячий туман*** (М.Г.); *Эти люди были свои, **слободские*** (М.Г.).

§ 24. Присоединительные конструкции

1. Присоединительные члены предложения, которые содержат дополнительные разъяснения или замечания, вводимые в середину или в конец предложения, отделяются или выделяются **запятыми** (реже — **тире**). Такие конструкции обычно присоединяются словами *даже, особенно, в особенности, например, главным образом, в частности, в том числе, притом, и притом, причём, и* («и притом»), *да, да и, да и вообще, да и только* и др.: Незаметным образом я привязался к доброму семейству, **даже к кривому гарнизонному поручику** (П.); Вот тебе ужо будет баня, **и с твоею хозяюшкою** (П.); Все слушали молча рассказ Анны Саввичны, **особенно девушки** (П.); Рассеянные жители столицы не имеют понятия о многих впечатлениях, столь известных жителям деревни и города, **например о ожидании почтового дня** (П.); Иные ужасно обиделись, **и не шутя**, что им ставят в пример такого безнравственного человека... (Л.); Отец мой очень любил всякие воды, **особенно ключевые** (Акс.); Раздались крики разносчиков, продающих всякие, **даже русские**, журналы (Т.); Что тут прикажешь делать скульптору, **да ещё плохому?** (Т.); А Рудин заговорил о самолюбии, **и очень дельно заговорил** (Т.); Ермолай любил покалякать с хорошим человеком, **особенно за чаркой** (Т.); Некоторые казаки, **и Лукашка в том числе**, встали и вытянулись (Л.Т.); Уже на Кавказе я узнал, **и то не от капитана**, что он был четыре раза тяжело ранен (Л.Т.); Карл Иваныч бо́льшую часть своего времени проводил за чтением, **даже испортил им своё зрение** (Л.Т.); В людях есть много благородства, много любви, самоотвержения, **особенно в женщинах** (Остр.); Вдруг рванул ветер, **и с такой силой**, что едва не выхватил у Егорушки узелок и рогожку (Ч.); Я любил наши спектакли, **а особенно репетиции, частые, немножко бестолковые, шумные** (Ч.); Новый управляющий главное внимание обращал больше всего на формальную сторону дела, *в частности на канцелярские тонкости* (М.-С.); Дорога была только одна, *и притом широкая и обставленная вехами*, так что сбиться было невозможно (Кор.); Человека три в Заречье, *в их числе Сима Девушкин*, делали птичьи клетки и садки (М.Г.); Все предметы, *в особенности ветки деревьев и углы зданий*, удивительно рельефно выделялись на смугло-розовом темнеющем небе (Купр.); Наиболее отсталые из партизан, *в том числе и командиры отряда*, заволновались, зашумели (Ф.); Мимо неё шли и шли войска, и казалось, что всё, *в том числе леса и поля*, движется на запад (Каз.); Люди часто посмеиваются над ним, *и справедливо* (Пан.); У тебя солидный опыт работы, *причём в области перестройки и поисков новых форм* (В.Б.); За столько вёрст прискакал, *да в такую погоду* (Арб.).

Другие примеры: Передавая им эти сведения, он поступил нехорошо, *и знал это*; Об этом газеты уже сообщали, *и не раз*; Вопрос нужно рассмотреть, *и немедленно*; Эксперимент возобновили только полгода спустя, *и не в заводских условиях, а в лаборатории*; Он мечтал работать в газете, *и не в какой-нибудь, а только в центральной*; Своим поведением вы добьётесь только скандала — *и не больше*; Но я не стал возражать, *и хорошо сделал, а то она могла бы обидеться*; В комнате больного говорили мало, *и то шёпотом*; Ученик решил только одну задачу, *и то неправильно*; Об этом ведутся споры, *и споры горячие* (о присоединении повторяющегося слова союзом и см. § 16, п. 3); Нужно идти вперёд, *и идти как можно быстрее*; Средства информации, *и прежде всего радио и телевидение*, оперативно сообщают новости дня; Мне с трудом удалось достать этот справочник, *и то на время*; Он каждый раз делал одно и то же, *и неспроста*; Напишите заявление, *да поскорее*; Остаётся один выход, *да и то ненадёжный*; Ответа на этот вопрос он не находил, *да, признаться, тогда и не искал его*; Он не создал, *да и не мог создать*, ни одного крупного произведения; Посидели, *но больше для приличия*, ещё несколько минут; Опытный спринтер оказался на десять метров, *или около этого*, впереди других; И детей оставили, *или почти что оставили*, в покое; Любая, *даже самая сложная*, проблема может быть изложена просто и доступно; Тень, *и даже не тень*, а тьма была единственной краской, нужной и пригодной Гоголю для его цели...; Работа может быть закончена в ближайшее время, *например через неделю*; На выставке представлены интересные работы молодых художников, *главным образом пейзажи*.

2. Если присоединительная конструкция тесно связана по смыслу с последующей частью, от которой в произношении не отделяется паузой, то она может не обособляться, а только отделяться **запятой** от предшествующей части предложения: *Это называется «экономический кризис», и трудно понять, как вывернутся, **да и вывернутся ли** предприниматели из этой петли* (газ.); *Канадская нефть приносит прибыль иностранным, **главным образом американским** монополиям; По целым дням, **а нередко и ночью** велась перестрелка с обеих сторон; Поздно теперь, **да и не к чему** возвращаться к этому вопросу; При проведении подобных сложных экспериментов трудно, **да и невозможно** избежать отдельных ошибок.*

Выбор пунктуации может зависеть от конструкции предложения; ср.: *В этом предложении, **да и в двух соседних**, сказуемое выражено краткой формой прилагательного* — присоединительный оборот выделяется запятыми); *В этом, **да и в двух соседних** предложениях сказуемое выражено краткой формой прилагательного* — нельзя выделить оборот *да и в двух соседних*, так как нарушится связь между определением и определяемым словом (получится: *в этом... предложениях*).

3. Пунктуация зависит также от синтаксической функции слова, посредством которого присоединяется оборот. Ср.:

*Лес однообразнее и печальнее моря, **особенно сосновый лес*** (Акс.) — слово *особенно* присоединяет оборот и выделяется запятыми вместе с ним; *В странах Запада и, **особенно**, в США массовая безработица достигала порой рекордных размеров* (газ.) — выделяется слово *особенно* в значении «больше всего», «главным образом»;

*Многие художники, **и главным образом Айвазовский**, посвятили своё творчество изображению моря* — запятыми выделяется весь оборот со словами *и главным образом*, так как в предложении нет однородных членов, которые могли бы быть соединены союзом *и*; *Сатирическое изображение русской действительности дано Гоголем в «Ревизоре» и, **главным образом**, в «Мёртвых душах»* — союз *и* соединяет однородные члены, выделено вводное сочетание *главным образом*;

*Дождь, **даже ливень** не помешал проведению соревнований* — здесь *даже* — усилительная частица; *Хозяин был приветлив, **даже весел,** с гостями* — здесь *даже* в функции присоединительного союза.

4. Пунктуационно **выделяются** не только присоединительные члены предложения, но и присоединительные предложения: *Нет, я его [домового] не видал, **да его и видеть нельзя*** (Т.); *Я шёл в каком-то опьянении, **да и было от чего*** (Гарш.); *Мне вздумалось завернуть под навес, где стояли наши лошади, посмотреть, есть ли у них корм, **и притом осторожность никогда не мешает*** (Л.); *...Прекрасная песенка, **да и Юлия Владимировна прекрасно изволят петь*** (Пис.); *Бедной Наденьке больше уже негде слышать тех слов, **да и некому произносить их*** (Ч.); *Наташа говорила шёпотом, **да и дед и лесничий тоже говорили вполголоса*** (Пауст.); *Цветы всё дорогие, **и где он их взял?*** (Остр.)

В роли присоединительной конструкции может выступать и придаточная часть сложноподчинённого предложения: *Необходимы были всякие меры предосторожности, **особенно если приходилось идти ночью**;*

*В некоторых условиях обстановки, **и в частности когда войска на отдыхе**, кухни располагаются на грунте.*

5. Не следует смешивать пунктуацию при союзах присоединительных и союзах соединительных *и, да*, связывающих однородные члены предложения: в первом случае запятая перед союзом ставится, во втором — перед неповторяющимся союзом никакого знака не требуется. Ср.:

*Автор статью представил, **и своевременно*** (*и* — союз присоединительный; *Автор статью представил **в переработанном виде и своевременно*** (*и* — союз соединительный);

*Работу можно было давно уже сделать, **и даже лучше**; — Работу можно было сделать **скорее и даже лучше**;*

*В этом взгляде, **да и во всём поведении** Лидии, явилось нечто новое* (М.Г.) (*да и* — союз присоединительный); *За неделю **подбородок да и щёки** Балахонова покрылись густой, колючей, как проволока, щетиной* (Лапт.) (*да и* — усилительный союз при однородных членах).

Не ставится запятая перед союзом *да и* в следующих случаях:

1) если он употреблён в соединительном значении: *Вот **пошёл** он в лес по орехи **да и заблудился*** (Т.); *Я слушаю, **слушаю да и засну*** (М.Г.); ***Сгрёб** я её в охапку **да и поцеловал*** (Ант.);

2) в сочетаниях типа *взял да и сказал* (с одинаковыми формами глагола *взять* и другого глагола для обозначения неожиданного или произвольного действия): *Прожили они год душа в душу, а на другой-то год она **возьми да и помри*** (Усп.);

3) в сочетании *нет-нет да и:* *...**Нет-нет да и вспомнит** о ней* [матери], *письмо напишет* (Гл.).

6. Присоединительные конструкции могут включаться без союзов: *Довольно поздно явился ещё гость, **во фраке*** (Герц.); *Он умер, **в Томске*** (М.Г.); *Когда Филипп вышел на кухню, **умываться**, Анфиса Петровна спросила...* (Фед.); *Ночью я стою у орудия, **дневальным***

(Кат.); *Я опять промолчал,* **должно быть от изумления** (Пауст.).

Часто при этом используется **тире**: *Видел я на днях «Крокодиловы слёзы»* — **бездарнейшая пятиактная белиберда** (Ч.); *Руки у него огромные-преогромные* — **просто ужас**; *Внезапно мальчик исчез* — **умер, или, возможно, его похитили**; *Он замер, стал прислушиваться* — **весь внимание**; *Мы поехали на Кавказ* — **к солнцу, к морю**; *Он оставался таким же, как и прежде,* — **трудолюбивым, скромным**; *Это были люди суровые и жестокие, но справедливые* — **в том смысле, в каком сами они понимали справедливость**; *Он отказался принять вину на себя* — **с какой стати?**

Присоединительными могут быть как главные, так и второстепенные члены предложения: *Пойду-ка посижу у себя.* **Оденусь** (Н.И.); *Смотрю, в одиннадцатой роте сигналы учат.* **Хором** (Купр.); *У Елены беда тут стряслась.* **Большая** (Панф.).

7. Таким образом, перед присоединительной конструкцией могут стоять следующие знаки препинания:

1) з а п я т а я : *Некогда он служил в гусарах,* ***и даже счастливо*** (П.);

2) т и р е : *Дело мы делаем великое и сделали уже немало, а недостатки есть* — ***и серьёзные*** (Чак.);

3) т о ч к а : *Когда мы говорим о слезах радости, с которыми встречает Красную Армию население освобождённых городов, это может показаться формулой. Но доктор Коровина плакала от радости.* ***И Бабкин. И старый священник Говоров... И тысячи, тысячи людей*** (Эр.);

4) м н о г о т о ч и е : *Страшно признаться, но я хочу, чтоб этот человек знал, что она мне как песня...* ***И, должно быть, последняя*** (Пог.).

Раздел 7

Знаки препинания при словах, грамматически не связанных с членами предложения

§ 25. Вводные слова и словосочетания

1. Вводные слова и словосочетания выделяются **запятыми**.

Различается несколько основных групп вводных слов по их значению:

1) вводные слова и сочетания, выражающие чувства говорящего (радость, сожаление, удивление и т.д.) в связи с сообщением (<u>к счастью, к несчастью, по счастью, по несчастью, к радости, к огорчению, к прискорбию, к досаде, к сожалению, к удивлению, к ужасу, к стыду, на счастье, на радость, на беду, чего доброго, странное дело, удивительное дело, не ровён час, нечего греха таить</u> и др.): *Спасибо ещё,* к стогам прибились, а то бы все чисто позамёрзли (Л.Т.); *Того и гляди,* весло вырвет и самого в море швырнёт (Н.-П.); ...Найдёнов, **к изумлению Нагульного,** в одну секунду смахнул с плеч кожанку (Ш.); Тут, **к неописуемому восхищению Пети,** на старом кухонном столе устроена целая слесарная мастерская (Кат.); *Не ровён час,* грудь продует (Мих.); *Поди,* трудно справляться с таким хозяйством?;

2) вводные слова и сочетания, выражающие о ц е н к у говорящим с т е п е н и достоверности сообщаемого — уверенность, предположение, возможность, неуверенность и т.д. (<u>конечно, несомненно, без всякого сомнения, очевидно, безусловно, разумеется, само собой разумеется, бесспорно, действительно, наверное, воз-</u>

можно, верно, вероятно, по всей вероятности, может, может быть, быть может, должно быть, кажется, казалось бы, видимо, по-видимому, пожалуй, в самом деле, подлинно, правда, не правда ли, в сущности, по существу, по сути, право, чай, надо полагать, думаю, надеюсь, полагаю и др.): *Героиней этого романа, **само собой разумеется**, была Маша* (Л.Т.); *Теперь, **по всей вероятности**, вихри, кружась и увлекая с земли пыль, сухую траву и перья, поднимались под самое небо* (Ч.); *После этого, **по сути**, и спрашивать об её отношениях к Григорию было незачем* (Ш.); *А мечтал он, **может статься**, подойти путём другим* (Тв.); *Я знаю, **право слово**, знаю!* (М.Г.); *Как он прошёл через минные поля, было совершенно непонятно, но, **так или иначе**, он внезапно появился перед нашим бруствером* (Каз.); *Он, **выходит**, ничего в этом не смыслит; Ещё, **чего доброго**, захочет уехать; Они уже, **похоже**, не придут; Умение владеть собой, сохранять своё достоинство, несмотря ни на что, — **может быть**, одно из важнейших человеческих искусств* — тире поставлено между составом подлежащего и составом сказуемого при отсутствии связки;

3) вводные слова и сочетания, указывающие на **связь мыслей**, последовательность их изложения (_итак, следовательно, значит, наоборот, напротив, далее, наконец, впрочем, между прочим, в общем, в частности, прежде всего, кроме того, сверх того, стало быть, например, к примеру, главное, таким образом, кстати, кстати сказать, к слову сказать, во-первых, во-вторых_ и т.д., _с одной стороны, с другой стороны, повторяю, подчёркиваю_ и др.); *...А **главное**, поди-ка послужи* (Гр.); ***Стало быть**, бережёт себя* (Ч.); ***Между прочим**, хотя рискую вас огорчить, но должен сознаться — **кажется**, один и ваш мост взорвал* (Сим.); ***Прежде всего**, создатели итальянского неореализма не шли по пути подражания; **В-пятых и в-последних**, проект вообще не отвечает своему назначению; **Так вот**, дела пошли совсем по-другому;*

4) вводные слова и сочетания, указывающие на приемы и способы оформления мыслей (*словом, одним словом, иными словами, другими словами, иначе говоря, коротко говоря, попросту говоря, мягко выражаясь, если можно так сказать, если можно так выразиться, с позволения сказать, лучше сказать, так сказать, что называется* и др.): ...*Правление уполномочило его ускорить работы, то есть,* **иными словами**, *он сам себя уполномочил к этому* (Купр.).

Слова *вернее, точнее, скорее* являются вводными, если после них можно добавить слово *говоря* (см. § 22, п. 4, прим. 2): *Мы познакомились с соседями или,* **вернее**, *с соседками* (Кав.); *Я присмотрелся, попривык к окружающим меня явлениям или,* **вернее сказать**, *чудесам природы* (Акс.); *Я,* **собственно**, *ничем не болен* (Вер.) («собственно говоря»; ср.: *А ты кто такой,* **собственно?**); *Его выдержка,* **точнее**, *его хладнокровие всегда выручает его;*

5) вводные слова и сочетания, указывающие на источник сообщения (*говорят, сообщают, передают, по словам... , по сведениям... , по сообщению... , по мнению... , по-моему, по-твоему, по-нашему, по-вашему, на мой взгляд, по слухам, по преданию, помнится, слышно, дескать, мол* и др.): **По словам капитана**, *до ближайшего порта остаётся два дня пути* (Гонч.); *Я,* **помню**, *весной возвращался от вас* (А.Т.); *Но,* **по слухам**, *какая-то часть упорно сражалась под Каменском* (Ф.); *Фабричные здания,* **на мой взгляд**, *ничем не отличались от тех, что я видел по другим заводам округа* (Баж.).

Не являются вводными слова и сочетания: *по традиции, по совету... , по указанию... , по требованию... , по решению... , по постановлению... , по распоряжению... , по замыслу...* и др. Например: **По совету врача** *курс лечения был продолжен;* **По указанию календаря** *наступит в марте весна* (Гонч.); **По традиции** *сегодня, в день Первомая, открывают сезон парки столицы* (газ.);

По здешним порядкам *так делать не полагалось; Мы неправильно истолковали его* ***по видимости*** *грубые поступки* («по внешнему виду»), но: ***По всей видимости****, действительно случилось что-то из ряда вон выходящее* (Лавр.) («по-видимому»);

6) вводные слова и сочетания, представляющие собой призыв к собеседнику или к читателю с целью привлечь его внимание к сообщаемому, внушить определенное отношение к излагаемым мыслям, приводимым фактам и т.д. [<u>видишь (ли), видите (ли), понимаешь (ли), понимаете (ли), знаешь (ли), знаете (ли), пойми, поймите, поверьте, послушайте, согласитесь, вообразите, представьте себе, извините, простите, веришь (ли), пожалуйста, помилуйте, заметьте себе, сделайте милость, скажите на милость, если хотите знать</u> и др.]: *Струсил ты,* ***признайся****, когда молодцы мои накинули тебе верёвку на шею* (П.); ***Вообразите****, наши молодые уже скучают* (Т.); *Мы,* ***если хочешь знать****, мы требовать пришли* (Горб.); *Где же это,* ***позвольте****, было?* (Павл.); *А я,* ***видите ли****, никогда не служил* (Пан.);

7) вводные слова и сочетания, указывающие оценку меры того, о чем говорится (<u>самое большее, самое меньшее, по крайней мере, без преувеличений</u> и др.): *Я,* ***без всяких преувеличений****, глядел на вас как на существо высшее* (Т.); *Разговаривал со мной,* ***по крайней мере****, как командующий армией* (Сим.);

8) вводные слова и сочетания, показывающие степень обычности того, о чем говорится (<u>бывает, бывало, случается, случалось, по обыкновению, по обычаю</u> и др.): ***Бывает****, моего счастливее везёт* (Гр.); *А матушка-то,* ***бывало****, прикроет синие глаза да так заведёт песню на великую высоту* (М.Г.); *Оба старичка,* ***по старинному обычаю старосветских помещиков****, очень любили покушать* (Г.); *Муму,* ***по обыкновению****, осталась его дожидаться* (Т.);

9) вводные слова и сочетания, выражающие экспрессивность высказывания (<u>по правде, по совес-</u>

ти, по справедливости, кроме шуток, смешно сказать, не в укор будь сказано, надо признаться, сказать по чести, признаться сказать, честно говоря, между нами говоря, между нами будь сказано и др.): Ты сам, **не во гнев будь сказано**, *погрешил много* (Г.); *Нынешняя молодёжь,* **не в обиду будь сказано**, *какая-то... кислая, переваренная* (Ч.); *А Булычов,* **надо прямо сказать**, *в плохом виде!* (М.Г.); **Честно говоря**, *устал после лекции* (Сим.).

2. Если вводное слово стоит после перечисления однородных членов предложения и предшествует обобщающему слову, то перед вводным словом ставится **тире** (без запятой), а после него — **запятая**: *Но здравый смысл, твёрдость и свобода, горячее участие в чужих бедах и радостях —* ***словом****, все её достоинства точно родились в ней* (Т.); *Среди птиц, насекомых, в сухой траве —* ***словом****, всюду, даже в воздухе, чувствовалось приближение осени* (Арс.); *Книги, брошюры, журналы, газеты —* ***словом****, все виды печатной продукции валялись на его письменном столе в полном беспорядке* (см. § 15, п. 7).

Но: *Мужчины пили, спорили и хохотали, —* ***словом****, ужин был чрезвычайно весел* (П.) — предложение сложное, и запятая перед тире ставится на основании общего правила разделения частей сложного предложения (см. § 35, п. 2).

3. При сочетании двух вводных слов между ними ставится **запятая**: *Чего доброго,* ***пожалуй****, и женится, из умиления души* (Дост.); ***Стало быть, по-вашему****, физическим трудом должны заниматься все без исключения?* (Ч.); ***Признаться, право****, было б жаль мне опечалить их* [отца и мать] (Л.); *Не надо нас мужикам-то,* ***не ровён час, пожалуй****, и в шею накладут* (М.-С.).

Усилительные частицы при вводных словах не отделяются от них запятой: *Уж* ***вероятно****, это так, поскольку нет никаких противопоказаний*.

4. Если вводное слово (сочетание) стоит в начале или в конце обособленного оборота (обособления, уточнения, пояснения, присоединения), то никаким знаком препинания от оборота оно не отделяется: *А Пётр Петрович,* **по крайней мере по многим признакам**, *человек весьма почтенный* (Дост.); *Все те,* **небольшие конечно**, *удовольствия, которые доставляла ей мать, она принимала с благодарностью* (Леск.); *Это был огромный... дуб, с обломанными,* **давно видно**, *суками* (Л.Т.); *Среди товарищей есть эдакие поэты,* **лирики что ли**, *проповедники любви к людям* (М.Г.) [ср. не в составе оборота: *Лошадей,* **что ли**, *у вас нет?* (Остр.)]; *Спокойно потягивает трубочку смуглый, коренастый капитан,* **по-видимому итальянец или грек** (Кат.); *В строгом смысле человек с десять,* **разумеется в том числе и я**, *не стоили этого назначения* (Акс.); *Он погрузился в размышления,* **видимо производя в уме какие-то расчёты**; *Её волосы,* **оказывается светло-русые от природы**, *были гладко причёсаны; Вечер сегодня будет по-осеннему серый,* **наверно ненастный**; *Было установлено точное,* **так сказать математическое**, *соответствие между выдвинутыми положениями; Запасы были сложены в домике,* **очевидно подвергавшемся нашествию крыс**; *Он вспоминал эти слова,* **возможно слышанные в детстве**; *Брат вернётся сегодня,* **по всей вероятности вечером**; *Мимо пробежал кто-то,* **по счастью нас не заметивший**; *Каждый год,* **значит и в этом году**, *здесь производится мелкий ремонт; Девочка,* **по-видимому успокоенная**, *замолчала; Рабочие углубляют русло,* **вероятно прочищают**; *Они молча смотрели друг на друга,* **быть может и без слов понимая, в чём дело**; *Создание этой машины — дело ненужное,* **очевидно бесполезное и крайне невыгодное**; *Его литературные произведения,* **надо сказать довольно удачные**, *принесли ему известность; Он встал,* **кажется даже не заметив меня**, *и вышел из комнаты; Покупатель медлит,* **вероятно обдумывая, что лучше выбрать для подарка**; *Это исключительно благоприятный случай,* **по сути дела единственный**; *Лектор,* **надо полагать для убедительности**, *развернул диаграмму и показал её слушателям; Это* был разговор, **бесспорно выходящий за рамки обыкновенной беседы**; Он, **казалось бы уже человек немолодой**, легко справлялся с этой физической работой; Этот элемент входит в состав всех живых организмов, **правда в ничтожных количествах**; На мальчике был костюм, **должно быть унаследованный от отца**; От соседней комнаты, **по всей видимости столовой**, гостиную отделяла арка; Под плитой оказалось отверстие, **пожалуй уже кем-то ранее прокопанное**; Для определения расстояния можно смотреть даже на небольшой предмет, **например бугорок или кочку**; Для анализа были предложены тексты, **как правило нетрудные**; Он действовал безрассудно, **как видно наперекор всем**; В парикмахерскую ворвался какой-то длинноволосый парень, **судя по буйной шевелюре давно уже не посещавший таких заведений**; Он весьма бережливый человек, **можно даже сказать — скуповатый** (постановка тире факультативна); За оградой мелькнули гипсовые статуи, голубые павильоны, — **по всей вероятности городской сад** (тире перед присоединительной конструкцией).

Вводные слова не отделяются знаками препинания от обособленного оборота, даже если находятся в самом начале или самом конце предложения: ***По-видимому** опасаясь снежных заносов*, руководитель группы отменил восхождение на вершину горы; Оставьте вы эти новые доводы, *неубедительные и надуманные **конечно**.*

Если же вводное слово находится в середине подобного оборота, то оно выделяется **запятыми** на общих основаниях: *Ребёнок, испугавшийся, по-видимому, лошади,* подбежал к матери; Они продолжали разговаривать, *забыв, очевидно, о том,* что в читальном зале необходимо соблюдать полную тишину.

Примечания: 1. Следует различать случаи, когда вводное слово находится в начале обособленного оборота, и случаи, когда оно находится между двумя членами предложения. Ср.: *Он располагал сведениями, кажется опубликованными недавно* — обособленный оборот, вводное слово входит в его состав; *В руке* он держал небольшой, **кажется, технический справочник** — обособленного оборота нет; без вводного слова не было бы никакого знака препинания, так как определения *небольшой* и *технический* неоднородны, вводное слово относится ко второму из них.

При наличии однородных определений, когда может возникнуть сомнение, к какому из однородных членов предложения, предшествующему или последующему, относится находящееся между ними вводное слово, второе определение вместе с вводным словом может образовать уточняющую конструкцию: *Эти сведения почерпнуты из нового*, **кажется специально для данного случая составленного**, *отчёта* — без вводного слова между однородными определениями стояла бы запятая; *Тишь и благодать господствовали в этом*, **очевидно Богом и людьми забытом**, *уголке земли* — уточняющее определение при указательном местоимении *этот* (см. § 22, п. 4).

2. Если вводное слово находится в начале оборота, заключенного в скобки (вставная конструкция; см. § 26), то оно отделяется **запятой**: *Оба сообщения* (**по-видимому**, *поступившие недавно*) *привлекли к себе широкое внимание*.

5. Вводные слова отделяются от предшествующего сочинительного союза **запятой**, если вводное слово можно опустить или переставить в другое место предложения без нарушения его структуры (как правило, при союзах *и* и *но*): *Терентий пробавлялся мелкой слесарной работой; но*, **во-первых**, *работы было мало, и*, **во-вторых**, *много времени отнимали неотложные дела* (Кат.); *Пусть тот конник на коне, лётчик в самолёте, и*, **однако**, *на войне первый ряд — пехоте* (Тв.); *Весь тираж уже отпечатан, и*, **вероятно**, *книга на днях поступит в продажу*; *Вопрос этот рассматривался уже несколько раз, но*, **по-видимому**, *окончательное решение ещё не принято*.

Если же изъятие или перестановка вводного слова невозможны, то запятая после союза не ставится (обычно при союзе *а*): ***А впрочем**, беды большой нет, если до Рейна ничего не увидишь* (Герц.); *Несчастье нисколько его не изменило*, ***а напротив**, он стал ещё крепче и энергичнее* (Т.); *Мы знаем*, ***а стало быть**, верим, что сказкам сбываться дано* (Мих.); *Для завершения строительства нужны были дополнительные* материалы, **а кроме того**, и оборудование; Расчёты были сделаны наскоро, **а следовательно**, и неточно; Может быть, всё кончится благополучно, **а может быть**, и наоборот.

Но если изъятие или перестановка вводного слова возможны, то **запятая** ставится и после союза *а*, поскольку он не связан с вводным словом, т.е. не образуются спаянные сочетания (типа *а значит, а впрочем, а следовательно*): *Для них он герой, а,* ***признаться сказать****, я себе героев иначе представляю* (Т.); *Не год, а,* ***может быть****, десять лет прожил Иван Георгиевич за одну ночь* (Лапт.); *Вся жизнь Никиты не была постоянным праздником, а,* ***напротив****, была непрестающей службой* (Л.Т.); *Здесь может быть использован не уголь, а,* ***скорее****, жидкое топливо; Вы должны работать энергичнее, а,* ***проще говоря****, не лениться*. Ср. также: *Хорошо или плохо, а* ***по мне****, делай что хочешь* — союз *а* связан с сочетанием *по мне*; *Собака не идёт в конуру, а,* ***похоже****, скрывается* — союз *а* не связан с вводным словом *похоже*.

Однородный член предложения, стоящий после вводных слов *а значит, а следовательно*, не обособляется, т.е. запятая после него не ставится: *В результате сила электромагнитного поля приходящих сигналов,* ***а значит и сила приёма*** *увеличивается во много раз; Эта схема,* ***а следовательно и весь проект в целом*** *нуждается в проверке* (см. § 12, п. 7).

6. После присоединительного союза (в начале самостоятельного предложения) запятая обычно не ставится, так как союз тесно примыкает к следующему за ним вводному слову: ***И в самом деле****, послышались голоса внизу* (Ч.); ***И действительно****, всё у него получалось удивительно вовремя* (Кав.); ***И пожалуй****, это всё; **И наконец**, достоинством работы является хорошее литературное изложение; **И главное**, не забудьте приложить аннотированную библиографическую карточку; **И может быть**, результаты будут вполне удовлетворительные; **И больше того**, увеличение при-*

были достигнуто благодаря экономии сырья; *И представьте себе*, работа была выполнена досрочно; *И смею вас уверить*, вы не ошибётесь в своём выборе; *И что вы думаете*, он добился своего; *Да кроме того*, выяснились и другие подробности дела; *Но конечно*, всё кончилось благополучно; *Но так или иначе*, предложенный вариант вполне приемлем; *А между прочим*, он давно уехал отсюда.

Иногда (при интонационном выделении вводных слов или вводных предложений, при их включении в текст посредством подчинительного союза) после присоединительного союза **запятая** перед вводной конструкцией ставится: *Но, к великой моей досаде, Швабрин... решительно объявил, что песня моя нехороша* (П.); *И, как водится, вспоминали только одно хорошее* (Крым.).

Постановка **запятой** позволяет разграничить вводное сочетание и независимое предложение в составе бессоюзного сложного предложения. Ср.:

Однако, кажется, решение задачи ошибочное — вводное слово; *Однако кажется, решение задачи ошибочное* — безличное предложение в составе бессоюзного сложного;

Но, я вижу, вам это не подходит — вводное предложение; *Но я вижу, вам это не подходит* — бессоюзное сложное предложение.

7. Вводные слова, стоящие перед сравнительным оборотом (с союзом *как*), целевым оборотом (с союзом *чтобы*) и т.д., отделяются от них запятой на основании общего правила: *Всё это мне показалось странным, впрочем, как и другим*; *Студент на минуту задумался, вероятно, чтобы точнее сформулировать свой ответ*. Обычно в этих случаях вводное слово относится не к предыдущей, а к последующей части предложения.

8. В зависимости от контекста одни и те же слова выступают то в роли вводных слов (следовательно, не членов предложения), то в качестве членов предложения. Ср.:

Что ***может*** *краткое свиданье мне в утешенье принести?* (Л.); *Жаль, давно его не слышно,* ***может****, что худое вышло?* ***Может****, с Тёркиным беда?* (Тв.);

Наверно *не знаю, но, кажется, вся эта выходка была преднамеренная* (Дост.); ***Наверно****, слышал, да сказать не хочешь* (М.Г.);

Нет, друзья, во сто раз бывает хуже, это ***точно*** *знаю я* (Тв.); *Потугин,* ***точно****, и любил и умел говорить* (Т.);

Я проедусь по городу, ***кстати*** *куплю сигар* (Гонч.); ***Кстати****, он был замечательно хорош собой* (Дост.);

С первого же взгляда на его лицо было ***очевидно****, что у него постоянного занятия нет* (С.-Щ.); *Тропа, по которой мы ехали, была каменистая, влажная и,* ***очевидно****, представляла собой русло высохшей речушки* (Закр.);

Балясников произнёс дерзкую речь, в которой ***между прочим*** *сказал, что я зазнался* (Акс.); *Нравственные женщины, строгие судьи и,* ***между прочим****, Нил Андреевич вслух порицали её* (Гонч.);

Рана моя медленно заживала, но ***собственно*** *против отца у меня не было никакого дурного чувства* (Т.); *Вот,* ***собственно****, и повесть, и не мудрён её сюжет* (Тв.).

Синтаксическая роль подобных слов обусловлена контекстом, и проверить, вводное ли это слово или член предложения, иногда можно путем их изъятия из состава предложения: без вводного слова структура предложения сохраняется, без члена предложения — распадается. Ср.: *Цех,* ***возможно****, уже реорганизован* — вводное слово можно опустить; *Цех* ***возможно*** *ещё реорганизовать* — член предложения *возможно* нельзя опустить.

Следует, однако, иметь в виду, что если структура предложения распадается с изъятием слова или словосочетания, то это еще не служит доказательством того, что изъятые слова — не вводные: *А вы подумайте, **может**, и другой вариант приемлем; Кто знает, **может быть**, показатели были бы более высокие; Если выписать цифры столбиком, **возможно**, и расчёты упростятся.* В этих случаях вводные слова играют роль структурного элемента предложения.

Нередко предложения двузначны, и указанный прием проверки не дает нужных результатов: структура предложения сохраняется как при изъятии вводного слова, так и при изъятии члена предложения, но меняется смысл. Ср.:

*Вы **верно** перевели этот отрывок?; Вы, **верно**, переведены сюда из России?* (Л.) — в обоих случаях можно опустить слово *верно*, не разрушая структуры предложения, но в одном случае предложение лишается обстоятельственного, в другом — вводно-модального слова;

*Врач **может быть** сейчас у себя в кабинете; Врач, **может быть**, сейчас у себя в кабинете*;

*За тем лесом **видно** озеро* («виднеется»); *За тем лесом, **видно**, озеро* («по-видимому»);

Прежде всего *нужно говорить именно об этом* («сначала»); ***Прежде всего**, нужно ли говорить именно об этом?* — устанавливается связь мыслей, ставится под сомнение необходимость говорить об этом; ср. ту же роль вводного сочетания: ***Прежде всего**, изобретение имеет большое практическое значение; **Прежде всего**, откуда взяты эти данные?*;

*Он **безусловно** прав* — обстоятельственное слово, указывающее степень правоты («вполне прав»); *Он, **безусловно**, прав* — вводное слово, указывающее на отношение говорящего к высказываемой мысли («он прав, и я в этом не сомневаюсь»);

*Изложенные соображения **естественно** подводят нас к правильному решению вопроса* («естественным образом»); *Изложенные соображения,* **естественно**, *подводят нас к правильному решению вопроса* («разумеется»);

Таким образом *конфликт был благополучно разрешён* («таким способом»); **Таким образом**, *конфликт был благополучно разрешён* («итак», «следовательно»);

Далее *слово берёт второй оппонент* («затем») — указывается последовательность фактов; **Далее**, *слово берёт второй оппонент* — указывается последовательность мыслей;

И потом *он стал знаменитым* («затем», «после этого»); *И,* **потом**, *он в моих глазах знаменитость;*

Страстное влечение к музыке указывало на **несомненно** *присущие мальчику музыкальные способности* (Кор.); **Несомненно**, *мальчик способен к музыке;*

Наш главный врач и смотритель **как-никак** *заботились о команде* (Вер.) («хоть в какой-то степени»); **Как-никак**, *он не спал вторые сутки* (Бер.) («очевидно», «ведь все же»);

Я и **действительно** *таков, как вы говорите* (Дост.) («в действительности»). — **Действительно**, *с батареи открывался вид почти всего расположения русских войск* (Л.Т.) («в самом деле»);

Юридически — куда хочешь идти можно, но **фактически** *— сдвинуться никакой возможности* (М.) («в соответствии с фактами»); *Ребята организовали свой кружок,* **фактически**, *без всякой посторонней помощи* («в сущности»);

Проект был представлен **в общих чертах**; *Вот из каких элементов,* **в общих чертах**, *состоит проект* («если говорить в общих чертах»);

По-своему *он прав;* **По-моему**, *он прав;*

На первый взгляд *эти места малопригодны для заселения* («по первому впечатлению»); **На мой взгляд**, *эти места малопригодны для заселения* («по-моему»);

Определение дано **по Эйнштейну**; **По Эйнштейну**, *принцип относительности распространяется на все явления действительности;*

*Эти мысли высказаны в работах некоторых астрофизиков, **по мнению которых** Вселенная неуклонно расширяется* — (оборот *по мнению которых* нельзя выделить в составе придаточной части сложноподчиненного предложения; *По мнению некоторых астрофизиков, Вселенная неуклонно расширяется;*

Не иначе как *отец дознался* — цельное сочетание; **Не иначе**, *кто-нибудь из мальчишек это сделал* — вводное сочетание («должно быть»).

Ср. также: *Правда, хорошо, что он приехал?* — вводное слово («не правда ли»); *Правда, на дискуссию у него ушло много сил...* (Н.О.) — вводное слово в функции уступительного союза; *Что касается Кирилла Извекова, то ведь и **правда** могло померещиться, будто молодой человек зашёл во двор* (Фед.) — частица («действительно»); *Мужики как-то, видимо, не были убеждены, что сараи теперь и **правда** стали не их* (Сол.) — частица; *Вы **правда** давно с ним знакомы?* — частица; *Он **правда** талантлив?* — частица; ***Правда** научите?* — частица. Ср. также: *Квартира, **правда**, небольшая, но удобная* — вводное слово в середине предложения; *Получил новую квартиру, **правда небольшую и без особых удобств*** — вводное слово в начале обособленного оборота.

*Без меня всё пропадёт, и отец со старухой, **гляди**, по миру пойдут* (Ч.) — вводное слово («весьма вероятно», «очень может быть»); *Он, **того и гляди**, нагрянет неожиданно* — вводное сочетание, указывающее на возможность внезапного действия; ***Гляди** не оступись* — частица при форме повелительного наклонения для выражения предостережения; *Хоть и маленький, а **гляди** как защищается* — частица с усилительным значением.

*Он, **знаешь**, человек обязательный* — вводное слово; *А нам за это **знаешь** что будет?* — близко к частице; *Потом лето было **знаешь** какое!; Там **знаешь** какое положение?; Нас **знаешь** сколько болельщиков! Я нашёл в углу **знаете** что?; Магомет **знаете** что наделал?* (Пог.)

125

*Я, **видишь**, всё это уже испытал* — вводное слово; *А бабка Варвара **видишь** что делает?* — близко к частице.

В приведенных предложениях лексическое значение слов *видишь, знаешь* и т.п. ослаблено, поскольку они оказались внутри предложения, которое по смыслу должно было бы от них зависеть; ср.: ***Знаешь**, что нам за это будет?*; ***Знаете**, что я нашёл в углу?*; ***Видишь**, что делает бабка Варвара?* (См. § 33, п. 3.)

*В мои года не грех и на покой, да, **вишь**, без нас у смерти много дела* (Ис.) — вводное слово («видишь»); ***Вишь**, какие станицы пошли!* (Горб.) — вводное слово для выражения удивления; *«Перестань, Ефим, — говорил один ямщик, — **вишь** больной лежит»* (Н.Усп.) — частица («вот», «гляди»).

*Передайте, **пожалуйста**, эту рукопись редактору* — вводное слово («прошу вас»); *Скажи пожалуйста, какой храбрец!* — цельное сочетание при выражении удивления, возмущения, негодования; *Вечером — **пожалуйста**, а днём прийти не могу* — частица для выражения согласия («да»); *Пригласить к себе — **пожалуйста**, но сам он в гости не пойдёт* — частица («да»).

*Засаленная кепка, с которой Бредюк, **похоже**, не расставался и во сне, была надвинута на лоб* (Ф.) — вводное слово в середине предложения; *Он отвечал, **похоже** даже не скрывая своего недоверия к словам собеседника* — вводное слово в начале обособленного оборота; *Похоже что нет* — цельное сочетание.

*Было уже, **пожалуй**, за полночь* (Марк.) — вводное слово; *Занять это место имеет право не он один, а **пожалуй что**, и другие* — цельное сочетание; *Пожалуй и нет*.

Примечание. Не являются вводными и не выделяются запятыми слова и словосочетания: <u>авось, бишь, буквально, будто, вдобавок, в довершение, вдруг, ведь, в конечном счёте, вот, вряд ли, всё-таки, даже, едва ли, исключительно, именно, как будто, как бы, как раз, между тем, небось, никак, почти, поэтому,</u>

приблизительно, примерно, притом, причём, просто, решительно, словно, якобы и др. (частицы, наречия).

Пунктуационное **выделение** этих слов объясняется разными причинами: в одних случаях сказывается то обстоятельство, что некоторые из приведенных слов относятся к так называемым модальным частицам, близким к модальным (вводным) словам; в других — играют роль смысловые оттенки, присущие отдельным словам и допускающие их выделение запятыми; наконец, возможно влияние прежних правил или индивидуальной авторской пунктуации. Ср.:

*У меня голова болит; я вышла на воздух — **авось** пройдёт* (Т.); ***Авось**, надумаете и придёте* (Ч.);

***В довершение всего** начался дождь* (Ч.); *И, **в довершение всего**, ни вилок, ни ножей* (С.-Щ.) — факультативное обособление (см. § 20);

***Небось** струсил, паренёк?; Замёрзли **небось**?; Все они **небось** виноваты; **Небось**, на нас не сунутся* (П.); *Одним не птица мельница, что, как ни машет крыльями, **небось**, не полетит* (Н.); *Ну а жена твоя? **Небось**, красавица* (Ч.);

*...Да **никак** колосистую рожь переросла наша дочка!* (Н.); *Батюшки, **никак** барин?* (Тел.); *А мне, **никак**, опять есть хочется* (Т.); *Да, **никак**, ты самый обидчик и есть* (С.-Щ.);

*Мы **примерно** в этих тонах и с такими выводами вели беседу* (Фурм.) («приблизительно»); *Стараюсь об ней, **примерно**, не думать — никак невозможно* (Остр.) («например»).

9. Пунктуация при словах и словосочетаниях <u>наконец, в конце концов, однако, конечно, вообще, в общем, во всяком случае, в свою очередь, в самом деле, в частности, главным образом, главное, значит, наоборот, например, по крайней мере, с точки зрения, со своей стороны</u> и др. имеет свои особенности.

1) Слово **наконец** является вводным и **обособляется**:

а) если указывает на связь мыслей, порядок их изложения (в значении «и еще»), завершает собой перечисление: *Опекушин был выходцем из простого народа, сперва — самоучка, затем признанный художник и, **наконец**, академик* (Тел.); *Усевшись где-нибудь на кургане в степи, или на холмике над рекой, или, **наконец**, на хорошо знакомом утёсе, слепой слушал лишь шелест листьев...* (Кор.);

часто слову *наконец* при однородных членах предложения предшествуют слова *во-первых, во-*

вторых и т.д. или *с одной стороны, с другой стороны*, по отношению к которым слово *наконец* является замыкающим перечисление;

б) если дает оценку факту с точки зрения говорящего или употребляется для выражения нетерпения, для усиления, подчеркивания чего-либо: *Да и **наконец**, всегда лучше впасть в ошибку, думая хорошо* (М.Г.); *Да уходите же, **наконец**!* (Ч.)

В значениях «под конец», «напоследок», «после всего», «в результате всего» слово *наконец* не является вводным и выполняет функцию наречия-обстоятельства: *Давал три бала ежегодно и промотался **наконец*** (П.); *Бежал, бежал, **наконец** устал* (Усп.); *...Мы поднимались всё выше и выше и **наконец** достигли вершины горы* (Закр.); *...Быстро ушли все наличные деньги, бриллианты жены, **наконец** и большая часть приданого дочери* (Гонч.); ***Наконец** все дела были кончены.* В этих значениях к слову *наконец* обычно может быть добавлена частица *-то* (при вводном слове такое добавление невозможно); ср.: ***Наконец** добрались до места ночлега* (=*Наконец-то добрались...*); *Можно, **наконец**, обратиться за советом к специалисту* (добавление частицы *-то* невозможно).

2) Аналогичное различие имеется между функцией вводности и функцией обстоятельства у сочетания **в конце концов**; ср.: *Ведь, **в конце концов**, мы никуда не спешили* — указывается не время, а вывод, к которому пришел говорящий в итоге ряда рассуждений; *Ну что, **в конце концов**, с вами случится?; Я же не преступник, **в конце концов**; Актёр, **в конце концов**, мало подготовлен для такой ответственной роли; Он, **в конце концов**, достаточно осторожен; **В конце концов**, я во всём виноват; Случилось то, чего, **в конце концов**, нельзя было избежать; А скажи, пожалуйста, всё-таки, **в конце концов**, где у тебя жена?* (А.Т.); ***В конце концов** они [офицеры] взяли сторону командира* (Н.-П.); ***В конце концов** соглашение было достигнуто; Забастовщики в*

конце концов добились *своего* (см. указанные выше значения наречия-обстоятельства *наконец*: «под конец», «напоследок», «после всего», «в результате всего»); *Каштанка отлично помнила, как она провела день и как* ***в конце концов*** *попала на этот незнакомый тротуар* (Ч.); *Однако он не устоял перед просьбами и* ***в конце концов*** *согласился* (Купр.).

3) Слово *однако* является вводным и **обособляется**, если стоит в середине или в конце предложения: *Смотри,* ***однако****, Вера, будь осторожна* (Т.); *Страстно преданный барину, он,* ***однако ж****, редкий день в чём-нибудь не солжёт ему* (Гонч.); *Погода была ветреная, ветер,* ***однако****, не совсем попутный* (Гонч.); *Но,* ***однако****, меня ужасно мучит шведская спичка* (Ч.) — соседство слов *но* и *однако* указывает, что второе из них употреблено не в функции однозначного союза; *Как я его ловко,* ***однако****!* (Ч.); *Столько хлопот,* ***однако*** (Ч.).

В начале предложения (или части сложного предложения) либо как средство связи однородных членов слово *однако* имеет значение противительного союза и не является вводным: ***Однако*** *хитрая политика отца ничуть не обидела его* (Соб.); *Канонада стала слабее,* ***однако*** *трескотня ружей сзади и справа слышалась всё чаще и чаще* (Л.Т.); *Мы не надеялись никогда более встретиться,* ***однако*** *встретились* (Л.).

В редких случаях слово *однако* в начале предложения отделяется **запятой**, приближаясь по значению к междометию (выражает удивление, недоумение, возмущение): ***Однако****, какой ветер!* (Ч.); ***Однако ж****, надо пить кофе* (Ч.); ***Однако****, многого захотели!*

4) Слово **конечно** обычно выделяется **запятыми** в качестве вводного: ***Конечно****, много значит привычка* (Ч.); *Вам до меня,* ***конечно****, нет никакого дела* (А.Т.); *Вначале были трудности,* ***конечно****.*

Но иногда слово *конечно*, произносимое тоном уверенности, убежденности, приобретает значение утвердительной частицы и пунктуационно не выделяется: **Конечно** *правда!*; **Конечно** *же это так*; *Я* **конечно** *бы пришёл, если бы меня заранее предупредили.* Ср.:

— *Вы согласны?*
— *Только в принципе,* **конечно** («разумеется»).
— *Но в принципе вы согласны?*
— *В принципе* **конечно** («да»).

5) Слово *вообще* является вводным и **обособляется**, если оно употреблено в значении «вообще говоря»: *Подобные статьи,* **вообще,** *представляют интерес, но конкретно эта вряд ли подойдёт для журнала; С этим утверждением,* **вообще,** *можно было бы согласиться, но необходимо проверить некоторые данные;* **Вообще,** *хотелось бы узнать, что произошло.*

В других случаях слово *вообще* употребляется как наречие в разных значениях: *Пушкин для русского искусства то же, что Ломоносов для русского просвещения* **вообще** (Гонч.) («в общем», «в целом»); *Разжигать костры он* **вообще** *запрещал* (Каз.) («всегда», «совсем», «при всех условиях»); *...Он* **вообще** *смотрел чудаком* (Т.) («во всех отношениях», «по отношению ко всему»).

Примечание. Возможность добавления слова *говоря* может служить критерием разграничения вводных слов и членов предложения в целом ряде случаев: *Вопрос этот,* **кстати,** *ставится впервые* («кстати говоря»); *Тебе,* **собственно,** *можно было бы и не приходить* («собственно говоря»); *Содержание интересное, примеры убедительные, изложение доступное,* **короче,** *книга полезная* («короче говоря»); *Возвращаться к сказанному,* **по правде,** *не хочется* («по правде говоря»); *Все основные работы,* **в сущности,** *уже закончены* («в сущности говоря»); *Погода стояла осенняя или,* **точнее,** *предосенняя* («точнее говоря»). (См. § 22, п. 4, прим. 2 и § 25, п. 1.)

Это положение распространяется и на сочетание *в общем;* ср.: *Печалиться,* **в общем,** *не о чем* — вводное слово; *Это слагаемые* **в общем-то** *несложного процесса* («в итоге»); *Сделал несколько замечаний относительно разных мелочей, но* **в общем** *очень хвалил* (Гарш.) («в результате»).

6) Сочетание *во всяком случае* является вводным и **обособляется**, если имеет ограничительно-оценочное значение: **Во всяком случае,** *фамилия его была не*

Акундин (А.Т.); *Я, **во всяком случае**, этого не утверждал; Она, **во всяком случае**, в этом деле не замешана; Эти сведения, **во всяком случае в короткий срок**, проверить будет трудно* (выделяется весь оборот). В значении же «при любых обстоятельствах» это сочетание вводным не является: *...**Во всяком случае** он никогда не оставит прежнего своего питомца* (П.); *Вы **во всяком случае** будете поставлены в известность о ходе дела; Я твёрдо был уверен, что **во всяком случае** встречу его сегодня у мамы* (Дост.).

7) Сочетание *в свою очередь* не выделяется запятыми, если оно употреблено в значении, близком к прямому, или в значениях «в ответ», «со своей стороны»: *«Надо, детки, мягче относиться друг к другу», — говорила мать, целуя **в свою очередь** дочь* (Г.-М.) («когда наступила ее очередь»); *Он **в свою очередь** спросил у меня.*

В переносном значении сочетание *в свою очередь* приобретает значение вводности и пунктуационно **выделяется**: *Среди газетных жанров различаются жанры информационные, аналитические и художественно-публицистические; среди последних, **в свою очередь**, выделяются очерк, фельетон, памфлет; Усадив меня за работу, Владислав, **в свою очередь**, не тратил времени впустую* (Бахм.).

8) Сочетание *в самом деле* в значении «действительно» не является вводным: *Коньяк **в самом деле** оказался хорошим* (Ч.); *Он и **в самом деле** интересовался философией* (Кар.).

Но если это сочетание служит для выражения недоумения, возмущения, негодования и т.п., то оно становится вводным и **обособляется**; ср.: *Вы **в самом деле** здесь ни при чём?* («действительно»); *Что он, **в самом деле**, строит из себя умника?*

9) Сочетание *в частности*, указывающее на отношения между частями высказывания, выделяется **запятыми**: *Он интересуется, **в частности**, происхож-*

дением отдельных слов; *Вопросы эти рассматривались в ряде монографий и, **в частности**, в специальных статьях*.

Если сочетание *в частности* находится в составе присоединительной конструкции (в начале ее или в конце), то оно выделяется **запятыми** вместе с этой конструкцией (см. § 24, п. 3): *Многие народы и народности, населяющие Россию, **в частности народы Крайнего Севера**, получили письменность сравнительно недавно; За эту работу охотно возьмутся многие, **и я в частности***.

Конструкция *вообще и в частности* запятыми не выделяется: *За чаем зашёл разговор о хозяйстве вообще и **в частности об огородничестве*** (С.-Щ.).

10) Сочетание **главным образом** является вводным и **обособляется**, если служит для выделения какого-либо факта, для выражения его оценки: *Шла широкая аллея... и по ней-то, **главным образом**, гуляла публика* (М.Г.) — невозможно образовать сочетание *главным образом гулять*, поэтому в данном примере слова *главным образом* не являются членом предложения; *Пособие следует исправить и, **главным образом**, дополнить свежим материалом* («самое главное»).

Сочетание *главным образом*, входящее в состав присоединительной конструкции, выделяется **запятыми** вместе с ней: *С полсотни людей, **главным образом офицеров**, толпились невдалеке* (Павл.) (см. § 24, п. 3).

В значениях «в первую очередь», «больше всего» указанное сочетание не является вводным: *Косьме Васильевичу чрезвычайно нравился Николай, то есть **главным образом** нравилось простодушное благоговение Николая перед его книгами и вещами* (Эрт.); *Он добился успеха **главным образом** благодаря своему трудолюбию; Неурожай объясняется **главным образом** летней засухой; Мне нравится в нём **главным образом** его искренность*.

11) Слово **главное** является вводным в значениях «особенно важно», «особенно существенно»: *Тему для*

*рассказа можете взять произвольную, но, **главное**, чтобы было интересно*; *Детали можно опустить, а **главное** — чтобы было занимательно* — запятую после союза *а* поставить нельзя, и для усиления выделения после вводного сочетания поставлено тире; *Как крупный учёный, **а главное как историк искусства**, он пользуется большим авторитетом* — в начале обособленного оборота.

12) Слово *значит* является вводным и **обособляется**, если оно синонимично словам *следовательно, стало быть*: *Солнечные пятна были на полу, потом перешли на прилавок, на стену и совсем исчезли; **значит**, солнце уже склонилось за полдень* (Ч.); *Родятся люди, женятся, умирают; **значит**, так нужно, значит, хорошо* (Остр.); *Так, **значит**, вы сегодня не можете прийти?*; *Сообщение срочное, **а значит**, важное* (об отсутствии запятой после союза *а* см. п. 5).

Если слово *значит* близко по смыслу к *означает*, то пунктуация зависит от места, занимаемого им в предложении:

а) в положении между подлежащим и сказуемым слово *значит* служит средством связи главных членов предложения, перед ним ставится **тире**, а после него не ставится никакого знака: *Бороться — **значит** победить* (см. § 5, п. 3);

б) в других случаях оно никакими знаками не отделяется и не выделяется: *Человек **значит** неизмеримо больше, чем принято думать о нём* (М.Г.); *Если он говорит, что сделал хорошо, это и **значит** хорошо*; *Когда просишь прощения, это **значит**, что чувствуешь свою вину*.

Если слово *значит* находится между придаточной и главной частями сложноподчиненного предложения, то оно выделяется **запятыми**: *Если наступит весна, **значит**, будет тепло*; *Раз так упорно отстаивает свои взгляды, **значит**, чувствует свою правоту* — слово *значит* играет роль структурного элемента предложения.

Если слово *значит* находится между частями бессоюзного сложного предложения, то оно также выделяется **запятыми**: *Прозвенел звонок, **значит**, урок кончился; Не уберегли ребёнка, **значит**, пеняйте на самого себя.*

13) Слово *наоборот* в качестве вводного выделяется **запятыми**: *Вместо того, чтобы затормозить, он, **наоборот**, встал на козлах и отчаянно закрутил над головой кнутом* (Кат.); *Чапаев никогда не отказывался от вмешательства в подобные дела; **наоборот**, он любил разобрать всё сам* (Фурм.); *Боеспособность... воинов, чем ближе было к концу [войны], не снижалась, а, **наоборот**, возрастала* (В.К.).

Если *наоборот* (после союза *и*) употребляется как слово, замещающее член предложения или целое предложение, то соблюдается следующая пунктуация:

а) когда замещается член предложения, то перед союзом *и* никакого знака не ставится: *На картине светлые тона переходят в тёмные **и наоборот*** — т.е. темные в светлые; *Рычаг поворачивают справа налево **и наоборот*** — образуются своего рода однородные члены с неповторяющимся союзом *и*;

б) когда сочетание *и наоборот* присоединяется к целому предложению, то перед союзом ставится **запятая**: *Чем ближе источник света, тем ярче излучаемый им свет, **и наоборот*** — замещается целое предложение: *Чем дальше источник света, тем менее ярок излучаемый им свет*; образуется своего рода сложносочинённое предложение;

в) когда сочетание *и наоборот* присоединяется к придаточной части сложноподчиненного предложения, запятая перед союзом не ставится: *Этим же объясняется и то, почему считавшееся преступным в древнем мире считается законным в новом и **наоборот*** (Бел.) — образуются как бы однородные придаточные с неповторяющимся союзом *и*.

14) Слово **например** связано со следующей пунктуацией:

а) выделяется **запятыми** как вводное: *Николай Артемьевич любил настойчиво поспорить, **например**, о том, можно ли человеку в течение всей своей жизни объездить весь земной шар* (Т.);

б) выделяется **запятыми** вместе с оборотом, в начале или в конце которого находится: *Даже в городах, **например в Москве**, когда тронется мелководная Москва-река, все её берега и мосты бывают усыпаны народом* (Акс.); *Вопросом заинтересовались и другие, **я например**;*

в) требует постановки **запятой** перед собой и **двоеточия** после себя, если стоит после обобщающего слова перед перечислением однородных членов предложения: *Некоторые грибы очень ядовиты, **например**: бледная поганка, сатанинский гриб, мухомор.*

15) Сочетание ***по крайней мере*** является вводным и выделяется **запятыми**, если имеет оценочно-ограничительный смысл, т.е. выражает отношение говорящего к высказываемой мысли: *Если бы я, **по крайней мере**, принёс мою любовь в жертву моему будущему делу...* (Т.); *Один кто-то, движимый состраданием, решился, **по крайней мере**, помочь Акакию Акакиевичу добрым советом* (Г.); *...Ключница, **по крайней мере**, не бреет бороды* (Г.); *Вера Ефимовна советовала хлопотать о переводе её [Катюши Масловой] к политическим или, **по крайней мере**, в сиделки в больницу* (Л.Т.); *Уж если он подвержен этой слабости, так, **по крайней мере**, старался бы скрывать её от меня* (Остр.); *Мне хотелось бы, **по крайней мере**, уважать вас* (Черн.).

Сочетание *по крайней мере* пунктуационно не выделяется, если имеет значения «не меньше чем», «самое меньшее»: *Савельич, насильственно разлучённый со мною, утешался **по крайней мере** мыслию, что служит наречённой моей невесте* (П.); *По загоревшему лицу его можно было заключить, что он знал, что такое дым, если не пороховой, то **по крайней мере** табачный* (Г.); *Он неутомимо искал этих встреч, а она **по крайней*** *мере их не избегала* (Л.); *Раз двадцать **по крайней мере** и, кажется, без особенно важных причин он в одном пальто сбежал вниз к саням и вбежал опять наверх* (Л.Т.); *В настоящую минуту добросовестные и даровитые популяризаторы **по крайней мере** так же необходимы, как оригинальные мыслители и самостоятельные исследователи* (Д.П.); ***По крайней мере** буду знать, что я буду служить в русской армии* (Булг.); *Лошади с трудом тащили громоздкий дилижанс по песку глубиной **по крайней мере** в три четверти аршина* (Кат.).

Как уже указывалось, сочетание *по крайней мере,* стоящее в начале обособленного оборота, подобно другим вводным словам и сочетаниям, выделяется **запятыми** вместе с ним: *Николай Евграфыч знал, что жена вернётся домой не скоро, **по крайней мере часов в пять**!* (Ч.); *Я чувствую, что все рабочие, **по крайней мере большинство**, встанут под ружьё* (Сер.).

16) Оборот, включающий сочетание *с точки зрения,* выделяется **запятыми**, если имеет значение «по мнению»: *Пожалуй, **с своей точки зрения**, он не глуп* (Остр.); *Выбор варианта, **с моей точки зрения**, удачен.* Если же такое сочетание имеет значение «в отношении», то оборот пунктуационно не выделяется: *Я знаю, что совершено преступление, если смотришь на вещи **с точки зрения общей морали*** (Лавр.) — речь идёт об определенном взгляде на те или иные явления, определенном понимании их, и сочетание имеет прямое значение (точка зрения, как и мнение, может быть только у лица); *С точки зрения новизны книга заслуживает внимания* — переносное значение. Ср.: ***С точки зрения директора предприятия**, выполнение задания идёт строго по графику; **С точки зрения требований** к срокам дела с выполнением задания внушают тревогу.*

10. Тире при вводных словах употребляется в следующих случаях:

1) если вводное словосочетание образует н е п о л н у ю конструкцию (пропущено какое-либо слово,

восстанавливаемое из контекста), то вместо одной запятой обычно ставится тире: *Макаренко неоднократно подчёркивал, что педагогика основана,* **с одной стороны**, *на безграничном доверии к человеку, а* **с другой** *— на высоких к нему требованиях*; *Чичиков велел остановиться по двум причинам:* **с одной стороны,** *чтобы дать отдохнуть лошадям,* **с другой** *— чтобы и самому отдохнуть и подкрепиться* — запятая перед придаточной частью «поглощается» тире; **С одной стороны**, *важно было принять срочное решение, но требовалась осторожность —* **с другой**.

Тире не ставится, если по условиям контекста в месте пропуска слова необходима постановка запятой: **С одной стороны**, *дисциплина в школе явно улучшилась, а* **с другой**, *по-видимому, предстоит ещё немалая работа по её укреплению*;

2) перед вводным словом в качестве дополнительного знака после запятой, если вводное слово стоит между частями сложного предложения и по смыслу может быть отнесено как к предшествующей, так и к последующей части: *Собака исчезла, —* **наверно**, *её убили*. Ср.: *Жена Залесского улыбается длинными бледными губами, куда-то засмотрелась старуха, прищурясь, —* **верно**, *в свои, ей одной видимые цветущие сады* (Пан.); *Но Супругов был занят папиросой, которая почему-то потухла, —* **должно быть**, *гильза была рваная* (Пан.); *Кучерявый... смотрел ему на лоб с выражением отвлечённого интереса, словно решал в уме задачу, —* **казалось**, *сейчас вынет из-за уха карандаш, из кармана блокнот и запишет решение* (Пан.)[1].

Дополнительный знак препинания может подчёркивать причинно-следственные или присоединительные отношения между частями предложения: *Проверить его слова было трудно, —* **очевидно**, *обсто-*

---

[1] См.: *Гостеева С.А.* О функциях знаков препинания в предложениях, содержащих компоненты с двусторонней синтаксической связью// *Современная* русская пунктуация. М., 1979 (оттуда заимствованы и некоторые примеры).

ятельства сильно изменились; *Появились какие-то новые мысли,* — **может быть**, *они никогда уже не повторятся; Бабушка уже топчется около стола,* — **должно быть**, *хочет зажечь огонь* (Гл.).

Иногда перед вводным словом, находящимся в начале обособленного оборота, ставятся **запятая** и **тире**, а после него — **запятая**, чтобы избежать возможной неясности: *Поскольку есть ещё время, вызовем на экзамен дополнительно кого-нибудь,* — **допустим**, *сдающих повторно* («предположим», «скажем»). При традиционной пунктуации (вводное слово, стоящее в начале обособленного оборота, запятой от него не отделяется, а выделяется вместе с ним; см. § 25, п. 4) получилось бы: *...вызовем на экзамен дополнительно кого-нибудь, допустим сдающих повторно* — слово *допустим* могло бы быть воспринято как однородное сказуемое;

3) перед вводным словом после запятой, если следующая за вводным словом часть предложения подытоживает сказанное в первой части: *Чичиков с чрезвычайной точностью расспросил, кто в городе губернатор, кто председатель палаты, кто прокурор,* — **словом**, *не пропустил ни одного значительного человека* (Г.) (см. § 25, п. 2).

Некоторые выражения, близкие к вводным сочетаниям, могут отделяться посредством **тире** в зависимости от того положения, которое они занимают в предложении. Ср.: **Что и говорить**, *места здесь прекрасные; Места здесь прекрасные* — **что и говорить** — с оттенком присоединения.

§ 26. Вводные и вставные конструкции

ВВОДНЫЕ ПРЕДЛОЖЕНИЯ

1. Запятыми выделяются вводные предложения следующих типов:

1) личные нераспространенные предложения типа <u>я думаю, я знаю, я вижу, я помню</u>: **Я чаю**, *небо с овчинку*

показалось (П.); *Вот у меня, **я думаю**, получше глаза* (Г.); *Средь гор Кавказских есть, **слыхал я**, грот* (Л.); *А вы, **я вижу**, шёлковый* (Т.); *У меня, **я чувствовал**, закипали на сердце и поднимались к глазам слёзы* (Т.); *Он меня, **вы знаете**, очень уважает* (Т.); *Некрасивого, доброго человека, каким он себя считал, можно, **полагал он**, любить как приятеля* (Л.Т.); *И этот учитель греческого языка, этот человек в футляре, **можете себе представить**, едва не женился* (Ч.). Эти предложения отличаются от вводных слов только наличием при глагольной форме местоимения-подлежащего и не требуют более сложной пунктуации;

2) предложения безличные, неопределенно-личные, тоже простые по структуре, как правило, нераспространенные: *Буран, **мне казалось**, всё ещё свирепствовал* (П.); *Марина... увлечена была, **говорили мне**, тщеславием, а не любовью* (П.); *...И этот голос чудно-новый, **ей мнилось**, всё ещё звучал* (Л.); *Он теперь ехал к Яузскому мосту, где, **ему сказали**, был Кутузов* (Л.Т.);

3) предложения, присоединяемые посредством союзов или союзных слов: *Покойный дедушка, **сколько я помню**, был род бабушкина дворецкого* (П.); *Первый тост был выпит, **как читатели, может быть, и сами догадаются**, за здоровье нового херсонского помещика* (Г.); *...Дана была полтина меди на расход и лакомства и, **что гораздо важнее**, умное наставление* (Г.); *Прасковья Ивановна давно уже проснулась, **как мы узнали от Параши**, оделась и кушала чай в своей спальне* (Акс.); *Я, **как несомненно можете по мне видеть**, человек совсем незначительный* (Леск.); *Мне помогал маляр, или, **как он сам называл себя**, подрядчик малярных работ* (Ч.); ***Как выражаются моряки**, ветер крепчал* (Ч.); *Эти собаки, **если не ошибаюсь**, происходят от простых дворняжек и овчарок* (Купр.); *Она была красивая и, **что ещё важнее**, умная женщина* (Павл.).

2. Посредством **тире** перечисленные в п. 1 конструкции оформляются редко; обычно с помощью тире выделяются более распространенные предложения:

*Сама же барыня — **говорили о ней** — не умеет отличить буженину от телятины* (М.Г.); *Есть у нас везде — **думалось мне** — даже и в такой дыре, Скобелеве, свои люди* (Фурм.); *Обвинитель сломя голову летит в библиотеку и — **можете себе представить?** — ни похожего номера, ни такого числа мая месяца в сенатских решениях не обнаруживает* (Фед.) — играет роль вопросительный характер вводного предложения; *Заподозрить Якова Лукича во вредительстве — **теперь уже казалось ему** — было нелегко* (Ш.); *Дать противнику уйти, или — **как это говорится на торжественном языке воинских уставов** — дать ему оторваться — это для разведчиков крупная неприятность* (Каз.); *...Сидят здесь под страхом смерти и — **что ещё хуже** — под проливным дождём* (Каз.).

ВСТАВНЫЕ ПРЕДЛОЖЕНИЯ И СЛОВОСОЧЕТАНИЯ

Вставные предложения и словосочетания (т. е. такие, которые вносят в основное предложение дополнительные сведения, замечания, уточнения, пояснения, поправки и т.д., иногда резко выпадая из синтаксической структуры целого, причем, в отличие от вводных предложений, обычно не выражают отношения говорящего к высказываемой мысли, не содержат общей оценки сообщения, указания на его источник, на связь с другими сообщениями) находятся в середине либо в конце предложения и выделяются скобками или тире.

1. Скобками выделяются:

1) вставные конструкции, дополняющие или поясняющие содержание основного предложения: *Наконец он велел запрячь себе беговые дрожки, оделся потеплее (**это было уже в конце сентября**) и, сам правя, выехал со двора* (П.); *В жаркое летнее утро (**это было в исходе июля**) разбудили нас ранее обыкновенного* (Акс.); *Молодой воробей выпал из гнезда*

(*ветер сильно качал берёзы аллеи*) и сидел неподвижно (Т.); *Я не успел хорошенько заметить его лица* (**коляска слишком быстро промчалась мимо**); *но мне показалось, что он был глубоко тронут* (Т.); *Возвратясь в свою комнату* (**она находилась во флигеле и была почти вся загромождена коваными сундуками**), *Гаврила сперва выслал вон свою жену...* (Т.); *Пети не было дома* (**он пошёл к товарищу, с которым намеревался из ополчения перейти в действующую армию**) (Л.Т.); *Проехав какие-то австрийские войска, Ростов заметил, что следующая за тем часть линии* (**это была гвардия**) *уже вступила в дело* (Л.Т.); *Дисканты и альты* (**иногда басы и тенора**) *в эти хоры набирались из учеников* (Пом.); *Он поднял руку* (**настала тишина**) *и полусогнутой ладонью указал на стоявшего внизу Бройницкого* (А.Т.); *Предусмотрительный Левинсон ещё до приезда разведки* (**приехала она ночью**) *выставил усиленное охранение* (Ф.);

2) вставные конструкции, представляющие собой попутные авторские замечания: *Поверьте* (**совесть в том порукой**), *супружество нам будет мукой* (П.); *Не отвечайте, я знаю, что вы в этом не признаетесь, потому что Грушницкий убит* (**она перекрестилась**) (Л.); *«Господа, — сказал он* (**голос его был спокоен, хотя тоном ниже обыкновенного**). *— Господа, к чему пустые споры?»* (Л.); *Быстро, но горячо прошла в душе моей страсть* (**иначе я не могу назвать её**) *ловить и собирать бабочек* (Акс.); *Но Господь Бог ведает* (**тут он поднял руку над головою**), *что скорее шар земной в раздробление придёт, чем мне от своего слова отступиться или...* (**тут он даже фыркнул**) *или струсить...* (Т.); *Я не понимал* (**теперь я понял**), *что я делал с близкими мне существами* (Гарш.); *Теперь, когда с посещения Даши прошло больше недели, ему стало казаться удивительным, как могла незаметно* (**он с ней не сразу даже и поздоровался**) *и просто* (**вошла, села, положила муфту на колени**) *появиться в их оголтелой квартире эта девушка* (А.Т.);

3) вставные конструкции, **поясняющие отдельные слова в основном предложении**: *Нет, вы* (**или ты**) *этого не должны знать!* (Л.); *А где стара?* (**Так он обыкновенно называл жену свою.**) (Г.); *Командиры бросили книги, карты* (**географические, других на корабле не было**)*, разговоры и стремительно побежали на палубу* (Гонч.); *Владимир Сергеевич* (**так именно звали молодого человека в пальто**) *с недоумением посмотрел на своего человека* (Т.); *На Ракитина* (**семинариста**)*, тоже Алёше знакомого и почти близкого, Алёша и взглянуть не мог* (Дост.); *Это был Пётр Герасимович* (**Нехлюдов никогда не знал и даже немного хвастал тем, что не знает его фамилии**)*, бывший учитель детей его сестры* (Л.Т.); *На половине перегона лес кончался, и с боков открылись елани* (**поля**) (Л.Т.); *Журналы иностранной литературы* (**два**) *я велел выслать в Ялту* (Ч.); *В тот же день я был уже на квартире Никитина* (**фамилия зятя**) (Кор.); *Цезарь* (**так звали льва в зверинце**) *спит и тихо взвизгивает* (Купр.); *Сани резко стукнуло о торчавшую из воды сваю* (**след унесённого моста**) *и перевернуло с диковинной лёгкостью* (Ш.);

4) вставные конструкции, синтаксически связанные с основным предложением, но выключенные из него и носящие **присоединительный характер**: *Увидя, что мужик, трудясь над дугами, их прибыльно сбывает с рук* (**а дуги гнут с терпеньем и не вдруг**)*, Медведь задумал жить такими же трудами* (Кр.); *Враги его, друзья его* (**что, может быть, одно и то же**) *его честили так и сяк* (П.); *Издеваться над ним* (**и ещё в официальной газете**) *нехорошо* (П.); *Отец лишился обыкновенной своей твёрдости, и горесть его* (**обыкновенно немая**) *изливалась в горьких жалобах* (П.); *...Но целью взоров и суждений в то время жирный был пирог* (**к несчастию, пересолённый**) (П.); *Счастливый день! Могу сегодня я в шестой сундук* (**сундук ещё не полный**) *горсть золота накопленного всыпать* (П.);

[*Рудин*] *так решителен, что сам говорит Наталье о любви* (**хоть говорит не по доброй воле, а потому, что вынужден к этому разговору**)... (Черн.); *За месяц до нашего несчастья он купил мне серьги, тихонько от меня* (**а я всё узнала**), *и радовался, как ребёнок* (Дост.); *...И, несмотря на теперешнюю, весьма объясняемую уклончивость Петра Петровича* (**потому что он тебя ещё не знает**), *Дуня твёрдо уверена, что достигнет всего своим добрым влиянием на будущего своего мужа* (Дост.); *Ежели часто Пьера поражало в Андрее отсутствие способности мечтательного философствования* (**к чему особенно был склонен Пьер**), *то и в этом он видел не недостаток, а силу* (Л.Т.); *...Спасибо за Ваше письмо, за то, что ещё раз показали мне Ваш трагический почерк* (**который, кстати сказать, стал более разборчив**) (Ч.); *Он был ранен* (**легко**), *потом женился* (Кор.); *И потому* (**пускай не там, в огне**) *мы и сегодня — фронтовые люди* (Щип.);

5) вставные вопросительные и восклицательные конструкции и отдельные слова, выражающие э м о ц и и а в т о р а или его отношение к высказанным словам, к цитатам: *...Быть может* (**лестная надежда!**), *укажет будущий невежда на мой прославленный портрет...* (П.); *Мы узнали от него самого, что он, г. Савельев, решился посвятить все способности* (**чьи?**) *разработанию* (**разрабатыванию?**) *отечественной истории* (Бел.); [*Он*] *чуть свет был уже на дворе, как ни в чём не бывало, сохраняя даже* (**невинная хитрость!**) *прежнюю унылость на лице* (Т.).

П р и м е ч а н и е . Знаки препинания, которые стоят на месте «разрыва» предложения вставной конструкцией, выделяемой скобками, помещаются п о с л е с к о б о к: *У Саввы, пастуха* (**он барских пас овец**), *вдруг убывать овечки стали* (Кр.) — обособленное приложение — *пастуха*, но запятая ставится только после вставного предложения; *Татьяна, состоявшая, как мы уже сказали выше, в должности прачки* (**впрочем, ей, как искусной и учёной прачке, поручалось одно тонкое бельё**), *была женщина лет двадцати осьми* (Т.) — обособленное определение, та же последовательность знаков.

В редких случаях, когда вставная конструкция явно относится ко второй части предложения, внутри которого она находится, нужный знак препинания перед открывающей скобкой сохраняется: *В старинны годы люди были совсем не то, что в наши дни;* **(коль в мире есть любовь)** *любили чистосердечнее они* (Л.).

2. С помощью **тире** выделяются вставные конструкции, дополняющие или поясняющие основное предложение, выражающие чувства автора и т. д. (часто в произведениях художественной литературы): *Тут —* **делать нечего** *— друзья поцеловались* (Кр.); *Но —* **чудное дело!** *— превратившись в англомана, Павел Петрович стал в то же время патриотом* (Т.); *Мой приход —* **я это мог заметить** *— сначала несколько смутил гостей* (Т.); *Со мной он был очень холоден, и —* **странное дело** *— я словно его боялся* (Т.); *В один незабвенный вечер —* **я лежал один на диване и бессмысленно смотрел в потолок** *— кто-то быстро растворил дверь моей комнаты и остановился на пороге* (Т.); *Выскочила я на минуточку на улицу —* **тут у нас в нашем же доме под низом кондитерская** *— взяла десять штучек песочного пирожного и прихожу...* (Леск.); *...Воображая, что замок заперт, я вынул ключ, и —* **о ужас!** *— у меня в руках была только головка ключика* (Л.Т.); *Его вторая жена, красавица, умница —* **вы её только что видели** *— вышла за него, когда уже он был стар* (Ч.); *...Даже мои хозяева —* **если они были дома** *— открывали окна и, слушая, хвалили музыканта* (М.Г.); *Мне бы жить и жить, сквозь годы мчась. Но в конце хочу —* **других желаний нету** *— встретить я хочу мой смертный час так, как встретил смерть товарищ Нетте* (М.); *Снова —* **в который раз** *— он повторял эти слова; Мы будем удовлетворены, если вы скажете, когда —* **конкретно!** *— вопрос будет включён в повестку дня; Эта вещица обошлась кому-то —* **если не ему самому** *— в кругленькую сумму.*

Примечания: **1.** Часто для выделения вставных конструкций на равных основаниях употребляются **скобки** и **тире**. Ср.:

Однажды вечером (**это было в начале октября 1773 года**) *сидел я дома, слушая вой осеннего ветра* (П.); *Раз —* **это было за Тереком** *— я ездил с абреками отбивать русские табуны* (Л.);

Солдаты (**их было трое**) *ели, не обращая внимания на Пьера* (Л.Т.); *Крупные, красивые птицы* (**их было тринадцать**) *летели треугольником* (Т.); *Булочники —* **их было четверо** *— держались в стороне от нас* (М.Г.); *Проснувшиеся овцы —* **их было около трёх тысяч** *— неохотно, от нечего делать принялись за невысокую, наполовину утоптанную траву* (Ч.);

И каждый вечер в час назначенный (**иль это только снится мне?**) *девичий стан, шелками схваченный, в туманном движется окне* (Бл.); *Литвинов остался на дорожке; между ним и Татьяной —* **или это ему только чудилось?** *— свершалось что-то...* (Т.)

2. Если вводное или вставное предложение находится внутри другого вставного предложения, то последнее (так сказать, внешнее) выделяется **скобками**, а первое (внутреннее) — **тире**: *Я наскоро пообедал, не отвечая на заботливые расспросы доброй немки, которая сама расхныкалась при виде моих красных, опухших глаз* (*немки —* **известное дело** *— всегда рады поплакать*) (Т.).

3. В редких случаях вставные конструкции выделяются **запятыми**: *Мне показалось даже,* **а может быть оно и в самом деле было так**, *что все стали к нам ласковее* (Акс.); *Экспонаты Биологического музея,* **а их свыше двух тысяч**, *рассказывают о животном мире нашей планеты* (газ.).

4. В зависимости от синтаксической структуры основного предложения и вставной конструкции на месте «разрыва», помимо **тире**, могут быть еще **запятые**. Здесь возможны следующие случаи:

1) с обеих сторон ставится только **тире**, если в месте вставки не должно быть никакого знака: *Аннушка молча покинула свою засаду, тихо обошла кругом —* **её детские ножки едва шумели по густой траве** *— и вышла из чащи подле самого старика* (Т.); *И —* **бывают же чудеса** *— подковылял Воропаев* (Павл.); *Кругом —* **не обнять глазом** *— снежная пелена* (Ш.);

2) перед первым **тире** ставится **запятая**, если этого требует структура первой части основного предложения: *Он посмотрел на пепелище, которое окружало его, —* **какой ужас!** *— и руки бессильно опустились у*

него — запятая закрывает придаточную часть сложноподчиненного предложения;

3) перед вторым **тире** ставится **запятая**, если этого требует структура второй части основного предложения или самой вставной конструкции: *Прихвастнуть любил — **этот грех за ним водился**, — может, и тут что приплёл для красного словца* (Фурм.) — вторая часть начинается вводным словом, которое требует выделения запятыми; *...Встал Максим-то против дедушки — **а дед ему по плечи**, — встал и говорит...* (М.Г.) — играет роль повторение слова *встал* (ср. § 40, п. 2); *Он встал и, прихрамывая — **он был на протезе**, — подошёл к окну* (Кав.) — вставное предложение примыкает к предшествующему деепричастию, и запятая ставится после всей этой конструкции; *Когда он начинает сомневаться в себе — **а это с ним изредка происходит**, — он пытается стать рационалистом* — вставное предложение примыкает к предшествующей придаточной части сложноподчиненного предложения, и запятая ставится после всей конструкции; *Смеялся он мало — **настолько у него хватало чувства такта**, — но всё же насмешливая улыбка нет-нет да и появлялась на его губах* — вторая часть начинается с союза, перед которым должна быть запятая;

4) и перед первым и перед вторым **тире** ставятся **запятые** по условиям текста: *Проводя почти всё своё время неразлучно с матерью, потому что я и писал и читал в её отдельной горнице, где обыкновенно и спал, — **там стояла моя кроватка и там был мой дом**, — я менее играл с сестрицей, реже виделся с ней* (Акс.) — запятая перед первым тире закрывает придаточную часть, запятая перед вторым тире закрывает деепричастную конструкцию; *Я забрался в угол, в кожаное кресло, такое большое, что в нём можно было лежать, — **дедушка всегда хвастался, называя его креслом князя Грузинского**, — забрался и смотрел, как скучно весе-

лятся большие (М.Г.) — запятая перед первым тире закрывает предшествующую придаточную часть, а запятая перед вторым тире закрывает деепричастный оборот в самой вставной конструкции; *Прежде чем мы расстанемся, — **а некоторые из нас вернутся сюда, быть может, не скоро**, — прежде чем мы расстанемся, я хотел бы ещё раз вернуться к только что сказанным словам о нашей дружбе* — играет роль повторение слов *прежде чем мы расстанемся*.

Следует, впрочем, заметить, что часто встречается постановка запятой перед вторым тире, если запятая стоит перед первым тире (своеобразная «симметрия» знаков): *Когда я стану умирать, — **и, верь, тебе не долго ждать**, — ты перенесть меня вели в наш сад* (Л.); *Когда Косте, сиротке-то, пошёл девятый годок, — **а я в ту пору уже невестой была**, — повезла я его по всем гимназиям* (Ч.); *Когда всё кончилось, — **а бой длился около часу**, — начдив сел на коня и шагом поехал по равнине* (А.Т.); *Осенью, когда поспевали яблоки, — **яблоневые деревья были гордостью семейства Поповых**, — Анатолий обычно спал на топчане в саду, чтобы мальчишки не покрали яблок* (Ф.).

§ 27. Обращения

1. Обращения вместе со всеми относящимися к ним словами выделяются (в середине предложения) или отделяются (в начале либо в конце предложения) **запятыми**, если произносятся без восклицательной интонации: *Приятель дорогой, здорово!* (Кр.); *Василий Васильич, прошу вас оставить меня в покое* (Ч.); *Позвольте мне, читатель мой, заняться старшею сестрой* (П.); *Ты помнишь, Алёша, дороги Смоленщины...* (Сим.); *До свидания, благороднейший господин Глинкин* (М.Г.); *И вы туда же, старый бандит пера* (Сим.).

2. Если обращение, стоящее в начале предложения, произносится с восклицательной интонацией, то после него ставится **восклицательный знак** (следующее за обращением слово пишется с **прописной** буквы): *Старик! О прежнем позабудь* (Л.); *Молодой уроженец Неаполя! Что оставил в России ты на поле?* (Св.)

3. Если обращение стоит в конце предложения, то после него ставится тот знак, который требуется содержанием и интонацией предложения: *Думай же, мастер культуры* (Леон.); *Привет вам, люди мирного труда!; Ты здесь, миленький?* (Тр.); *Свинья ты, братец...* (М.Г.)

4. Правила выделения знаками препинания обращений распространяются и на те случаи, когда обращение выражено не традиционной формой именительного падежа существительного, а другой частью речи или же существительным, но не в форме именительного падежа (такое обращение называет какой-либо признак лица, которому адресована речь): *...Глядите на меня, все!* (Дост.) — субстантивированное указательное местоимение; *«Куда, куда, — говорю, — такая-сякая, ты летишь?»* (Леск.) — субстантивированное указательное местоимение; *Лети, наш родимый, на славу сражайся* (Тв.) — субстантивированное прилагательное; *«Здорово, шестая!» — послышался густой, спокойный голос полковника* (Купр.) — субстантивированное порядковое числительное; *Спящий в гробе, мирно спи, жизнью пользуйся, живущий* (Жук.) — субстантивированное причастие; *Здравствуй, в белом сарафане из серебряной парчи!* (Вяз.) — предложно-именное сочетание; *Эй, в шляпе, подойди сюда; Послушай, двадцать пятый, что ты здесь делаешь?; Скажи, двадцать два несчастья, когда наконец ты станешь нормальным?*

5. Личные местоимения *ты* и *вы*, как правило, выступают не в роли обращения, а в роли подлежащего: *Простите, мирные долины, и вы, знакомых гор вершины, и вы, знакомые леса!* (П.). Но они могут выступать и в роли обращения в следующих случаях:

1) сами по себе: *Ступай за шестым — **ты**!* (Т.); *Эй, **вы**! Кончайте скорее!* (Дост.); *Цыц, **ты**! Она тебе больше не слуга* (М.Г.); *Ну, **вы**! Вставайте...* (М.Г.); *Эх, **вы**, люди, люди...* (Гарш.); *Ну, **ты**, шевелись, а то прикладом огрею!* (Н.О.); *«Эх, **вы**!» — сказала Нина Порфирьевна* (Пауст.); *«Тише, **вы**!» — крикнула Феня* (Ант.);

2) в составе обращений, представляющих собой сочетание определения с определяемым словом, между которыми находится местоимение 2-го лица, запятыми не выделяемое: *Ну, полноте, полноте, **балагур, шутник вы этакий*** (Т.); *Да неужели вам мало, **ненасытный вы этакий**!* (Дост.); *Что вы такой герцогиней смотрите, **красавица вы моя**?* (Остр.); *А для кого я хлопотал-то, **дерево ты стоеросовое**?* (М.-С.); ***Милый друг ты мой**, не стыдись, не вешай голову* (Ф.);

3) в сочетании с предшествующей местоимению частицей *о* и последующей придаточной определительной частью: ***О ты**, чьей памятью кровавой мир долго, долго будет полн* (П.); ***О ты**, чьих писем много, много в моём портфеле берегу!* (Н.)

6. Частица *о*, стоящая перед обращением, не отделяется от него никакими знаками препинания: ***О мой милый**, мой нежный, прекрасный сад!..* (Ч.); *Скажи же, **о проницательный читатель**, зачем выведен Рахметов...* (Черн.); *Как хорошо ты, **о море ночное**!* (Тютч.)

Но перед обращением может стоять и междометие *о* (в значении «ах»), которое по правилам отделяется **запятой** или **восклицательным знаком**: *О, мама, почему ты меня упрекаешь?*; *О, **Вера**, посмотри, как здесь хорошо!*; *О! **Павел Иванович**, позвольте мне быть откровенным* (Г.).

Междометие *о* отделяется знаками препинания и от так называемого и м е н и т е л ь н о г о т е м ы (или именительного представления: лицо либо предмет называется, чтобы вызвать его в памяти, в представлении): *О, война! Сколько жизней она унесла с собой!*

7. Частицы *а* и *да*, стоящие перед повторяющимся обращением, запятой от него не отделяются, но перед ними **запятая** ставится: *«Барин, а барин!»* — промолвил вдруг Касьян своим звучным голосом (Т.); *...Смерть, а Смерть, ещё мне там дашь сказать одно словечко?* (Тв.); *Петька, да Петька же, куда ты запропастился?*

При неповторяющемся обращении *а* выступает в роли междометия и отделяется **запятой**: *«А, Васька!»* — сказал он, узнав прежде всего розоватые панталоны своего друга (Степн.).

8. Повторяющиеся обращения разделяются **запятой** или **восклицательным знаком**: *Степь широкая, степь безлюдная, отчего ты так смотришь пасмурно?* (Никит.); *Здравствуй, ветер, грозный ветер, попутный ветер всемирной истории!* (Леон.); *Васька! Васька! Васька! Здорово!* (Вс. Ив.)

9. Однородные обращения, соединенные союзом *и* или *да*, запятой не разделяются: *Пойте, люди, города и реки! Пойте, горы, степи и поля!* (Сурк.); *Здравствуй, солнце да утро весёлое!* (Никит.)

Если при однородных обращениях союз *и* повторяется, то перед первым *и* запятая не ставится: *Вернитесь на минутку и Коля, и Саша!*

10. При наличии нескольких обращений к одному лицу, находящихся в разных местах предложения, каждое из них выделяется **запятыми**: *Иван Ильич, распорядись, братец, насчёт закуски* (Т.); *...И потому, Фома, не лучше ли, брат, расстаться?* (Дост.)

11. Если распространенное обращение «разорвано» другими словами — членами предложения, то каждая часть обращения выделяется **запятыми** по общему правилу: *Крепче, конское, бей, копыто, от-*

чеканивая шаг!* (Багр.); ***За кровь и слёзы жаждавший расплаты***, тебя мы видим, ***сорок первый год*** (Щип.).

Примечания: **1.** Не являются обращениями и не выделяются запятыми названия лиц или предметов, находящиеся при форме повелительного наклонения, если она употреблена в значении пожелания (*пусть...*): *Приходи к нему лечиться и корова и волчица* (Чук.); *Всяк сверчок знай свой шесток* (посл.); ср. также: *Кто постарше садитесь.*

2. Не разделяются запятыми междометные выражения *Господи помилуй, Боже упаси, упаси Господи, Господи прости, слава тебе Господи* и т.п. (в них нет обращения).

Раздел 8

Знаки препинания при междометиях, частицах, утвердительных, отрицательных и вопросительно-восклицательных словах

§ 28. Междометия и частицы

1. Междометие отделяется или выделяется **запятыми**, если произносится без восклицательной интонации: *Ахти, ребята, вор!* (Кр.); *Эй, завяжи на память узелок!* (Гр.); *Увы, на разные забавы я много жизни погубил!* (П.); *А, не до слов теперь!* (Г.); *Браво, Вера! Откуда у тебя эта мудрость?* (Гонч.); *У, какие страсти!* (Даль); *Эге, да это я совсем не туда попал!* (Т.); *Чу, сверчок за печкой затрещал* (С.-Щ.); *«Батюшки, задавили», — послышался женский голос* (Л.Т.); *Эх, да мало ли что снилось наяву Якову Лукичу!* (Ш.); *Ушица, ей-же-ей, на славу сварена* (Кр.); *Жизнь, увы, не вечный дар!* (П.); *Нет уж, дудки, ваша милость!* (Ерш.); *Как я люблю море, ах, как я люблю море!* (Ч.); *Вон та, средняя, ух, прытка в работе* (Вс. Ив.).

2. Если междометие произносится с восклицательной интонацией, то после него ставится **восклицательный знак**. Если междометие в начале предложения, то следующее за ним слово пишется с **прописной** буквы, а если в середине — то со **строчной**: *Тьфу! Оплошал...* (Гр.); *Караул! Лови, лови, да дави его, дави* (П.); *Эх! Да ты, как я вижу, слова не дашь вымолвить* (Г.); *«У! Баловень!» — тихо ворчит нянька* (Гонч.); *А! Была не была!* (Т.); *Ну, ну! Не выдай, конь!* (Н.); *Подаю в отставку. Баста! Пять лет всё раздумывал и наконец решил* (Ч.); *Батюшки! Что у* *тебя с рожей-то?* (М.Г.); ***Ага!*** *Держитесь, теперь мы будем вас ругать!* (Аж.); *А ныне,* ***ах!*** *за весь его любовный жар готовится ему несносный столь удар* (Кр.); *Я до сих пор не могу позабыть двух старичков прошедшего века, которых,* ***увы!*** *уже нет* (Г.); *Марья, знаешь, щедровита, да работать,* ***ух!*** *сердита!* (Н.)

3. Следует различать междометия и одинаково звучащие частицы: после междометий **запятая** ставится, после частиц — нет. Ср.:

О*, это была бы райская жизнь!..* (Г.); ***О*** *поле, поле! Кто тебя усеял мёртвыми костями?* (П.);

Ну*, давай плясать!* (Остр.); ***Ну*** *как не порадеть родному человечку!* (Гр.);

«***Ой****, кто это?»* — *испуганно воскликнула Дуся* (Лапт.); ***Ой*** *ты гой еси, Волга, мать родная!* (П.);

Ах*, какие это были ночи!* (Гарш.); ***Ах ты, обжора!*** (Кр.)

Примечание. При разграничении подобных случаев учитывается значение и употребление частиц:

1) частица *о* употребляется при риторическом обращении и запятой не отделяется: *О вы, кому в удел судьбою дан высокий сан!* (Кр.); также перед словами *да* и *нет: О да, конечно; О нет, ни в коем случае;*

2) частица *ах*, стоящая перед личными местоимениями *ты* и *вы*, за которыми следует обращение, запятой не отделяется: *Ах ты, мерзкое стекло!* (П.); *Ах ты, степь моя, степь привольная!* (К.) Также в сочетании *ах да*, употребляемом при неожиданном воспоминании о чем-либо упущенном: «*Ах да!* — *вдруг хлопнул себя по лбу Свежевский,* — *я вот болтаю, а самое важное позабыл вам сказать*» (Купр.);

3) частица *ну* употребляется в усилительном значении и запятой не отделяется: *Ну бал! Ну Фамусов! Умел гостей назвать!* (Гр.); часто в сочетании с *что за: Ну что за шейка, что за глазки!* (Кр.); в сочетании с частицами *и, уж: Ну и гроза! Давно уж такой не бывало* (Реш.); *Ну уж и женщины-то ваши хороши* (Остр.); в сочетании с *да:* «*Ну да! Тебя Гнедко сбросит!»* — *говорит пренебрежительно Зина* (Г.-М.); ср. также: *Ну зачем так резко?; Ну что за вопрос!; Ну пускай я не прав; Ну как, всё в порядке?; Ну что тут скажешь?; Ну скажи!; Ну как вам мне это объяснить?; Вы пришли ну, скажем, в фотоателье; Ну так и жди сюрприза;*

Ну вот и всё; Ну что вы?; Ну нет; Ну почему нет?; Ну а он? Ну и жара выдалась!; Дайте ну хотя бы эту книгу!; Без него ну просто не справиться с этой работой; Наталья и сама понимала, что только с богиней можно сравнить её, ну с Дианой (А.Т.) («допустим», «положим»).

4. Запятая не ставится внутри цельных сочетаний <u>ах ты, ах вы, ах он, ух ты, эх ты, ай да, ах и, эх и, ух и, эй и, ох эти</u> и т.п., в которые входят междометия и местоимения или частицы[1]: ***Ай да мёд!*** (П.); ***Ай да Михаил Андреевич, настоящий цыган!*** (А.Т.); ***Ах ты жестокий!; Ах он змея!; Ах ты грех какой!; Ах они плуты прожжённые!; Ох эти сплетницы!; Ох и печёт сегодня!; Ух и вино!; Эх и рассердился!; Эх эти шалунишки!*** В подобных случаях эмоции выражаются не только междометием, но и интонацией: ***Ух бедная!; Ух что сделано!; Прораб наш — эх башка!***

Указанные междометия входят как составной элемент в предложения с повторяющимися словами: *Хорошо здесь,* ***ах*** *хорошо!; Трудно ему было сначала,* ***ох*** *трудно!; Тонкий расчёт у командира,* ***эх*** *тонкий!; Нудный ты,* ***ух*** *нудный!; Достанется тебе от матери,* ***ух*** *достанется!; Хочется мне тебе всыпать,* ***ой*** *хочется!*

Не разделяются запятой конструкции с междометиями <u>эк, эка</u>: *Эк его разобрало!* (Г.); *Эк ты храпишь, за две комнаты слышно* (Гонч.); *Эк на вас погибели нет* (Т.); *Эк ты напугал меня* (М.-С.); *Эка раненых-то валится, Господи!* (Гарш.)

5. Не отделяются запятой междометия, стоящие перед словами *как, какой* и в сочетании с ними выражающие высокую степень признака (в значениях «очень», «весьма», «замечательный», «изумительный», «ужасный»): *...Подчас в каждом приятном слове её торчала* ***ух*** *какая булавка* (Г.); *Собственность, значит, признаёт; а это, по нынешнему времени,* ***ах*** *как*

---

[1] См.: *Шведова Н.Ю.* Очерки по синтаксису русской разговорной речи. М., 1960. С. 252 — 269 (оттуда заимствованы и некоторые примеры).

приятно! (С.-Щ.); *Это, брат,* **ух** *как горько и* **ух** *как подло!* (Усп.); *Отстал я от хороших людей,* **ах** *как отстал!* (Ч.); *Самонадеянности море* **ох** *как не любит* (Соб.); *Мы могли бы получить* **ой** *какие увечья* (Бедн.).

6. Отделяются или выделяются **запятыми** м е ж - д о м е т н ы е в ы р а ж е н и я (*слава Богу* и т. п., *чёрт возьми, чёрт дери*): *До сих пор,* ***благодарение Богу****, подбирались к другим городам* (Г.).

Сочетание *слава Богу* выделяется **запятыми**, если употреблено для выражения радости, успокоения, облегчения, удовлетворения по поводу чего-либо: *Он застрелиться,* ***слава Богу****, попробовать не захотел* (П.); *...Нынче,* ***слава Богу****, смирнее, а бывало, на сто шагов отойдёшь, уже где-нибудь косматый дьявол сидит и караулит* (Л.); ***Слава Богу****, хоть с этой стороны меня поняли* (Ч.).

В значениях же «хорошо», «благополучно» или «в хорошем состоянии» сочетание *слава Богу* выполняет роль сказуемого и запятыми не отделяется: *Материнские письма были коротки, наполовину состояли из родственных поклонов и успокоительных заверений, что дома всё* ***слава Богу*** (Пол.); *Но старик не выдержал и со слезами в голосе заговорил о том, что делиться он не даст, пока жив, что дом у него* ***слава Богу****, а разделить — все по миру пойдут* (Л.Т.).

Сочетания *чёрт возьми, чёрт дери* выделяются **запятыми**: *Уж я вам отвечаю, что Печорин струсит, — на шести шагах их поставлю,* ***чёрт возьми!*** (Л.); *Разбудил меня,* ***чёрт его возьми****, сказал, что придёт опять!* (Л.Т.); *А я ведь рад, что тебя встретил,* ***чёрт те дери!*** (М.Г.); *Тут ещё на грех рана на бедре открылась,* ***чёрт бы её драл*** (Перв.).

Но выражения <u>чёрт знает, чёрт дёрнул</u> запятыми не отделяются и не выделяются: ***Чёрт знает*** *на что расходовался ум воспитанника!* (Пом.); *Врачи там написали обо мне* ***чёрт знает что*** (Н.О.); ***Чёрт же его*** *дёрнул ночью с пьяным разговаривать!* (Л.); **Чёрт меня дёрнул** *Яшку останавливать!* (Буб.)

7. Повелительно-побудительные междометия и звукоподражательные слова отделяются **запятой** или **восклицательным знаком**: *Только,* **чур,** *не перебивать* (Пом.); *У всех повыспрошу; однако,* **чур,** *секрет* (Гр.); *Изволь-ка в избу,* **марш,** *за птицами ходить!* (Гр.); *«***Цып, цып, ти, ти, ти! Гуль, гуль, гуль!***» — ласковым голосом приглашала девушка птиц к завтраку* (Гонч.); **Цыц!** *Не смей этим шутить!* (Леск.)

§ 29. Утвердительные, отрицательные и вопросительно-восклицательные слова

УТВЕРДИТЕЛЬНЫЕ И ОТРИЦАТЕЛЬНЫЕ СЛОВА

1. Слова *да* и *нет,* выражающие утверждение и отрицание, отделяются или выделяются **запятыми**: **Да,** *пройдут десятки лет, и из памяти никогда не изгладятся дороги войны* (Баб.); **Нет,** *в то время у меня не было никакой охоты унестись с Земли на Луну или Марс* (Пауст.); *В лице Анатолия было выражение душевной силы,* **да,** *именно силы* (Ф.); *Это больше не повторится,* **нет,** *не повторится.*

2. После слов *да* и *нет,* произносимых с восклицательной интонацией, ставится **восклицательный знак** (следующее за ними слово пишется с **прописной** буквы): **Да!** *Злые языки страшнее пистолета!* (Гр.); **Нет!** *Ты уж выслушай* (Л.Т.); *Я понимаю, быть мучеником идеи,* **да!** *Но быть мучеником чёрт знает чего, дамских юбок да ламповых шаров,* **нет!** *— слуга покорный* (Ч.).

3. Между повторяющимися словами *да* и *нет* ставится **запятая**: *А я берусь открыть;* **да, да,** *уверен в этом* (Кр.); *Ну, а если бы начинать жизнь сначала, то я не женился бы...* **Нет, нет!** (Ч.)

Внутри сочетания *нет как нет* («совсем нет», «совсем отсутствует») запятая не ставится: *Хотел Курымушка о чём-то спросить мать, оглянулся, а её **нет как нет**!* (Пришв.)

Различие в пунктуации между предложениями *Нет и ещё раз нет* и *Нет, и всё* объясняется тем, что в первом случае налицо повторяющееся слово, присоединенное союзом *и,* но без интонации присоединения (см. § 16, п. 3), а во втором — присоединительная конструкция (см. § 24, п. 1).

4. Усилительные частицы, стоящие перед словами *да* и *нет,* не отделяются от них запятой: ***Ну да**, Добчинский, теперь я вижу* (Г.); ***О нет**, мой младенец, ослышался ты* (Жук.).

5. О дефисном написании сочетания *нет-нет да и* см. § 17, п. 1.

ВОПРОСИТЕЛЬНО-ВОСКЛИЦАТЕЛЬНЫЕ СЛОВА

1. Запятой отделяются слова <u>что, а что, что же</u>, обозначающие вопросы, и слова <u>как, как же, что же</u>, выражающие удивление, подтверждение, согласие и т.п., за которыми следует предложение, раскрывающее их конкретный смысл (после них делается пауза): ***Что**, если я кликну клич?* (Т.) («что будет, если...»); *А **что**, если он прячется в глубине лесов?* (Каз.); ***Что**, если в самом деле он* [городничий] *потащит меня в тюрьму?* (Г.); ***Что**, ему лет двадцать пять, не больше?* (Л.Т.); ***Как**, разве всё тут? Шутите!* (П.); ***Как же**, я готов сию минуту* (Г.).

Но: *Ну, **что** соседки?* ***Что** Татьяна?* ***Что** Ольга резвая твоя?* (П.) — *что* в роли сказуемого, в значении «каковы?», «как поживают?»; *Ну, **что** море, **что** небо? Какие краски там?* (Гонч.); ***Что же** мне, стреляться из-за этой пропажи?* — неполное предложение со значением «что же мне делать?».

В некоторых случаях возможны пунктуационные варианты в зависимости от значения, которое вкладывается в местоименное слово. Ср.:

*Ты **что же** не идёшь с нами?* («почему»); *Ты **что же**, не идёшь с нами?* («что делаешь?», пауза после *что же*);

***Как же** он станет дальше действовать?*; ***Как же**, станет он и дальше тебе помогать!*

2. Запятая ставится после слова <u>вот</u>, если следующее за ним предложение раскрывает его конкретный смысл: ***Вот**, можете полюбоваться на своего сынка*; ***Вот**, возьмите эту книгу на добрую память*.

Но: ***Вот** аптека*; ***Вот** раздался удар грома*; ***Вот** взгляните*; ***Вот** ещё что затеял!*; ***Вот** оно что*, где *вот* — частица с указательным значением.

В отдельных случаях возможны варианты пунктуации; ср.:

***Вот**, кончились наши запасы* — пауза после *вот*; ***Вот** кончились наши запасы*;

*Ну **вот**, теперь можно поговорить о делах*; *Ну **вот** теперь можно поговорить о делах*.

Раздел 9

Знаки препинания в сложносочиненном предложении

§ 30. Запятая в сложносочиненном предложении

1. Запятыми разделяются предикативные части сложносочиненного предложения (простые предложения), между которыми стоят союзы:

1) с о е д и н и т е л ь н ы е [*и, да* («и»), *ни...ни*]: *Песок блестит на солнце тёплым, жёлтым блеском,* **и** *на его бархате прозрачные здания подобны тонким вышивкам из белого шёлка* (М.Г.); *Получив известие о болезни Наташи, графиня, ещё не совсем здоровая и слабая, с Петей и со всем домом приехала в Москву,* **и** *всё семейство Ростовых перебралось от Марьи Дмитриевны в свой дом* (Л.Т.); *Оглянитесь вокруг,* **и** *увидите столько нового и интересного* — сложносочиненное предложение (глагольные формы разных наклонений не выступают в роли однородных членов простого предложения); *Наташа говорила шёпотом,* **да и** *дед и лесничий тоже говорили вполголоса* (Пауст.);

П р и м е ч а н и е. Запятая ставится перед союзом *и* также в тех случаях, когда он присоединяет предложение, в котором подлежащее выражено л и ч н ы м м е с т о и м е н и е м, относящимся к подлежащему первой части или повторяющим его: *Вдали по-прежнему машет крыльями* **м е л ь н и ц а,** *и всё ещё она похожа на маленького человечка, размахивающего руками* (Ч.); *Ты всегда был строг ко мне,* **и** *ты был справедлив* (Т.).

Но: *Автор прочитал корректуру* **и** *сам внёс нужные исправления* — предложение простое, *сам* не является подлежащим.

2) противительные [*а, но, да* («но»), *однако, же, зато, а то, не то, а не то*]: *Красный цвет рубахи манил и ласкал его,* **а** *бричка и спавшие под ней люди возбуждали его любопытство* (Ч.); *У Ивана Ильича от усталости гудело всё тело,* **но** *сидеть на мягком и прихлёбывать из кружки было так приятно* (А.Т.); *Надо бы, наконец, возбудить дело о разводе,* **да** *другие дела мешают взяться* (Фед.); *Ломоносов так же вот с рыбарями ехал,* **однако** *из него вышел человек на всю Европу* (Ч.); *Товарищи относились к нему неприязненно, солдаты* **же** *любили воистину* (Купр.); *Брак не в его принципах,* **зато** *чувство равенства будет в нём польщено* (Т.); *Ты сегодня же должен поговорить с отцом,* **а то** *он будет беспокоиться о твоём отъезде* (Пис.); *Отвечай же мне,* **а не то** *буду беспокоиться* (П.);

3) разделительные (*или, либо, ли...или, ли...ли, то...то, то ли...то ли, не то...не то*): *Только иногда, вглядываясь пристально в неё, он вздрогнет страстно,* **или** *она взглянет на него мимоходом и улыбнётся* (Гонч.); *Уймись,* **или** *худо будет* (П.); *Он должен уехать,* **или** *я погибла!* (Т.); *Судьба* **ли** *нас свела опять на Кавказе,* **или** *она нарочно сюда приехала...* (Л.); *То он собирался поступить в Зоологический сад учиться на укротителя львов,* **то** *его тянуло к пожарному делу* (Кав.); *То ли шелест колоса, трепет ветерка,* **то ли** *гладит волосы тёплая рука* (Сурк.); *...В скользящей стеклянной зыби плавала* **не то** *утка,* **не то** *грачонок еле держался на распластанных крыльях, — нахлебался воды* (А.Т.);

Примечания: 1. В сложносочиненном предложении *ли...или* рассматривается как повторяющийся союз (в отличие от простого предложения с однородными членами, в котором *ли...или* не образуют повторяющегося союза, вследствие чего запятая перед *или* в последнем случае не ставится; см. § 13, п. 12): *Во сне ль всё это снится мне,* **или** *гляжу я в самом деле, на что при этой же луне с тобой живые мы глядели?* (Тютч.); *Серьёзно* **ли** *в ней гнездилось это намерение,* **или** *она только шутки шутила* (С.-Щ.); *Жалобный* **ли** *тон Авдотьи подействовал на Буянова,* *или сведения о количестве поросят* произвели на него впечатление, но через минуту он дал свет (Ник.).

2. Запятая ставится перед союзом *или* в названиях литературных произведений, состоящих из двух наименований (второе название тоже пишется с **прописной** буквы): «*Двенадцатая ночь,* **или** *Как вам угодно*» (Шекспир); «*Похождения Чичикова,* **или** *Мёртвые души*» (Н.В. Гоголь); «*Воевода,* **или** *Сон на Волге*» (А.Н.Островский); «*Золотой ключик, или Приключения Буратино*» (А.Н.Толстой).

4) присоединительные (*да, да и, и притом, тоже, также*): *Решение Лизы сняло с его сердца камень,* **да и** *весь дом сразу ожил* (Фед.); *Вода была тепла,* **но** *не испорчена,* **и притом** *её было много* (Гарш.); *Она мне нравилась всё больше и больше, я* **тоже**, *по-видимому, был симпатичен ей* (Ч.); *Странный старичок заговорил очень протяжно, звук его голоса* **также** *изумил меня* (Т.);

5) пояснительные (*а именно, то есть*): *Мужская комнатная прислуга была доведена у нас до минимума,* **а именно**... *для всего дома полагалось достаточным не больше двух лакеев* (С.-Щ.); *Время стояло самое благоприятное,* **то есть** *было темно, слегка морозно и совершенно тихо* (Акс.).

2. Запятая перед союзами *и, да* («*и*»), *или, либо* не ставится, если части сложносочиненного предложения объединены каким-либо о б щ и м для них э л е м е н т о м.

1) Общим может быть второстепенный член предложения: *Вскоре после восхода набежала туча* **и** *брызнул короткий дождь* (П.); *У Ивана Ивановича большие выразительные глаза табачного цвета* **и** *рот несколько похож на букву ижицу* (Г.); *Глаза у всех устремились* **и** *носы вытянулись по направлению к письму* (Гонч.); *У Евсеича сорвалась какая-то большая рыба* **и** *вдобавок щука оторвала удочку* (Акс.); *Губы Кати не улыбались* **и** *тёмные глаза выражали недоумение* (Т.); *В сенях пахло свежими яблоками* **и** *висели волчьи и лисьи шкуры* (Л.Т.); *Тут*

так же, как и в зале, окна были раскрыты настежь и пахло тополем (Ч.); *В селе не переводилась лихорадка и была топкая грязь* (Ч.); *Крылья у гуся были растопырены и клюв раскрыт* (Ч.); *У Гаврилы смешно надулись щёки, оттопырились губы и суженные глаза как-то чересчур часто и смешно помаргивали* (М.Г.); *У него осунулось лицо и отяжелели веки* (М.Г.); *В гавани огни фонарей столпились в разноцветную группу и видны были стволы мачт* (М.Г.); *От долгого сидения у него затекли ноги и заболела спина* (Купр.); *По утрам кумысный домик привлекал людей со слабыми лёгкими и пятна солнца... освещали около недопитых стаканов неподвижно лежащие бледные длиннопалые руки* (Фед.); *В лесу ещё снег лежит нетронутый и деревья стоят в снежном плену* (Пришв.); *В это время тягуче скрипнула дверь сеновала и наружу просунулась голова деда Щукаря* (Ш.).

Правило действует и в тех случаях, когда общим является обособленный второстепенный член предложения, сравнительный оборот и т. д.: *Согласно общепризнанным нормам международного права, открытое море свободно для всех наций и все государства обязаны воздерживаться от всяких актов, способных причинить ущерб его использованию другими государствами* (газ.); *Дальнейшие встречи были так же приятны и беседы так же полезны, как в первый раз.*

Примечания: 1. При наличии общего второстепенного члена предложения **запятая** перед союзом *и* ставится, если союз повторяется: *В такую погоду и волк не рыщет, и медведь не вылезает из берлоги.*

2. Не является объединяющим элементом противительный союз, после которого или перед которым находятся два соединенных союзом *и* простых предложения, поэтому **запятая** перед *и* ставится: *Ибрагим был бы очень рад избавиться, но ассамблея была дело должностное, и государь строго требовал присутствия своих приближённых* (П.); *Он подавил вздох и не спеша стал сворачивать папиросу, но почему-то дрогнули руки, и он рассыпал на колени табак* (Ш.); *Гроза прошла, и тучи рассеялись, но духота ещё сохранялась.*

2) Общей может быть придаточная часть сложноподчинённого предложения: *Уже совсем рассвело и народ стал подниматься, когда я вернулся в свою комнату* (Л.Т.); *Когда Аню провожали домой, то уже светало и кухарки шли на рынок* (Ч.); *Когда он вернулся в залу, сердце его билось и руки дрожали так заметно...* (Ч.); *Но Лёля спала так спокойно и в её ресницах, казалось, роились такие хорошие сны, что Наталья Петровна не решилась разбудить дочь* (Пауст.); *Много веков сушили эту землю ветры-суховеи и палило солнце, пока она не стала такой крепкой...* (Перв.); *Пока я умывался, печь была затоплена и на сковородке кипело масло.*

Но: *Когда Каштанка проснулась, было уже светло, и с улицы доносился шум, какой бывает только днём* (Ч.) — придаточное предложение относится только к первому простому предложению, а связь его со вторым слабее, на что указывает различный вид глаголов-сказуемых этих предложений (ср.: *Когда Каштанка проснулась... с улицы доносился шум...* ; *Когда Каштанка проснулась... с улицы донёсся шум* — во втором случае придаточную часть следовало бы отнести и ко второй части сложносочинённого предложения); *Как только сапёры перетащили машину на другую сторону и поставили на шоссе, Зубенко дал газ, и грузовик преспокойно поехал дальше* (Медв.) — последнее предложение указывает на общее следствие.

3) Общим может быть поясняемое двумя частями сложносочинённого предложения третье предложение, предшествующее им и связанное с ними бессоюзной связью: *Берегов не видать: их скрыла ночь и оттолкнули куда-то широкие волны разлива* (М.Г.); *Он чувствовал себя нехорошо: тело было слабо и в глазах ощущалась тупая боль* (Купр.); *Одно было ясно: ссора оказалась окончательной и назад он не вернётся; Это похоже на то, что мы наблю-*

даем в кожных покровах: при каждом нашем движении одежда стирает мёртвые клетки поверхностного слоя и их заменяют нижележащие клетки.

Но: *Через час явилась возможность ехать: метель утихла, небо прояснилось, и мы отправились* (П.) — последняя часть не входит в разъяснение.

4) Общим может быть вводное слово, словосочетание или предложение: *По словам охотников, зверь в этих лесах вывелся и птица исчезла* — источник сообщения один и тот же для всего высказывания; *Как это часто бывает, вспоминается плохое и забывается хорошее; Короче говоря, экзамены кончились и начались каникулы; К счастью, пожар был замечен вовремя и налицо оказались нужные средства для его тушения* — отсутствие запятой показывает, что отношение говорящего к высказыванию, выражаемое посредством вводного слова, распространяется на обе его части.

Но: *Действительно, в наших краях знают толк в пении, и недаром село Сергиевское... славится во всей России своим особенно приятным и согласным напевом* (Т.) — вводное слово отнесено только к первому предложению; *...Вероятно, около самой чёрной тучи летали перекати-поле, и как, должно быть, им было страшно!* (Ч.) — каждая часть сложносочиненного предложения имеет свое вводное слово.

Примечание. В некоторых случаях общим элементом может быть частица (ограничительная, усилительная, выделительная): *В воздухе тишина; только поскрипывает на берегу кузнечик да где-то робко мурлыкает орличка* (Ч.).

3. Запятая перед соединительными и разделительными союзами в сложносочиненном предложении не ставится, если в его состав входят:

1) вопросительные предложения: *Это кто такие и что им надобно?* (П.) — объединяет вопросительная интонация; *Который теперь час и сколько времени осталось до отхода поезда?; Когда состоится конференция и какова повестка дня?; Вы придёте ко мне или мне прийти к вам?;*

2) побудительные предложения: *Подпустить врага* ***и*** *огонь дать по команде!* (Фурм.) — объединяет побудительная интонация; *Пусть кончится холод* ***и*** *наступит тепло!* — объединяет побудительная частица; *Да будет свято имя героя* ***и*** *память о нём сохранится в веках!* — объединяет побудительная частица;

3) восклицательные предложения: *Как он смешон* ***и*** *как глупы его выходки!* — объединяет восклицательная интонация; *Как часто мы собирались вместе* ***и*** *какие вели интересные беседы!; Сколько скрытого смысла в этих словах* ***и*** *какой отклик вызывают они у слушателей!;*

4) неопределённо-личные предложения (если мыслится один и тот же производитель действия): *Стали искать черкесов во всех углах* ***и***, *разумеется, ничего не нашли* (Л.); *Подсудимых тоже куда-то выводили* ***и*** *только что ввели назад* (Л.Т.); *Из церкви возвращались домой, ели пироги* ***и*** *снова ложились спать до вечера* (М.Г.);

5) безличные предложения, имеющие синонимичные слова: *Необходимо рассмотреть авторские заявки* ***и*** ***надо*** *срочно составить по ним заключения.*

Но при отсутствии синонимичных слов **запятая** между двумя безличными предложениями перед союзом **и** ставится: *Нету чудес,* ***и*** *мечтать о них нечего* (М.); *Между тем совсем рассвело,* ***и*** *надо было опять выходить в море* (Кат.);

6) номинативные (назывные) предложения: *Мороз* ***и*** *солнце...* (П.); *Хриплый стон* ***и*** *скрежет ярый* (П.); *Смрад* ***и*** *копоть* (Н.); *Хохот* ***и*** *шум* (Пом.); *Зловещий блеск* ***и*** *пестрота дерев...* (Тютч.); *Ночь, лес* ***и*** *снег* (Бл.).

Но (при повторении союза): *Деревья,* ***и*** *солнце,* ***и*** *тени,* ***и*** *мёртвый, могильный покой* (Н.); *Осинник зябкий,* ***да*** *речушка узкая,* ***да*** *синий бор,* ***да*** *жёлтые поля* (Сурк.).

§ 31. Точка с запятой в сложносочиненном предложении

1. Если части сложносочиненного предложения значительно **распространены** (часто это сложные предложения смешанного типа — с сочинением, подчинением и бессоюзной связью) и имеют внутри себя запятые, то между такими частями ставится **точка с запятой**. Чаще постановка точки с запятой наблюдается перед союзами *но, однако, зато, да и*, реже — перед союзом *а*. Перед союзами *и, да* («и») точка с запятой ставится лишь в том случае, когда они соединяют два предложения, которые без них были бы разделены точкой.

Например: *Шесть лет комиссия возилась около здания;* ***но*** *климат, что ли, мешал, или материал уже был такой, только никак не шло казённое здание выше фундамента* (Г.); *Нельзя сказать, чтобы это нежное расположение к подлости было почувствовано дамами;* ***однако*** *же во многих гостиных стали говорить, что, конечно, Чичиков не первый красавец, но зато таков, как следует быть мужчине* (Г.); *...Я очень хорошо знаю, что все дела по крепостям... находятся в одном месте, а потому прошу вас показать нам стол;* ***а*** *если вы не знаете, что у вас делается, то мы спросим у других* (Г.); *Учился он порядочно, хотя часто ленился; он никогда не плакал;* ***зато*** *по временам находило на него дикое упрямство* (Т.); *Вот вы сказали, что своих лошадей не держите;* ***однако*** *ж, если вы женитесь, неужто ж и супруге на извозчиках ездить заставите?* (С.-Щ.); *Пьянство не особенно было развито между ними;* ***зато*** *преобладающими чертами являлись: праздность, шутовство и какое-то непреоборимое влечение к исполнению всякого рода зазорных «заказов»* (С.-Щ.); *Всё это я выдумал, потому что решительно не помнил, что мне снилось в эту ночь;* ***но*** *когда Карл Иваныч, тронутый моим рассказом, стал утешать и* успокаивать меня, мне казалось, что я точно видел этот страшный сон, и слёзы полились уже от другой причины (Л.Т.); *Мне стало как-то ужасно грустно в это мгновение;* **однако** *что-то похожее на смех зашевелилось в душе моей* (Дост.); *Он держал её за талию, говорил так ласково, скромно, так был счастлив, расхаживал по этой своей квартире;* **а** *она видела во всём только одну пошлость, глупую, наивную, невыносимую пошлость* (Ч.); *Скоро весь сад, согретый солнцем, обласканный, ожил, и капли росы, как алмазы, засверкали на листьях;* **и** *старый, давно запущенный сад в это утро казался таким молодым, нарядным* (Ч.); *На другой день к завтраку подавали очень вкусные пирожки, раков и бараньи котлеты;* **и** *пока ели, приходил наверх повар Никанор справиться, что гости желают к обеду* (Ч.).

2. Постановка **точки с запятой** в некоторых случаях факультативна. Ср.: *...Поговаривали, что происходил он от однодворцев и состоял будто где-то прежде на службе, но ничего положительного об этом не знали;* **да и** *от кого было узнать — не от него же самого* (Т.); *Кликушу он уже знал, её привели не издалека, из деревни всего вёрст за десять от монастыря,* **да и** *прежде её водили к нему* (Дост.) — во втором случае сближаются два неопределенно-личных предложения.

§ 32. Тире в сложносочиненном предложении

Если во второй части сложносочиненного предложения содержится неожиданное присоединение или резкое противопоставление, то между ними перед союзом вместо запятой ставится **тире**: *Оковы тяжкие падут, темницы рухнут —* **и** *свобода вас примет радостно у входа* (П.); *Тут раздался лёгкий свист —* **и** *Дубровский умолк* (П.); *Я спешу* *туда ж — **а** там уже весь город* (П.); *Все вскочили, схватились за ружья — **и** пошла потеха* (Л.); *Но вот опять хлынули играющие лучи — **и** весело и величаво поднимается могучее светило* (Т.); *Вавила бросил что-то в костёр, притоптал — **и** тотчас же стало очень темно* (Ч.).

Часто ставится **тире**, если первая часть сложносочиненного предложения или обе части являются н о м и н а т и в н ы м и (назывными) предложениями: *Ещё напор — **и** враг бежит* (П.); *Ещё одна минута объяснения — **и** давнишняя вражда готова была погаснуть* (Г.); *Вот крик — **и** снова всё вокруг затихло* (Л.); *Ещё несколько слов, несколько ласк от матери — **и** крепкий сон овладел мною* (Акс.); *Ещё единый миг — **и** я паду к её ногам* (А.К.Т.); *Пятнадцать лет такой работы — **и** машина человеческого организма вся разбита* (Г.-М.); *Мгновение — **и** всё опять тонуло во мраке* (Кор.); *...Неверное движение руки — **и** машина дробит вам кости* (М.Г.); *Треск разрываемой рубахи — **и** Гаврила лежал на песке* (М.Г.); *Один прыжок — **и** лев уже на спине буйвола* (Купр.); *Ещё год, два — **и** старость...* (Эр.); *Один шаг, один весёлый шаг — **и** открывается вольная жизнь, прозрачная, как воздух, бесконечность!* (Фед.); *Улыбка маленькой дочки, солнечные блики на морозных окнах, удачно подрумяненные хлебы — **и** вот она уже светится, поёт своим тоненьким трепещущим голоском, замешивая пойло коровам* (Ник.); *Сухой треск ракетницы — **и** в небе вспыхивают два рассыпчатых зелёных огня* (Перв.); *Полчаса на отдых — **и** опять за работу!*; *Ещё дня два-три — **и** все разъедутся по своим домам.*

Иногда предложение распадается на две части, между которыми ставится **тире**: *В горах, если столкнуть с высоты камень, он сорвёт в своём полёте другой, третий, они повлекут за собою десятки, которые обвалят сотни, — **и вот** целая лавина каменьев, глыб и комьев земли рушится в пропасть с нарастающим устремлением, и гул раскатывается по горам, и пыль, как дым, застилает склоны, и перекатами бродит по ущельям грозное эхо (Фед.); *Потом стакан остудят, отшлифуют, на цвет, на звон проверят — и тогда вы зачерпнёте воду ключевую, и будет он прозрачен, как вода* (Щип.).

Встречается постановка **тире** в коротких конструкциях типа: *Сфотографировать* **— и** *в газету; Стоит только протянуть руку* **—** *и дело в шляпе; Хотите свежих овощей — пожалуйста; хотите фруктов* **—** *и здесь отказа не будет.*

Примечания: **1.** Если по условиям контекста в конце первой части сложносочинённого предложения нужна запятая, то она сохраняется и перед тире: *Гаврик мог бы сказать торговке, что у них с дедушкой совершенно нет денег, что надо обязательно купить хлеба и мяса для наживки, что требуется всего-навсего копеек пятнадцать — двадцать,* **— но** *стоило ли унижаться?* (Кат.)

2. Для усиления оттенка неожиданности **тире** может ставиться в сложносочинённом предложении после сочинительного союза: *Очень хочется сойти туда к ним, познакомиться,* **но —** *боюсь* (М.Г.).

Раздел 10

Знаки препинания в сложноподчиненном предложении

§ 33. Запятая между главной и придаточной частями сложноподчиненного предложения

1. Придаточная часть сложноподчиненного предложения отделяется или выделяется **запятыми**: *Пока жена готовила завтрак, Данилов вышел в огород* (Пан.); *Сколько он сидел у поверженной ели, Андрей не помнил* (Буб.); *Её пронзительный резкий голос, **какие бывают только на юге**, рассекал расстояние, почти не ослабевая* (Павл.); *Капустин обещал договориться с начальником школы, **чтобы он увеличил Мересьеву число вылетов**, и предложил Алексею самому составить себе программу тренировок* (Пол.); *Впрыскивание воды может служить прямым доказательством, **что болевые влияния сами по себе не в состоянии понизить секрецию*** (И.П.); *Старик приказал сварить мясо по-настоящему, **чтобы оно имело хороший вид*** (Сем.).

2. В составе сложноподчиненного предложения может быть неполное предложение — в главной части или придаточной:

1) неполное в главной части: ***Вот уже два года**, как мы женаты* (ср.: *Мы женаты вот уже два года* — простое предложение); ***Уже месяц**, как он вернулся с юга* (ср.: *Он уже месяц как вернулся с юга* — запятая перед союзом *как* «оторвала» бы сказуемое от подлежащего); ***Уже три недели**, как мы здесь* (ср.: *Мы*

уже три недели как здесь — обстоятельство места выражено сочетанием *как здесь*);

но: *Третий день как он здесь* — простое предложение, тогда как в приведенных выше примерах в главной части предложения подразумевались слова: *прошло с того времени* или *с того момента;*

2) неполное или близкое к неполному в придаточной части: *Трудно было понять, **в чём дело**; Готов помочь, **чем смогу**; Постепенно научились разбираться, **что к чему*** (ср.: *Поймёшь, что к чему*); *Люди знают, **что делают**; Проходите, **кто уже с чеками**; Садитесь, **где свободно**; Делайте всё, **что нужно**; Поставьте, **как вам удобно**; Сообщите, **кому следует**; Ругали решительно все, **кому не лень*** (с оттенком уточнения; ср.: *Листовки свалены в кучу, их берут все кому не лень* — фразеологический оборот со значением «всякий, кто хочет, кому вздумается»); *Пошлите, куда необходимо*; но: *Делай что хочешь* и т.п. (см. § 41, п. 2).

3. Если главная часть сложноподчиненного предложения находится внутри придаточной (в разговорном стиле речи), то **запятая** обычно ставится только после главной части (а перед ней не ставится); ср.: *Хозяйством **нельзя сказать**, чтобы он занимался...* (Г.) — *Нельзя сказать, чтобы он занимался хозяйством; Но слова эти **мне неудобно**, чтобы ты сказала...* (Герц.) — *Но мне неудобно, чтобы ты сказала эти слова.*

Не выделяются запятыми слова *видишь, знаешь* и т.п. в вопросительно-восклицательных предложениях типа: *А он **знаешь** какой хороший!; А он **видишь** что делает?* (см. § 25, п. 8).

4. Не ставится запятая между главной и следующей за ней придаточной частью сложноподчиненного предложения в случаях:

1) если перед подчинительным союзом или союзным словом стоит отрицательная частица *не:*

*В море, в качке, спишь **не когда хочешь, а когда можешь*** (Гонч.); *Попытайтесь выяснить **не что они уже сделали, а что они собираются ещё сделать**; Я пришёл **не чтобы мешать вам в работе, а, наоборот, чтобы помочь**; Римские полководцы считали важным установить **не сколько войск противника перед ними, а где они**; Он знает **не только где водится дичь, но и какие её разновидности там обитают**;*

2) если перед подчинительным союзом или союзным словом стоит с о ч и н и т е л ь н ы й   с о ю з *и, или, либо* и т.д. (обычно повторяющийся): *Учтите **и что он сказал, и как он это сказал**; Он не слышал **ни как сестра вошла в комнату, ни как потом бесшумно вышла**; Я отвечу на ваш запрос **или когда прибудет очередной номер информационного бюллетеня, или когда сам наведу нужную справку*; ср. также при одиночном союзе: *Не представлял себе **и как выбраться из создавшегося положения**; Я знаю **и как это делается**; Мальчика прощали **и когда он никого не слушался**;*

но (при обратном порядке главной и придаточной частей): ***Как звали этого мальчика**, и не припомню;*

3) если придаточная часть состоит из одного с о ю з н о г о   с л о в а (относительного местоимения или наречия): *Я бы тоже желал знать **почему*** (Л.Т.); *Не знаю **почему**, но я его не понимал* (Триф.); *Он ушёл и не сказал **куда**; Он обещал скоро вернуться, но не уточнил **когда**; Трудно сказать **почему**; Мать определяла температуру ребёнка губами: приложит их ко лбу и сразу определит **сколько**; Кто-то подал больному чашку воды, он даже не взглянул **кто**; Я не скажу **какое**, я говорю — большое несчастье.*

Не ставится запятая и если имеется н е с к о л ь к о   о т н о с и т е л ь н ы х   с л о в, выступающих в роли однородных членов предложения: *Не знаю **почему** и **каким образом**, но письмо вдруг исчезло; Позвонят — расспроси **кто** и **зачем**.*

Если при союзном слове имеется частица, то постановка **запятой** факультативна; ср.: *Я не помню, **что*** *именно; Он затрудняется сказать, **что ещё**; Эту цитату можно будет найти, я даже помню **примерно где**.*

В условиях контекста возможна постановка **запятой** и перед одиночным союзным словом. Ср.: *Что же надо делать? Научите, **что*** — усиленное логическое выделение местоимения; *Одно время он что-то шептал, не могли понять — **что?*** (А.Т.) — постановка тире подчёркивает значение местоимения и оправдывается вопросительной интонацией.

5. Если перед подчинительным союзом стоят слова <u>особенно, в частности, то есть, а именно, например, а также, а просто</u> и т. п. с п р и с о е д и н и т е л ь н ы м значением, то запятая после этих слов не ставится (ср. § 24, п. 4): *Не хочется школьникам весной учиться, **особенно** когда тепло и ярко светит солнце; Пришлось проводить дополнительную исследовательскую работу, **в частности** когда началась экспериментальная проверка действия станка; Автор имеет право на получение части гонорара в соответствии с условиями договора, **то есть** когда рукопись одобрена издательством; Экспедицию придётся закончить досрочно при неблагоприятных условиях, **а именно** когда начнётся сезон дождей; На всякий случай имейте при себе удостоверение личности, **например** когда будете получать деньги по почтовому переводу; Аспирант приехал в Москву для встречи со своим научным руководителем, **а также** чтобы поработать в архивах.*

6. Если перед подчинительным союзом стоят у с и л и т е л ь н ы е   ч а с т и ц ы <u>как раз, только, лишь, исключительно</u> и т. п., то **запятая** ставится перед ними вопреки интонации (при чтении пауза перед ними не делается; ср. § 20): *Катя вышла из столовой, **как раз** когда мы шагнули друг к другу через какие-то чемоданы* (Кав.); *Я эту работу выполню, **только** если буду свободен* (ср.: *...если только буду свободен*); *Он приехал, **исключительно** чтобы помочь мне* (ср.: *Он приехал не только чтобы повидаться со мной, но и чтобы* *оказать мне помощь* — влияние отрицательной частицы *не*).

Не ставится запятая после выделительных частиц <u>*вот, ведь*</u>, стоящих перед подчинительным союзом в придаточной части, предшествующей главной: *Хвастаться пока особо нечем, **вот** как работу выполним, тогда приезжайте.*

7. Если между главной и придаточной частями сложноподчиненного предложения стоит в в о д н о е с л о в о, то оно выделяется **запятыми** на общих основаниях: *Он подумал, **возможно**, что я не хочу с ним встречаться; Если есть спрос на что-либо, **значит**, будет и предложение.* Отнесение вводного слова по смыслу к главной или придаточной части определяется условиями контекста. Ср.: *Он сердился, **по-видимому**, потому что лицо его было возбуждённым* (вводное слово относится к главной части: возбужденное лицо может быть следствием, а не причиной его состояния; *Он торопился потому, **по-видимому**, что боялся опоздать на заседание* — вводное слово относится к придаточной части, о чем свидетельствует расчлененность сложного подчинительного союза (см. § 34, п. 2).

§ 34. Запятая при сложных подчинительных союзах

1. Если придаточная часть сложноподчиненного предложения соединена с главной с помощью с л о ж н о г о (составного) п о д ч и н и т е л ь н о г о союза (<u>*благодаря тому что, ввиду того что, вследствие того что, в силу того что, вместо того чтобы, для того чтобы, с тем чтобы, в то время как, оттого что, потому что, несмотря на то что, после того как, перед тем как, прежде чем, с тех пор как, так же как*</u> и др.), то **запятая** ставится один раз:

1) **перед союзом**, если придаточная часть следует за главной или находится внутри нее: *Яблони пропали,* ***оттого что мыши объели всю кору кругом*** (Л.Т.); *...Дыхание становилось всё глубже и свободнее,* ***по мере того как отдыхало и охлаждалось его тело*** (Купр.); *...Потоптались на месте и решили,* ***перед тем как зайдёт солнце****, опять собраться* (Сер.); *Все возы,* ***потому что на них лежали тюки с шерстью****, казались очень высокими и пухлыми* (Ч.);

2) но чаще — п о с л е всей придаточной части, если она предшествует главной: ***Но прежде чем этот кусок успевал упасть на землю****, рабочий с необыкновенной ловкостью обматывал его цепью в руку толщиной* (Купр.); ***После того как началась война и завод перешёл на оборонные заказы****, остановка цехов на сутки, естественно, оказалась невозможной* (Поп.).

Ср. также: *Невозможно задержать развитие общества,* ***так же как невозможно повернуть назад колесо истории****; Силы накапливались,* ***по мере того как здоровье шло на поправку****; Последнее время они не встречались,* ***с тех пор как она уехала****; Выставили часовых,* ***для того чтобы предупредить всякую возможность внезапного нападения****; Помогите мне,* ***подобно тому как вы ему помогли****; Ему удалось добиться своего,* ***благодаря тому что его вовремя поддержали товарищи****; Подсудимый продолжал отрицать свою вину,* ***несмотря на то что был полностью изобличён****.*

2. Однако в зависимости от смысла и интонации, логического подчеркивания придаточной части сложноподчиненного предложения, наличия в предложении определенных лексических элементов и других условий сложный союз может р а с п а д а т ь с я на две части: первая входит в состав главной части как соотносительное слово, а вторая выполняет роль союза; в этих случаях **запятая** ставится только перед второй частью сочетания (т.е. перед союзами *что, чтобы,* *как*)¹. Ср.: *Он не пришёл,* **потому что заболел** — упор в сообщении делается на самый факт неявки, причина ее не подчеркивается; *Он не пришёл потому,* **что заболел** — на первый план выдвигается указание на причину неявки.

Ср. также: **Благодаря тому что лето было очень жаркое и сухое**, *понадобилось поливать каждое дерево* (Ч.); *Уже через несколько минут это маленькое хрупкое лицо казалось прелестным, именно* б л а г о д а р я т о м у, **что оно было таким неправильным** (Кар.);

Вы обещали, **в случае если у вас будет повесть**, *не забыть нас* (Дост.); *В случае,* **если за вами кто-нибудь и прилипнет**, *то пускай видит, куда вы пошли* (Кат.);

Всякому человеку, **для того чтобы действовать**, *необходимо считать свою деятельность важною и хорошею* (Л.Т.); *Всё это сказано* д л я т о г о, **чтобы возбудить внимание к жизни многотысячной армии начинающих писателей** (М.Г.);

Мало того что стебель кололся со всех сторон... — *он был так страшно крепок, что я бился с ним минут пять* (Л.Т.); *Но* м а л о т о г о, **что не было никогда такой неприязни**, *василёк с древних времён участвовал во многих красивых обрядах и празднествах* (Сол.);

Раскольников молчал и не сопротивлялся, **несмотря на то что чувствовал в себе достаточно сил приподняться** (Дост.); *Несмотря на то,* **что ветер... свободно носился над морем**, *тучи были неподвижны* (М.Г.);

Перед тем как они спустились в блиндаж, *он ещё успел заметить, как бойцы возле зениток... отняли от стволов какие-то тяжёлые части* (Ф.); *Он выскочил из дома в самый последний момент перед тем,* **как обрушилась крыша** (Ил.);

Подобно тому как сила магнита притягивает к себе железную опилочную мелочь, *города втягивают,*

---
¹ Подробнее см.: *Ляпон М.В.* О значении запятой при расчленении составного союза// *Современная* русская пунктуация. М., 1979 (оттуда заимствованы и некоторые примеры).

всасывают в себя людей, живущих на прилегающих пространствах (Сол.); *Подобно тому,* **как стиль писателя** — *сконцентрированное выражение внутренних движений эмоционального разума,* портрет — овеществлённый психологический мир (Бонд.);

По мере того как семейство моё богатело, старые фавориты незаметно исчезали из нашего дома (С.-Щ.); *Хороводы звёзд чудными узорами сплетались на далёком небосклоне и одна за другой гасли по мере того,* **как бледноватый отблеск востока разливался по тёмно-лиловому своду** (Л.);

Только после того как миновало часа четыре дежурства у постели Степана, *Иван Иванович отошёл душой* (Копт.); *И даже после того,* **как стихи напечатаны,** *он снова и снова возвращается к ним...* (Чук.);

Прежде нежели начать доказывать, *надобно ещё заставить себя выслушать* (С.-Щ.); *Но прежде,* **нежели в седло садиться,** *он долгом счёл к коню с сей речью обратиться* (Кр.);

Прежде чем я остановился в этом берёзовом леску, *я со своей собакой прошёл через высокую осиновую рощу* (Т.); *Но прежде,* **чем говорить о личности офицера и его разговоре,** *необходимо попристальнее взглянуть на внутренность его балагана и знать хоть немного его образ жизни и занятия* (Л.Т.);

Командир бригады принял решение прекратить преследование до рассвета, **с тем чтобы к утру подтянуть резервы** (Ш.); *Я пригласил вас, господа,* **с тем, чтобы сообщить вам пренеприятное известие** (Г.);

С тех пор как она отказала Андрею, *старик был с Нонной официально сух* (Пан.). *С тех пор,* **как ямщик мой ехал сзади,** *он сделался как будто веселее и разговорчивее* (Л.Т.).

Расчленение сложного союза наблюдается и в следующих предложениях: *Дедушка приказал не будить Татьяну до тех пор,* **пока сама не проснётся** (Акс.);

Уже более трёх часов прошло с тех пор, **как я присоединился к мальчикам** (Т.); *Левину хотелось, чтобы солнце не взошло прежде*, **чем он дойдёт до болота** (Л.Т.); *Как будто оттого*, **что траве не видно в потёмках своей старости**, *в ней поднимается весёлая, молодая трескотня* (Ч.); *Бомбы падают в воду, в песок, в болото потому*, **что строй вражеских самолётов разбит и разорван** (Гайд.); *Гореву просили быть переводчицей на случай*, **если гости заинтересуются замком** (Павл.); *Разошлись по домам после того*, **как отряд остановился в центре города** (Н.О.).

3. К условиям расчленения сложного союза относятся:

1) наличие перед союзом о т р и ц а т е л ь н о й ч а с т и ц ы *не: Пастухов сошёлся с Цветухиным не **потому**, **что тяготел к актёрам*** (Фед.); *Москва выглядела пустовато не **оттого**, **что убавилось жизни в ней**, а **потому**, **что война вымела из неё всё постороннее**...* (Леон.); *В Ландсберг Винкель шёл не **потому**, **что жаждал продолжать свою разведывательную деятельность*** (Каз.);

2) наличие перед союзом у с и л и т е л ь н ы х, о г р а н и ч и т е л ь н ы х и других ч а с т и ц: *Он разрешил молчание разве только **для того**, **чтобы журить своих дочерей*** (П.); *Он держит Евпраксеюшку лишь **потому**, **что благодаря ей домашний обиход идёт не сбиваясь с однажды намеченной колеи*** (С.-Щ.); *Наташа в эту зиму в первый раз начала серьёзно петь и в особенности **оттого**, **что Денисов восторгался её пением*** (Л.Т.); *Неравнодушен я к ней только **потому**, **что она ко мне равнодушна*** (Эр.); *Водитель как раз **для того**, **чтобы люди схлынули**, застопорил машину против калитки* (Ф.); *Стоит ли отказываться от трудного дела только **потому**, **что оно трудно**?* (Крым.);

3) наличие перед союзом в в о д н о г о с л о в а: *...Всё это имеет для меня неизъяснимую прелесть, может быть, **оттого**, **что я уже не увижу их*** (Г.); *Молодые*

*тетеревята долго не откликались на мой свист, вероятно, **оттого, что я свистел недостаточно естественно*** (Т.); *Здесь, в кухне, тоже ночь, но в окнах, может быть, **потому, что лампа здесь слабее**, всё же я вижу как будто признаки дня* (Ол.);

4) включение первой части (соотносительного слова) в ряд однородных членов предложения или параллельных конструкций: *Река приняла особенный вид **потому, что вода видна сквозь голые сучья**, а ещё более **потому, что пропал от холода водяной цвет*** (Акс.); *Хозяйственная часть в доме Пшеницыной процветала не **потому только, что Агафья Матвеевна была образцовая хозяйка**, но и **потому ещё, что Иван Матвеевич Мухояров был в гастрономическом отношении великий эпикуреец*** (Гонч.); *Нехлюдов заехал к тётушкам **потому, что имение их было по дороге к прошедшему вперёд его полку**, и **потому, что они его очень об этом просили*** (Л.Т.); *Ромашов же краснел до настоящих слёз от своего **бессилия** и **растерянности**, и от боли за оскорблённую Шурочку, и **оттого, что ему сквозь оглушительные звуки кадрили не удавалось вставить ни одного слова*** (Купр.).

4. Некоторые союзы при «разрыве» на две части резко меняют свое значение, поэтому вариантов пунктуации не допускают. Ср.: *Мост прогнил, **так что по нему опасно ехать*** — указывается следствие; *Мост прогнил **так, что по нему опасно ехать*** — указывается степень признака. Ср. также:

*Мы сидели на углу бастиона, **так что в обе стороны могли видеть всё*** (Л.); *Он исхудал за одну ночь **так, что остались только кожа и кости*** (Л.Т.);

*На дворе стояла совершенно чёрная, непроницаемая ночь, **так что сначала Ромашову приходилось, точно слепому, ощупывать перед собой дорогу*** (Купр.); *Потом он встал, потянулся **так, что хрустнули кости*** (М.Г.);

*После этого у Ани не было уже ни одного свободного дня, **так как она принимала участие то в пикнике, то*** *в прогулке, то в спектакле* (Ч.); *Незнакомец не рассматривал нас так, как рассматривали мы его* (Арс.).

5. Чаще не расчленяется сложный подчинительный союз, если придаточная часть сложноподчиненного предложения предшествует главной: ***По мере того как бричка близилась к крыльцу****, глаза Манилова делались веселее* (Г.); ***С тех пор как я женился****, я уж от тебя прежней любви не вижу* (Остр.); ***Прежде чем Самгин догадался помочь ей****, она подняла с полу книжку* (М.Г.); ***После того как повязку сняли****, боли до некоторой степени прошли* (Фед.); ***Перед тем как взяться за скрипку****, он засучивал рукава рубахи, обнажал грудь и становился у окна* (Фед.); ***До того как она стала работать на почте****, она не задумывалась над проблемой её доставки в отдалённые места* (газ.); ***Прежде чем ответить свахам****, Степан переглянулся с женой* (Марк.).

6. Не расчленяются сложные союзы <u>в то время как, между тем как, тогда как, словно как</u>, а также простые союзы и примыкающая к ним усилительная частица (<u>даже если, лишь когда, лишь только, только лишь, едва лишь, едва только, чуть только</u> и т.п.): *...Встретивши Гапку, начал бранить, зачем она шатается без дела,* ***между тем как она тащила крупу в кухню*** (Г.); *...Она осознала в себе силы и решилась бороться с мужем, без слёз и жалоб, требовать,* ***тогда как до сих пор она только плакала*** (Пом.); *Почему-то в ожидании его на месте,* ***в то время как он бродил по роще****, она увидела себя взрослой, а его — маленьким* (Фед.); ***Лишь только Божие проклятье исполнилось****, с того же дня природы жаркие объятья навек остыли для меня* (Л.); ***Словно как мать над сыновней могилой****, стонет кулик над равниной унылой* (Н.); ***Но едва только он отъехал от Багратиона****, как силы изменили ему* (Л.Т.).

§ 35. Знаки препинания в сложноподчиненном предложении с несколькими придаточными

1. Между однородными придаточными частями сложноподчиненного предложения, не связанными союзами, ставится **запятая**: *Я помню, как мы бежали по полю, как жужжали пули, как падали отрываемые ими ветки, как мы пробирались сквозь кусты боярышника* (Гарш.); ***По хутору поползли слухи, что хлеб собирается для отправки за границу, что посева в этом году не будет, что с часу на час ожидается война*** (Ш.); ***Кто не чувствует уверенности в своих силах, у кого нет решимости,*** *пусть уж лучше останется на своём теперешнем месте* (Аж.).

2. Если после однородных придаточных частей сложноподчиненного предложения стоит о б о б щ а ю щ е е с л о в о, которому предшествует в в о д н о е с л о в о или словосочетание (*словом, одним словом, короче говоря* и т.п.), то перед последним ставятся **запятая** и **тире** (в отличие от перечисления однородных членов простого предложения, когда в подобном случае ставится только тире; см. § 25, п. 2), а после него — **запятая**: *На одном из перегонов разговорились про частные дела,* ***кто откуда, чем занимался, в какой среде вырос,*** *— с л о в о м, на темы бескрайние* (Фурм.).

(О постановке точки с запятой в сложноподчиненном предложении см. § 37.)

3. Между о д н о р о д н ы м и придаточными частями сложноподчиненного предложения, связанными н е п о в т о р я ю щ и м и с я соединительными или разделительными с о ю з а м и, запятая не ставится: *Отец мой говорил,* ***что он не видывал таких хлебов и что нынешний год урожай отличный*** (Акс.); *Чудилось,* ***будто корчуют сразу весь лес и выдираемые из земли корни и сама земля стонут и вопят от боли*** (Фед.) —

повторяющихся союзов здесь нет (первый союз *и* соединяет две придаточные части, второй — однородные подлежащие *корни* и *земля*, третий — однородные сказуемые *стонут* и *вопят*); ***Что это за соединение и кто такой Ковпак,*** мы тогда ещё не знали (Медв.).

Примечание. Следует различать случаи, когда одиночный союз *и* соединяет однородные придаточные части (запятая перед *и* не ставится), и случаи, когда союз *и* соединяет два независимых предложения или однородные члены в главной части, между которыми находится придаточная часть (запятая перед *и* ставится). Ср.: *В газетной заметке указывается,* ***что ожидаются заморозки и следует принять меры к защите ранних овощей от холода*** — в заметке не только предупреждается о наступлении заморозков, но и даются рекомендации насчет защиты овощей; *В газетной заметке указывается,* ***что ожидаются заморозки,*** *и следует принять меры к защите ранних овощей от холода* — в заметке делается только предупреждение о возможных заморозках, а вывод о необходимости принять соответствующие меры делает уже читатель.

Однозначное толкование подсказывает пунктуация такого текста: *Хаджи Мурат так задумался,* ***что не заметил, как нагнул кувшин,*** *и вода лилась из него* (Л.Т.) — при отсутствии запятой перед союзом *и* независимое предложение *вода лилась из него* стало бы соподчиненной придаточной частью (*...не заметил, как нагнул кувшин и как вода лилась из него*). Аналогичный пример: *Мысль о скорой разлуке со мной так поразила матушку,* ***что она уронила ложку в кастрюльку,*** *и слёзы потекли по её лицу* (П.) — при отсутствии запятой перед *и* текст имел бы такой вид: *...так поразила матушку, что... слёзы потекли по её лицу.*

4. При повторяющихся сочинительных союзах между соподчиненными придаточными частями сложноподчиненного предложения ставится **запятая**: *Находясь в госпитале, он вспоминал,* ***как фашисты напали на них внезапно, и как они оказались в окружении, и как отряду всё же удалось пробиться к своим*** (газ.).

5. Союзы <u>*ли...или*</u> рассматриваются как повторяющиеся, и придаточные части сложноподчиненного предложения, связанные этими союзами, разделяются **запятой**: *И долго все присутствовавшие оставались в недоумении, не зная,* ***действительно ли они видели эти необыкновенные глаза, или это была просто***

мечта... (Г.); ...*Налево всё небо над горизонтом было залито багровым заревом, и трудно было понять,* **был ли то где-нибудь пожар, или же собиралась всходить луна** (Ч.); *После этого решится,* **будет ли он воевать, летать, жить, или сму будут вечно уступать место в трамвае и провожать его сочувственными взглядами** (Пол.).

Примечание. Для конструкций с союзами *ли...или* устанавливаются следующие пунктуационные правила:

1) **запятая не ставится**, если *ли...или* соединяют однородные члены предложения: *Поддержит ли он меня или не поддержит?* (см. § 13, п. 12). Ср. однородные члены с этим же союзом в придаточной части: *Нехлюдов понял это слово и этот взгляд так, что она хочет знать,* **держится ли он своего решения или принял её отказ и изменил его** (Л.Т.);

2) **запятая** ставится, если *ли...или* соединяют независимые вопросительные предложения: *Плохо ли вам было у Плюшкина, или, просто, по своей охоте гуляете по лесам да дерёте прохожих?* (Г.) (см. § 30, п. 1, прим. 1);

то же, если сложносочинённое предложение с *ли...или* имеет после себя предложение, содержащее заключение либо вывод: *Слова ли Чичикова были на этот раз так убедительны, или же расположение духа в этот день у него было особенно настроено к откровенности — он вздохнул, сказал, пустивши кверху трубочный дым...* (Г.); *Затевались ли в городе свадьбы, или кто весело справлял именины,* **Пётр Михайлыч всегда с удовольствием рассказывал об этом** (Пис.);

3) **запятая** ставится между частями с союзами *ли...или*, раскрывающими содержание общей подчиняющей части: **Оставался ещё не решённым вопрос:** *начнёт ли батальон Сабурова марш к Сталинграду,* **или же, после ночёвки, утром сразу двинется весь полк** (Сим.);

4) **запятая** ставится, если союзами *ли...или* связаны соподчинённые придаточные части: *...Трудно было понять,* **наступают ли это сумерки, или это тучи так непроницаемо окутали землю** (Баб.).

Следовательно, запятая не ставится, если *ли...или* соединяют однородные члены предложения, и ставится, если они соединяют части предложения.

6. Между придаточными частями сложноподчинённого предложения с **последовательным подчинением запятая** ставится на общих основаниях: *Виктор попросился в забойщики, потому что он слы-*

шал, *что это самая почётная профессия на шахте* (Горб.); ...*Боброву вспоминались читанные им в каком-то журнале стихи, в которых поэт говорит своей милой, что они не будут клясться друг другу, потому что клятвы оскорбили бы их доверчивую и горячую любовь* (Купр.); *Я уже говорил вам, что в тот удивительный вечер, когда мы чествовали вас, наша милая фея назвала вас ребёнком* (Пог.).

§ 36. Запятая на стыке двух союзов

1. При последовательном подчинении одна придаточная часть сложноподчиненного предложения может оказаться внутри другой и произойдет «встреча» двух подчинительных союзов или подчинительного союза и союзного слова: *Я думаю, что, когда заключённые увидят лестницу, многие захотят бежать* (М.Г.) — запятая разделяет подчинительные союзы *что* и *когда; Горничная была сирота, которая, чтобы кормиться, должна была поступить в услужение* (Л.Т.) — запятая разделяет союзное слово *которая* и подчинительный союз *чтобы*. Основанием для такой пунктуации служит то обстоятельство, что вторую придаточную часть можно изъять из текста или переставить в другое место — в конец сложноподчиненного предложения.

Однако не всегда такая несложная операция может быть проделана. Сопоставим два предложения с почти совпадающим лексическим составом, но с небольшим добавлением во втором из них: *Он сказал, что, если будет свободен, вечером придёт ко мне; Он сказал, что если будет свободен, то вечером придёт ко мне* — добавлена вторая часть двойного союза *если...то*. Пунктуация различна: в первом предложении (между рядом стоящими подчинительными союзами стоит запятая) вторую придаточную часть можно изъять или переставить без нарушения структуры предложения; во втором предложении этого сделать нельзя, так как с изъятием или перестановкой второй придаточной части рядом окажутся слова *что...то*, а такое соседство нарушает стилистические нормы литературного языка. Ср. также: *Мечик почувствовал, что, если вновь придётся отстреливаться, он уже ничем не будет отличаться от Пики* (Ф.); *Я уже подумал, что если в сию решительную минуту не переспорю старика, то уже впоследствии трудно мне будет освобождаться от его опеки* (П.).

Таким образом, при «встрече» двух подчинительных союзов (или подчинительного союза и союзного слова) **запятая** между ними ставится, если изъятие второй придаточной части не требует перестройки главной части (практически — если дальше не следует вторая часть двойного союза *то, так* или *но,* наличие которой требует такой перестройки), и не ставится, если дальше следует указанная вторая часть двойного союза. Ср.:

(запятая ставится) *Казалось, дорога вела на небо, потому что, сколько глаз мог разглядеть, она всё поднималась* (Л.); *...Он всегда чувствовал несправедливость своего избытка в сравнении с бедностью народа и теперь решил про себя, что, для того чтобы чувствовать себя вполне правым, он... теперь будет ещё больше работать и ещё меньше позволять себе роскоши* (Л.Т.); *...Оказалось, что, хотя доктор и говорил очень складно и долго, никак нельзя было передать того, что он сказал* (Л.Т.); *Медведь так полюбил Никиту, что, когда он уходил куда-нибудь, зверь тревожно нюхал воздух* (М.Г.); *Я зачитался до того, что, когда услыхал звонок колокольчика на парадном крыльце, не сразу понял, кто это звонит и зачем* (М.Г.); *Таким образом, противник сам для себя создаёт обстановку, в которой, если мы без колебания будем решительны и смелы, он сам подставит нам для разгрома свои главные силы* (А.Т.); *Этот беззвучный разговор взглядов так взволновал Лизу, что, когда она села за столик в большом зале, её глаза, не отвечая никому, тоже говорили о смущении* (Фед.); *Наконец он почувствовал, что больше не* может, что никакая сила не сдвинет его с места и что, если теперь он сядет, ему уже больше не подняться (Пол.);

(запятая не ставится) *Собакевич... в четверть часа с небольшим доехал его [осетра] всего,* **так что когда полицмейстер вспомнил было о нём... то увидел, что от произведения природы оставался всего один хвост** (Г.); *У Антона Прокофьевича были, между прочим, одни панталоны такого странного свойства,* **что когда он надевал их, то всегда собаки кусали его за икры** (Г.); *За огородом следовали крестьянские избы,* **которые хотя были выстроены врассыпную и не заключены в правильные улицы, но показывали довольство обитателей** (Т.); *Хаджи Мурат сел и сказал,* **что если только пошлют на лезгинскую линию и дадут войско, то он ручается, что поднимет весь Дагестан** (Л.Т.); *Паром подвигался с такой медленностью,* **что если бы не постепенная обрисовка его контуров, то можно было бы подумать, что он стоит на одном месте или же идёт к тому берегу** (Ч.); *Слепой знал,* **что в комнату смотрит солнце и что если он протянет руку в окно, то с кустов посыплется роса** (Кор.); *Кто не знает,* **что когда больному курить захотелось, то это значит то же самое, что жить захотелось** (Пришв.); *Вот почему местные жители убеждены,* **что если бы можно было взорвать ущелья на падуне и понизить уровень озера, то и берега бы пообсохли и выросла бы трава хорошая** (Пришв.); *Но, вероятно, в мире уже что-то произошло или в это время происходило — роковое и непоправимое, —* **потому что хотя стояло всё то же горячее приморское лето, но дача уже не показалась мне римской виллой** (Кат.).

2. Между сопоставительным и подчинительным союзами запятая не ставится: *Не столько потому, что мать сказала ей, сколько потому, что это был брат Константина,* для Кити эти лица вдруг показались в высшей степени неприятны (Л.Т.); *О своих наблюдениях сообщите* **не только когда начнутся**

испытания станка, но и в ходе всего эксперимента; Статья заслуживает внимания как **потому, что** затронутые в ней вопросы актуальны, **так и потому, что** исследованы они серьёзно и глубоко.

3. При «встрече» сочинительного союза и подчинительного (или союзного слова) **запятая** между ними ставится или не ставится в зависимости от условий, указанных выше (п. 1). Ср.:

(запятая ставится) *Григорий, обожжённый внезапной и радостной решимостью, с трудом удержал коня и, когда последняя сотня, едва не растоптав Степана, промчалась мимо, подскакал к нему* (Ш.) — при изъятии придаточной части с союзом *когда* предложно-именное сочетание *к нему* становится неясным, но в структурном отношении такое изъятие возможно, поэтому запятая между сочинительным и подчинительным союзами в подобных случаях обычно ставится; *В господский дом Муму не ходила и, когда Герасим носил в комнаты дрова, всегда оставалась назади и нетерпеливо его выжидала у крыльца* (Т.); *Левин простился с ними, но, чтобы не оставаться одному, прицепился к своему брату* (Л.Т.);

(запятая не ставится) *Ноги женщины были обожжены и босы, и когда она говорила, то рукой подгребала тёплую пыль к воспалённым ступням, словно пробуя этим утишить боль* (Сим.) — при изъятии или перестановке придаточной части с союзом *когда* рядом окажутся слова *и...то*; *Холодной ночью... мальчик стучал в незнакомые дома, выспрашивая, где живёт Ознобишин, и если ему не отвечало мёртвое молчание, то раздавался бранчливый окрик либо подозрительный опрос* (Фед.); *Николай Николаевич старается идти рядом с ним, но так как он путается между деревьями и спотыкается, то ему часто приходится догонять своего спутника вприпрыжку* (Купр.); *Печально поглядывал он по сторонам, и ему становилось невыносимо жаль и небо, и землю, и лес, а когда самая высокая нотка свирели пронеслась протяжно в воздухе и задрожала, как голос плачущего человека, ему стало чрезвычайно горько и обидно на непорядок, который замечался в природе* (Ч.) — после противительного союза *а* запятая в этих случаях, как правило, не ставится, даже если дальше не следует вторая часть двойного союза *то*, поскольку ни изъятие, ни перестановка придаточной части невозможны без перестройки главной части; *Звуки постепенно замирали,* **и чем дальше уходили мы от дома, тем глуше и мертвее становилось вокруг** (М.Г.) — союз *и* присоединяет целое сложноподчиненное предложение; *Он давно уже уехал,* **и где он теперь, никто не знает** — союз *и* присоединяет целое сложноподчиненное предложение.

4. При «встрече» соединительного союза *и* и подчинительного союза возможны следующие случаи:

1) **запятая** ставится только перед союзом *и* (независимо от того, соединяет ли он однородные члены предложения, самостоятельные предложения или соподчиненные придаточные части), если после придаточной части следует вторая часть двойного союза *то, как* или *но* (в этом случае союз *и* присоединяет целое сложноподчиненное предложение): *Он носил тёмные очки, фуфайку, уши* **закладывал ватой, и когда садился на извозчика, то приказывал** *поднимать верх* (Ч.) — союз *и* соединяет однородные члены предложения; *Изредка маленькая снежинка прилипала снаружи к стеклу,* **и если пристально вглядеться, то можно было увидеть её тончайшее кристаллическое строение** (Пауст.) — союз *и* соединяет простые предложения; *Врач сказал,* **что больному нужен покой, и если мы** *не хотим тревожить его,* **то должны выйти из палаты** — союз *и* соединяет соподчиненные придаточные части; *Выясните, пожалуйста,* **прочитал ли рецензент рукопись, и если прочитал, то каково его мнение о ней** — союз *и* соединяет соподчиненные придаточные части;

2) **запятая** ставится только после союза *и*, если он соединяет два однородных члена предложения или две соподчинённые придаточные части и дальше не следует вторая часть двойного союза: *Он думал удивить её своею щедростью, но она даже бровью **не повела и**, когда он от неё отвернулся, презрительно **скорчила свои стиснутые губы*** (Т.); *По-видимому, своим словам **придавал он не малое значение и**, чтобы усугубить им цену, **старался произносить их врастяжку*** (Ч.); *Выяснилось, **что рукопись окончательно ещё не отредактирована и**, пока не будет проведена дополнительная работа над нею, **сдавать её в набор нельзя***;

3) **запятая** ставится и перед союзом *и*, и после него, если он соединяет два простых предложения (причем после придаточной части не следует вторая часть двойного союза): ***Крепкий был человек Гуляев, и**, когда он вернулся на Урал, **за ним тянулась блестящая слава миллионера*** (М.-С.); ***Почему-то про него говорили, что он прекрасный художник, и**, когда у него умерла мать, **бабушка отправила его в Москву, в Комиссаровское училище*** (Ч.); ***Этот новорождённый барин особенно раздражал Самгина, и**, если б Клим Иванович был способен ненавидеть, **он ненавидел бы его*** (М.Г.); *...**В голове стало легче, яснее, всё как-то сгустилось, и**, пока в голове происходило это сгущение, **на улице тоже стало тише*** (М.Г.); ***Спокойно-красивую Елизавету Михайловну она разглядывала большими умилёнными глазами, и**, когда та ласкала её мягкой и нежной рукой, **у неё сладко замирало сердце*** (С.-Ц.); ***Лиза пошла безлюдной площадью, и**, когда ноги её стали тяжело срываться с круглых лысин булыжника, **она вспомнила, как возвращалась этой площадью солнечным днём после первой встречи с Цветухиным*** (Фед.); ***Резвый ветер с моря надул паруса, и**, когда солнце взошло, а городские стены остались за кормою последнего струга, **громкая песня разлилась над простором Волги*** (Зл.); ***А женщина всё говорила и говорила о своих несчастьях, и**, хотя слова её были привычными, **у Сабурова от них вдруг защемило**

сердце (Сим.); ***На поворотах нарту бросало к берегам, и, чтобы она не разбилась об острые камни, торчащие из-под снега, Алитет отталкивался ногами*** (Сем.).

5. Постановка **запятой** между присоединительным союзом (в начале предложения, после точки) и следующим за ним подчинительным союзом зависит от значения союза:

1) как правило, после союза *и* запятая не ставится: ***И когда** Левинсон, выполнив все будничные дела, отдал наконец приказ выступать, — в отряде наступило такое ликование, точно с этим приказом на самом деле кончались всякие мытарства* (Ф.); ***И хотя** погода значительно улучшилась, опасность засухи не миновала; **И вместо того чтобы** свернуть направо, по ошибке поехали прямо;*

2) после присоединительного союза *а* запятая также не ставится: ***А когда** взошло солнце, перед нами открылся вид на снеговую вершину; **А если** верить сообщениям синоптиков, завтра должно наступить потепление;*

3) после союза *но* **запятая** не ставится при отсутствии паузы между союзами и ставится, если пауза делается; ср.: ***Но когда** он, опираясь на палку, вышел из штабного автобуса на площадь... и, не ожидая, пока его обнимут, сам стал обнимать и целовать всех, кто попадал в его объятия, что-то защемило в ране* (Павл.); ***Но, если** даже противнику удавалось отбить атакующих, пехота снова бросалась в атаку* (Сим.);

4) после союза *однако* **запятая** обычно ставится: ***Однако, если** обстоятельства того потребуют, я в стороне стоять не буду.*

Примечание. Для различных случаев употребления присоединительного союза в самом начале предложения устанавливаются следующие правила:

1) **запятая** ставится после союзов *и* и *но* и не ставится после союза *а*, если дальше следует обособленный оборот (чаще всего — конструкция с деепричастием): ***И,** задержавшись у выхода, он обернулся; **Но,** не желая возвращаться к сказанному, докладчик это место своего сообщения пропустил; **А** услышав эти слова, он воскликнул...* (см. § 20);

2) запятая, как правило, не ставится после присоединительного союза, если дальше следует вводное слово или вводное предложение: *И вероятно, вы его не дождётесь; Но может быть, вопрос ещё не рассматривался; А впрочем, и этот вариант приемлем; И представьте себе, случайный ответ оказался верным* (см. § 25, п. 6);

3) **запятая** ставится перед придаточной частью в зависимости от значения присоединительного союза и наличия или отсутствия паузы при чтении (см. § 36, п. 5).

§ 37. Точка с запятой в сложноподчиненном предложении

Если **однородные придаточные части** сложноподчиненного предложения **распространены**, особенно если внутри них имеются запятые, то между такими придаточными частями вместо запятой может ставиться **точка с запятой**: *О чём же думал он? О том, что был он беден; что трудом он должен был себе доставить и независимость, и честь; что мог бы Бог ему прибавить ума и денег; что ведь есть такие праздные счастливцы, ума недальнего, ленивцы, которым жизнь куда легка* (П.); *Давыдову становилось чуточку грустно оттого, что там теперь многое изменилось; что он теперь уже не сможет ночи напролёт просиживать за чертежами; что теперь о нём, видимо, забыли* (Ш.).

§ 38. Тире в сложноподчиненном предложении

1. Тире ставится для интонационного отделения главной части сложноподчиненного предложения от придаточной. Чаще всего **тире** употребляется в тех случаях, когда главной части предшествует:

1) придаточная **изъяснительная**: *Как он добрался сюда — уж этого никак не мог он понять* (Г.); *Как рассказывал учитель — долго слушал у окна я* (Пл.);

*Конечно, хорошо, что он с ней венчается, а **как жить будут** — кто знает* (М.Г.); ***За что он её мучил** — она так и не спросила; **Он придёт, но когда** — не знаю* (ср. при другом порядке частей: *Не знаю, когда он придёт*); *Они уехали, **но куда** — не сказали;* ***А вот чтобы при всех признать свою вину** — духу не хватает;* ***Ответила ли она на его письмо или нет** — он так и не узнал;* ***Что он человек знающий** — факт; Появились какие-то новые слухи о нём, **но какие** — неизвестно; **Кто не любит искусства** — или чёрств душой, или глух ко всему прекрасному; **Как быть в таких случаях** — спрашивают радиослушатели;*

2) придаточная условная (обычно с союзами *ли...ли, ли...или*): *Буде кто спросит о чём — молчи* (П.); ***Голова ли думает, сердце ли чувствует или руки перевёртывают стаканы** — всё покрывается равными плесками* (Г.); ***Взгляну ли вдаль, взгляну ли на тебя** — и в сердце свет какой-то загорится* (Фет); ***Сознавал ли Иудушка, что это камень, а не хлеб, или не сознавал** — это вопрос спорный* (С.-Щ.);

3) придаточная уступительная: ***Пускай, как хотят, тиранят, пускай хоть кожу с живой снимут** — я воли своей не отдам* (С.-Щ.); ***Сколько бы ни смотреть на море** — оно никогда не надоест* (Кат.).

2. Условия, благоприятствующие постановке **тире**:

1) параллелизм структуры сложноподчиненного предложения: *Пахарь ли песню вдали запоёт — долгая песня за сердце берёт; лес ли начнётся — сосна да осина* (Н.); *Кто весел — тот смеётся, кто хочет — тот добьётся, кто ищет — тот всегда найдёт!* (Л.-К.); *Если кто придёт — радуюсь, если никто не заглянет — тоже не горюю; Что было — известно, что будет — никому не ведомо;*

2) неполнота состава предложения в придаточной части: *Одни спрашивают, почему произошла задержка с решением вопроса, другие — **почему он вообще возник**; третьи — **отчего попутно не рассматриваются и остальные вопросы**; Он человек неплохой, да жаль — **пьяница**; Я что-то ответил, **что** — я и сам не помню;*

3) наличие слов *это, вот*: *Что она натура честная — **это мне ясно** (Т.); Когда муха назойливо вьётся перед вашими глазами — **это неприятно**, но когда комар ночью неустанно трубит над вашим ухом — **это просто невыносимо**; Что замечательно в этом лесе — **это** что он весь из сосен; Где он сейчас, чем занимается — **вот вопросы**, на которые я не мог получить ответов; А что он был умница — **это вы можете мне поверить**; Что он в ней нашёл — **это его дело**;*

4) перечисление придаточных частей: ***Если не уверен в себе, если не хватает мужества** — откажись; Кругом люди, и кто зачем пришёл, у кого какое дело — неясно; А что творилось в этом хаосе вещей, как он в нём разбирался — уму непостижимо; Он, чтобы показать, **что всё это знает и со всем согласен, что он далёк от каких-либо сомнений** — тут же предложил свои услуги;*

5) обилие запятых, на фоне которых тире выступает как более выразительный знак: *Зато мы приобрели опыт, а за опыт, как говорится, сколько ни заплати — не переплатишь;*

6) интонационное отделение главной части от следующей за ней придаточной: *Вы спросите — зачем я пошёл на это?; А вы уверены — нужно ли это?;*

7) между соподчиненными придаточными частями, если опущен противительный союз или вторая часть сопоставительного союза: *Художественность состоит в том, **чтобы каждое слово было не только у места** — чтобы оно было необходимо, неизбежно и чтобы как можно было меньше слов* (Черн.).

§ 39. Двоеточие в сложноподчиненном предложении

Двоеточие ставится перед подчинительным союзом в тех редких случаях, когда в предшествующей главной части сложноподчиненного предложения содержится особое предупреждение о последующем разъяснении (в этом месте делается длительная пауза и можно вставить слова *а именно*): *И, сделав это, почувствовал, что результат получился желаемый: что он тронут и она тронута* (Л.Т.); *Хаджи Мурат сидел рядом в комнате и, хотя не понимал того, что говорили, понял то, что ему нужно было понять: что они спорили о нём* (Л.Т.); *Теперь, когда их воинский долг был выполнен, когда они внесли ясность в запутанную обстановку бухты, когда важнейшее задание было обеспечено, — они думали о том, о чём до сих пор ни у одного из них не мелькнуло и мысли: что они спасены, что они не утонули, что в этом громадном ночном море они не проскочат мимо крохотного катерка, стоящего на якоре* (Соб.); *Я боюсь одного: чтобы переутомление наших людей не отразилось на их работе по уходу за ранеными* (Пан.); *С каждым днём становилась всё более очевидной та мысль, которую нам не раз высказывали сами американцы: что газеты в США — это ещё не общественное мнение* (газ.).

§ 40. Запятая и тире в сложноподчиненном предложении

Запятая и тире в качестве е д и н о г о з н а к а препинания ставятся в сложноподчиненном предложении:

1) перед главной частью, которой предшествует ряд о д н о р о д н ы х п р и д а т о ч н ы х, если подчеркивается распадение сложного предложения на две части (перед главной частью делается длительная пауза): *Кто виноват из них, кто прав, — судить не нам* (Кр.); *Делал ли что-нибудь для этого Штольц, что делал и как делал, — мы этого не знаем* (Добрл.); *Сколько их было всего, этих людей, пришли ли они сюда случайно, долго ли останутся здесь, — этого я вам сказать не могу;*

2) перед словом, которое п о в т о р я е т с я в придаточной части, для того, чтобы связать с ним даль-

нейшую часть того же предложения: *Теперь же, судебным следователем, Иван Ильич чувствовал, что* **все** *без исключения, самые важные, самодовольные люди, —* **все** *у него в руках* (Л.Т.). То же при повторении слова в главной части: *И* **мысль**, *что он может руководиться этим интересом, что он для продажи этого леса будет искать примирения с женой, — эта* **мысль** *оскорбляла его* (Л.Т.); **Жизнь** *его, начавшаяся (в воспоминаниях так чудесно) громадной церковной папертью... и голосом мамы, в котором тысячу раз знакомый блестел кремнистый путь и звезда говорила со звездой, — эта* **жизнь** *с каждым своим часом наполнялась новым, всё новым значением* (Кат.).

В других случаях **тире** ставится после запятой, закрывающей придаточную часть, для усиления пунктуации, при «переломе» конструкции, перед словом *это* и т.д.: *Однажды я спросил себя: а что, если он вернётся, неожиданно явится к тебе, — ты будешь рад?; Самое лучшее, что он мог сделать, — вовремя уйти; Что это был за случай, в котором было столько неясного, —* **этого** *он припомнить не мог; Единственное, что мне здесь нравится, —* **это** *старый тенистый парк; Пусть я даже ошибаюсь, — что ж, ошибаться свойственно человеку; Он замолчал, но не потому, что ему не хватало слов, — ему не хватало дыхания; В смущении он говорил не то, что думал, — он произносил первые пришедшие на ум слова.*

Раздел 11

Знаки препинания при оборотах, не являющихся придаточной частью сложноподчиненного предложения

§ 41. Цельные по смыслу выражения

Цельные по смыслу выражения не отделяются и не выделяются запятыми.

1. Запятая не ставится перед подчинительным союзом или союзным словом в составе н е р а з л о ж и м ы х с о ч е т а н и й: *сделать как следует (как полагается, как подобает); выполнить как должно (как надо, как нужно); хватать что подвернётся; явиться как ни в чём не бывало; добиваться во что бы то ни стало; приходить когда вздумается; спрятались кто куда успел; не лезть куда не следует; ночевать где придётся; бери что нравится; спасайся кто может; живите как знаете; здесь всегда можно достать что понадобится; всё было как положено; расскажите что вздумается; бери что дают; говорите как есть на самом деле; ругается на чём свет стоит; найду что делать; найду чем заняться; приглашу к себе кого пожелаю; достать что нужно* (но: *достать всё, что нужно*); *поживиться чем можно; заплатил Бог знает сколько; дать чего не жалко; картина чудо как хороша; страсть как интересно; работа что надо* (но: *Перечитаешь, что надо, и ответишь*); *достать что нужно; городит чёрт знает что.*

Ср. в языке художественной литературы: *А теперь вот из милости угол отведён — и живут* **чем Господь пошлёт** (Т.); ***Будь что будет**, а Бориса увижу!* (Остр.); *Будь счастлив* **с кем хочешь** (Дост.); *Мы Бог знает где* едем (Л.Т.); *Наконец кто-то ринулся из толпы к парню и, ухватив его за плечи, крикнул* **что было силы** (Григ.); *«Угощу! Всех угощу!» — кричал Илья Игнатьевич* **что есть мочи** (Реш.); *Живу* **где придётся** (Ч.); *Они вспоминали свою молодость и болтали* **чёрт знает что** (Ч.); *«Крутой старик, — бормотал Пантелей. —* **Беда какой крутой!»** (Ч.); *Наглядишься, наслушаешься ты здесь* **чего не надо** (М.Г.); *...Палец о палец не ударил он никогда, а жил где* **Бог пошлёт** (Бун.); *Кузьма даже плечами вздёрнул:* **чёрт знает что** *в этих степных головах!* (Бун.); *Он дойдёт* **Бог знает до чего** *со своими играми* (Пауст.); *Дед у нас* **ужас какой смелый** (Пауст.); *Остался* **в чём мать родила** (Ш.); *Штаб остался* **как ни в чём не бывало** *там, где стоял* (Сим.).

Данное правило основано на том, что фразеологические обороты не образуют придаточной части сложноподчиненного предложения и обычно эквивалентны члену предложения. Так, в сочетании *говорит об этом где только может* последние слова имеют значение «везде». Если же какое-либо из приведенных выше и аналогичных словосочетаний употреблено не в качестве фразеологизма, то оно может образовать придаточную часть (обычно неполное предложение) и быть выделено **запятыми**. Ср.: *Просторечные слова стали употреблять* **где нужно и не нужно** («везде»); *Поставить,* **где нужно***, недостающие знаки препинания* («где это нужно»).

2. Не разделяются запятой выражения с глаголом <u>хотеть</u>, образующие цельные по смыслу выражения: *пиши как хочешь* («пиши по-всякому»); *над ним командует кто хочет; его не гоняет только кто не хочет; приходи когда хочешь; бери сколько хочешь; гуляй с кем хочешь; делай что хочешь; распоряжайтесь как хотите; напишет какую хочешь статью; выпьет какое хочешь вино; женись на ком хочешь* (но: *женился, на ком хотел; женится, на ком захочет* — при расчленённом значении глаголов, образующих сказуемое неполного предложения).

Ср. в языке художественной литературы: *Ты **что хочешь** думай* (Л.Т.); *Всё равно, зови **кого хочешь*** (А.Т.); *«Делайте **что хотите**», — отвечал им сухо Дубровский* (П.); *Пусть достанет деньги **где хочет** и **как хочет*** (Купр.).

3. Внутри сочетаний <u>не то что, не то чтобы, не так чтобы, не иначе как</u> запятая не ставится: *Сейчас здесь **не то что** раньше, всё стало интереснее; **Не то чтобы** очень доволен, но жаловаться не могу; Время проводили **не так чтобы** уж очень весело; Заметка может быть набрана **не иначе как** петитом.*

Ср. в языке художественной литературы: *Я его... **не то чтоб** любил, **не то чтоб** не любил, так как-то...* (Т.); *Нынче **не то что** солдат, а мужичков видал* (Л.Т.); *В ту минуту я **не то чтобы** струсил, а немного оробел* (Купр.); *Чичиков называл повытчика **не иначе как** папаша* (Г.).

4. Запятая не ставится внутри сочетаний <u>(не) больше чем, (не) меньше чем, (не) раньше чем, (не) позже чем</u> и т.п., если они не содержат сравнения: *Посылка весит **не больше чем** восемь килограммов* (ср.: *...не больше восьми килограммов*); *Он вернётся **не раньше чем** вечером* (ср.: *...не раньше вечера*); *Работу можно выполнить **меньше чем** за час; Вы были для меня **больше чем** другом; Документы представьте **не позже чем** завтра; Накладные расходы оказались **выше чем** ожидалось; С твоими способностями к музыке тебе надо думать **не меньше чем** о консерватории; Температура в инкубаторе **не ниже чем** нужно; К испытаниям он **больше чем** готов; Всё это **не больше как** праздные мечты; Он был **больше чем** художник — он был поэт; Расчёты оказались **более чем** приблизительными; Задание выполнено **меньше чем** на одну треть; Это **не более как** клевета; Выпуск продукции увеличился **больше чем** вдвое; Масленица прошла у меня **хуже чем** невесело* (Ч.).

Но (при наличии сравнения или сопоставления): *Работает **не меньше, чем** другие; Страдали от холода* *больше, чем от голода;* Вернулся *раньше, чем ожидали;* Эта комната *выше, чем соседняя;* Он вернётся *не позже, чем этого потребуют обстоятельства;* Гостей оказалось *меньше, чем ожидали; Больше, чем от физической боли,* он страдал от мысли, что он теперь инвалид (газ.); *Больше, чем что-либо другое,* больному нужен покой; Сипягин волновался гораздо *более, чем его гость* (Т.).

5. Запятая не ставится внутри сочетаний <u>неизвестно кто *(что),* неизвестно какой *(где, как, куда, откуда, чей),* непонятно кто *(что),* непонятно какой *(где, как, куда, откуда, чей),* безразлично кто *(что),* безразлично какой *(где, как, куда, откуда, чей),* всё равно кто *(что),* всё равно какой *(где, как, куда, откуда, чей)</u>: пришёл *неизвестно зачем;* спросил меня *непонятно о чём;* передайте *безразлично кому;* разместить приезжих *всё равно где.* Ср.: Увидел старик поутру мерина куцего и загоревал: без хвоста *всё равно что* без головы — глядеть противно (А.Т.).

Примечание. В зависимости от контекста возможна различная пунктуация при употреблении приведенных выше слов; ср.: *Неизвестно, когда он придёт* — при слове *неизвестно* имеется придаточная часть; *Запасных деталей нет, и неизвестно, когда будут* — в придаточной части неполное предложение; *Он вернётся, но неизвестно когда* — в придаточной части предложение, состоящее из одного союзного слова; *Он вернётся неизвестно когда* — цельное выражение; *Он вернётся, но когда — неизвестно* — тире после предшествующей придаточной изъяснительной (см. § 38).

6. Запятая не ставится перед сочетанием вопросительно-относительного местоимения *кто, что, какой* и др. или наречия *где, куда, откуда* и др. со словами *угодно* и *попало,* так как в этих случаях образуются цельные выражения со значением с л о в а или с л о в о с о ч е т а н и я: <u>кто угодно</u> («любой»), *что угодно* («все»), *какой угодно* («всякий»), *где угодно* («везде»), *куда угодно* («всюду»), *когда угодно* («всегда»), *откуда угодно* («отовсюду»), *сколько угодно* («много») и т.д.; <u>кто попало</u> («безразлично кто»), *как попало* («безразлично каким образом»), *какой* *попало* («безразлично какой») и т.д. Например: *Это может сделать **кто угодно**; Он уходил из дому **когда, куда и на сколько угодно*** (но: *Я мог петь, **сколько мне тогда было угодно*** — при потере фразеологической цельности); *Пришёл и взял **что попало**; Рыли **где попало**.*

Ср. в языке художественной литературы: *Дайте мне ответ **какой угодно и когда угодно*** (Т.); *Я готов ждать **сколько вам угодно*** (Т.); *...Все мне дают взаймы **сколько угодно*** (Г.); *Это вы найдёте **где угодно*** (Триф.); *Дедушку разбирала такая злоба, что он раз десять останавливался и плевал с яростью **куда попало*** (Кат.); *Ругая беспечных возчиков, которые свалили дрова **как попало**... бабка начала укладывать поленницу* (Гайд.).

То же при сочетаниях <u>сколько угодно</u> и <u>сколько влезет</u>: *На людей, подобных Базарову, можно негодовать **сколько душе угодно**, но признавать их искренность — решительно необходимо* (Д.П.); *Ну ребята, грейся теперь **сколько влезет*** (Вер.).

7. Запятая не ставится внутри выражений типа <u>есть чем заняться, есть над чем поработать, было о чём подумать, найду куда обратиться, не нахожу что сказать, осталось на что жить</u>, состоящих из глагола *быть* или *найти (найтись), остаться* и вопросительно-относительного местоимения или наречия (*кто, что, где, куда, когда* и т.д.) и неопределенной формы другого глагола[1]: *Тебе **есть в мире что забыть*** (Л.); *Бранить **есть кому**, кормить — **некому*** (Даль); *Есть **чему и нравиться*** (Пис.); *И нашу интеллигенцию **есть за что любить**, **есть за что уважать*** (М.Г.); *Есть **над чем задуматься**; Нашли **чем удивить**; Не нашёлся **что сказать**; У нас будет **чем козырнуть**; Нашла **где модничать**; Есть **когда с тобой болтать**!; Было **отчего приуныть**; Друзьям есть **о чём поговорить**; Ребятам было **где проводить** свободное время; Нам было **в чём упрекнуть** его.*

---
[1] Подробнее см.: *Попов А.С.* Псевдопридаточные предложения и пунктуационная практика в современном русском языке// *Современная русская пунктуация*. М., 1979.

8. Запятыми не выделяются сочетания <u>кто ни на есть, что ни на есть, какой ни на есть</u> и т.п.: *Вы охотно допустите, чтоб **кто ни на есть**... собственноручно в вашей физиономии симметрию исправил* (С.-Щ.); *Это была самая **что ни на есть** обыкновенная женщина* (Эр.); *...Я лучше погляжу, как вы работаете, — всё **какой ни на есть** опыт перейму* (Е.М.).

9. Запятая не ставится перед союзом *что* в выражении <u>только и...что</u>, за которым следует существительное или местоимение: *Только и денег что пятак в кармане; Только и всего что рубашка на теле; Только и развлечений что кино раз в неделю; Только и свету что в окошке; Только и разговоров что о них двоих.*

Но если конструкция, содержащая в первой части сложную частицу *только и*, глагол *делать (сделать, знать)* и союз *что*, имеет во второй части глагол, то перед *что* **запятая** ставится: *С дедушкой они **только и делали, что** играли в шахматы* (Усп.); *С девяти утра до шести вечера **только и знаешь, что** торчишь здесь* (Купр.); ***Только и делает, что** болтает*; ***Только и сделал, что** отказался*; ***Только и знает, что** ходит из угла в угол*. Постановка запятой в подобных предложениях объясняется тем, что они являются сложными: вторая часть с союзом *что* показывает, что ограничивается чья-либо деятельность, а сложная частица *только и* в первой части указывает на это ограничение.

То же, если вторая часть является придаточной частью сложноподчиненного предложения: ***Только и нового, что** зайцы совещаются, как им орлов прогнать* (Л.Т.).

§ 42. Сравнительный оборот

1. Запятыми выделяются или отделяются сравнительные обороты, начинающиеся союзами <u>будто, как будто, словно, нежели, чем, точно, что</u>: *Ветер дул навстречу, **как будто силясь остановить молодую***

преступницу (П.); *С высоты мне виделась Москва,* **что муравейник** (П.); *И старый кот Васька был к нему, кажется, ласковее,* **нежели к кому-нибудь в доме** (Гонч.); *...А волосы у неё [русалки] зелёные,* **что твоя конопля** (Т.); *Впрочем, это были скорее карикатуры,* **чем портреты** (Т.); *К концу охоты утки,* **словно на прощание**, *стали подниматься целыми стаями* (Т.); *Но именно потому, что Александра Гавриловна горячится, она проигрывает чаще,* **нежели муж** (С.-Щ.); *Откуда-то тянуло затхлой сыростью,* **точно из погреба** (М.-С.); *Пантелеймон... сидит на козлах, протянув вперёд прямые,* **точно деревянные**, *руки* (Ч.); *Иной раз подстрелишь зайца, ранишь его в ногу, а он кричит,* **словно ребёнок** (Ч.); *Луна взошла сильно багровая и хмурая,* **точно больная** (Ч.); *На Красной площади,* **будто сквозь туман веков**, *неясно вырисовываются очертания стен и башен* (А.Т.); *Лучше поздно,* **чем никогда** (посл.).

Запятые в этих случаях не ставятся, если обороты носят фразеологический характер: *Что пристал* **словно банный лист?** (Т.); *Ты что это* **точно муху проглотила?** (М.-С.); *Как вспоминаю я свои старые-то понятия, меня вдруг* **словно кто варом обдаёт** (Остр.); *Изменники* **точно в воду канули** (Н.Н.); ***Точно из-под земли*** *выросла коляска на шинах* (Алт.); *Один Смольников был* **словно на иголках** (Копт.). В некоторых предложениях фразеологизмы выступают в роли сказуемого, а не сравнительного оборота.

2. Не выделяются запятыми сравнительные обороты с указанными союзами, если они входят в состав сказуемого или тесно связаны с ним по смыслу: *Звёзды на тёмном небе* **словно блёстки,** *рассыпанные по бархату; Он смотрит на жизнь* **будто сквозь розовые очки;** *Вода в заливе* **как будто чёрная тушь;** *Могучий дуб* **точно воин в доспехах;** *Весёлая песня* **что крылатая птица**: *уносится далеко, далеко; В прошлое мы* **смотрим будто сквозь хрустальную призму;** *Мы с ним* **словно**

*родные братья; Стоит словно вкопанный; Огни фонарей **словно маяки*** (об отсутствии тире в этих случаях см. § 5).

3. Запятыми выделяются или отделяются сравнительные обороты с союзом <u>как</u> в следующих случаях:

1) если они обозначают уподобление (*как* имеет значение «подобно»): *Перстами лёгкими, **как сон**, моих зениц коснулся он* (П.); *Её уста, **как роза**, рдеют* (П.); *Разбитый в прах, спасаяся побегом, беспечен он, **как глупое дитя*** (П.); *...И падшими вся степь покрылась, **как роем чёрной саранчи*** (П.); ***Как на досадную разлуку**, Татьяна ропщет на ручей* (П.); *Воздух чист и свеж, **как поцелуй ребёнка*** (Л.); *И грусть на дне старинной раны зашевелилася, **как змей*** (Л.); *И, **как немые жертвы гроба**, они беспечны были оба* (Л.); ***Как барс пустынный**, зол и дик, я пламенел* (Л.); *Под ним, **как океан**, синеет степь кругом* (Кр.); *И видел он себя богатым, **как во сне*** (Кр.); *Внизу, **как зеркало стальное**, синеют озера струи* (Тютч.); *И озлобленные боем, **как на приступ роковой**, снова волны лезут с воем* (Тютч.); *...Сии светила, **как живые очи**, глядят на сонный мир земной* (Тютч.); *И сладкий трепет, **как струя**, по жилам пробежал природы* (Тютч.); *Вот с неба звёзды глянут, и, **как река**, засветит Млечный Путь* (Фет); ***Как чайка**, парус там белеет в высоте* (Фет); *Он удивительно хорошо себя держит, осторожен, **как кошка*** (Т.); *На самом дне, сухом и жёлтом, **как медь**, лежали огромные плиты глинистого камня* (Т.); ***Как женщину**, ты родину любил* (Н.); *Слова бесконечно тянулись одно за другим, **как густая слюна*** (С.-Щ.); *Офицерик ахнул и, свернувшись, сел на землю, **как на лету подстреленная птица*** (Л.Т.); *Она, **как пчела**, знала, в какое место больнее ужалить его* (Л.Т.); *Старый мост сломали и на его месте сделали цокольную, прямую, **как палка**, набережную* (Л.Т.); *Я страдала за милого, доброго Ивана Андреича, **как за сына*** (Л.Т.); *Существование его заключено в эту тесную программу, **как яйцо в***

скорлупу (Л.Т.); *Она глядела на него,* ***как на икону****, со страхом и раскаянием* (Л.Т.); *Угрюмо и строго маячили высокие, чёрные трубы, поднимаясь над слободкой,* ***как толстые палки*** (М.Г.); *...Пили бабушкины наливки — жёлтую,* ***как золото****, тёмную,* ***как дёготь****, и зелёную* (М.Г.); *Чуть я что — и пойдёт меня есть,* ***как ржа железо*** (М.Г.); *Оставались неподвижными только углы зала, туго,* ***как подушка пером****, набитого гостями* (М.Г.); *...У Никиты глаза девичьи, большие и синие,* ***как его рубаха*** (М.Г.); *Слова у нас, до важного самого, в привычку входят, ветшают,* ***как платье*** (М.); *Я через всю свою жизнь,* ***как через тысячу лет****, пронёс это воспоминание* (Пришв.); *Влечёт-то ведь тайна, заманчивая,* ***как вечный родник****, бьющий из сокровенных недр* (Фед.); *На улице было множество людей,* ***как в праздник*** (Тих.); *Молнии,* ***как галстуки****, по ветру летят* (Багр.); *А жена уже в дверях и сковородник,* ***как ружьё****, на изготовке держит* (Ш.); *И обнялись,* ***как братья****, отец и мальчик-сын* (Тв.).

Ср. также: *Год,* ***как жизнь*** (название кинофильма) — «год подобен жизни», а не «год есть жизнь» (ср.: *Небо как море*, где союзом *как* присоединяется сказуемое); *Статная фигура вырисовывалась,* ***как изваяние*** («вырисовывалась подобно изваянию», а не «вырисовывалась изваянием»; см. ниже); *Глядят на нас хуторяне,* ***как не знаю на кого****; Друзья,* ***как во сне****, вышли на улицу; Низко подвешенные лампочки светились,* ***как в тумане****; В тот день Мария,* ***как буря****, влетела в хату; Поговорим,* ***как мужчина с мужчиной****; Располагайте мною,* ***как другом****; Каждое его слово,* ***как огонь****, обжигает; Распространялась клевета,* ***как зараза****; Последнее слово он сказал,* ***как отрубил****; Она не могла сидеть сложа руки, работала,* ***как поёт птица*** — сравнение выражено не оборотом, а целым предложением; *Ему хотелось,* ***как ребёнка****, погладить её по голове* — препозитивный сравнительный оборот.

Сравнительный оборот может содержать в себе оттенок п р и ч и н н о г о значения: *Васенда,* ***как чело-***

век *положительный и практический, нашёл невыгодным закреплённое место* (Пом.) («будучи человеком положительным»); *Она была, как меньшая, любимица отца* (Л.Т.) («поскольку она была меньшая»); *Как старший, приказываю вам, господа, немедленно разойтись* (Купр.); *Он отбросил это мимолётное подозрение, как внушённое его мнительностью; Освободить, как не справившегося с работой...* (ср. с постановкой запятой при приложении с союзом *как* с причинным оттенком значения; см. § 19, п. 7);

Примечание. Сравнительный оборот с союзом *как*, находящийся в середине предложения, отделяется **запятой**, если нужно показать, к какой части предложения он относится: *Я почувствовал на моих волосах прикосновение слабой, как лист дрожавшей руки* (Т.) — не «слабой, как лист», а «дрожавшей, как лист»; *Я мчался на лихом коне, как ветер волен и один* — не «мчался, как ветер», а «волен и один, как ветер»; *Зацепившись за что-то платьицем, маленькая девочка, хорошенькая и нарядная, как кукла распласталась* — не «нарядная, как кукла», а «распласталась, как кукла».

2) если в основной части предложения имеется указательное слово (*так, такой, тот, столь*): *Ямщик был в т а к о м же изумлении от его щедрости, как и сам француз от предложения Дубровского* (П.); *Нигде при взаимной встрече не раскланиваются т а к благородно и непринуждённо, как на Невском проспекте* (Г.); *Черты лица его были т е же, как и у сестры* (Л.Т.); *Лаевский безусловно вреден и т а к же опасен для общества, как холерная микроба* (Ч.); *Всё вокруг какое-то церковное, и маслом пахнет т а к же крепко, как в церкви* (М.Г.); *...Я всё сделаю, чтобы стать т а к о й, как она* (Пан.); *Редко встречаешь с т о л ь интересного человека, как он*.

Но: *Наша группа досрочно сдала все зачёты, так же как параллельная* — без расчленения сложного союза (см. § 34, п. 1);

Примечание. В предложениях, в которых сравнительный оборот выражен посредством слов *такой (такие)... как... и другие*, возможна двоякая пунктуация, в зависимости от того, включается ли сочетание *и другие* в состав сравнительного оборота или выводится за его пределы. Ср.: *Жизнь крестьянства изображали в своих произведениях такие писатели,* **как Тургенев, Некрасов, Чехов и другие** — сочетание *и другие* входит в состав сравнительного оборота; *Резко изменили свой облик такие города,* **как центры областей и районов**, *и другие* — сочетание *и другие* не включается в состав сравнительного оборота.

3) если оборот начинается сочетанием *как и: К Москве,* ***как и ко всей стране****, я чувствую свою сыновность, как к старой няньке* (Пауст.); *В её глазах,* ***как и во всём лице****, было что-то необычное; Дети,* ***как и взрослые****, должны быть приучены к соблюдению правил общежития;* ***Как и на прошлогодних соревнованиях****, впереди оказались спортсмены Российской Федерации;*

4) если оборот выражен сочетаниями <u>как правило, как исключение, как обычно, как всегда, как прежде, как сейчас, как теперь, как нарочно</u> и т.п.: *Вижу,* ***как теперь****, самого хозяина* (П.); *Экая досада!* ***Как нарочно****, ни души!* (Г.) — в значении вводного слова; *Она теперь стала снова стройной и тонкой,* ***как прежде*** (М.Г.); *День начался,* ***как всегда****, в густом тумане* (Обр.); *Помню,* ***как сейчас****, эту встречу во время экспедиции; Запятыми,* ***как правило****, выделяются деепричастные обороты;* ***Как исключение****, вам будет разрешена пересдача экзамена; Возгорелся спор об обрядах вообще, — допустимы ли обряды,* ***как таковые****, не питают ли они суеверий и предрассудков* (Вер.); *Для выполнения работы понадобится,* ***как минимум****, целый месяц; Спортсмены готовились к Олимпиаде,* ***как никогда****, напряжённо;*

Примечание. Указанные сочетания не выделяются запятыми, если входят в состав сказуемого или тесно связаны с ним по смыслу: *Вчерашний день* ***прошёл как обычно*** — т.е. по обыкновению; *Осенью и зимой густые туманы в Лондоне* ***бывают как правило****; Всё шло как всегда; В наше время экономика многих стран зависит от климата* ***как никогда прежде****.*

5) в оборотах <u>не кто иной как</u> и <u>не что иное как</u>: *Спереди Рейнский водопад не что иное, как невысокий водяной уступ* (Жук.); *На мгновенье ему показалось*

даже, что это **не кто иной, как Валько**, мог дать Володе Осьмухину такое задание (Ф.).

Ср. также: *Кто, **как не он**, может выполнить вашу просьбу; Он, **как никто**, умеет вовремя прийти на помощь.*

4. Обороты с союзом *как* не выделяются запятыми:

1) если на первый план выступает значение о б - с т о я т е л ь с т в а о б р а з а д е й с т в и я (обороты с *как* можно заменить в этих случаях формой творительного падежа существительного или наречием): ***Как град** посыпалась картечь* (Л.) (ср.: *градом посыпалась*); ***Как демон** коварна и зла* (Л.) (ср.: *демонически коварна*); *В гневе он **как гром** загремел, **как сталь** засверкал; Конь **как буран** летит, **как вьюга** спешит; **Как зарницы** в небе они запылали, **как огненный дождь** с неба упали; Я посмотрел на неё **как дурак*** (Т.);

Примечание. При анализе подобных примеров мы исходим из авторской пунктуации и пытаемся ее объяснить, что, как известно, является делом весьма сложным. Так, сопоставляя приведенные выше два предложения из стихотворений М.Ю. Лермонтова с его же фразой *Она ускользнёт, как змея, порхнёт и умчится, как птичка*, мы можем допустить, что в последнем случае автору важно было создать художественные образы путем, так сказать, чистого сравнения (*подобно змее, подобно птичке*, хотя сравнение сохраняется и в сочетаниях *ускользнёт змеёй, умчится птичкой*, но с добавочным оттенком образа действия).

Точно так же в стихе *Гляжу, как безумный, на чёрную шаль* (П.) значение «подобно безумцу» преобладает над значением «гляжу безумцем». Поэтому некоторые предложения допускают двоякое толкование и, следовательно, двоякую пунктуацию; ср.: *Он умер, как настоящий герой* («подобно герою»); *Он умер как настоящий герой* («умер героем»).

2) если основное значение оборота — п р и р а в н и - в а н и е или отождествление: *...Ты любил меня **как собственность, как источник радостей, тревог и печалей*** (Л.) (ср.: *...любил меня, считая своей собственностью* — т.е. отождествляя меня со своей собственностью); *Старайтесь смотреть на меня **как на пациента**, одержимого болезнью, вам ещё неизвестной* (Л.) (ср.:

...приравнивая меня к своим пациентам); [*Иудушка*] *подавал свой камень* **как единственное**, *что он мог дать* (С.-Щ.)¹;

3) если союз *как* имеет значение «в качестве» или оборот с союзом *как* характеризует предмет с какой-либо о д н о й с т о р о н ы (см. § 19, п. 7): *Богат, хорош собою, Ленский везде был принят* ***как жених*** (П.); *Итак, я вам советую* ***как приятель*** *быть осторожнее* (Л.); *Я говорю* ***как литератор*** (М.Г.); *Мы знаем Индию* ***как страну древнейшей культуры***; *Я сохраню это письмо* ***как память***; *Они разговаривают* ***как чужие***; *Мы встретились* ***как старые знакомые***; *Покупается и продаётся* ***как товар*** *не труд, а рабочая сила*; *Исследователи космоса остановились на собаках* ***как достаточно высокоорганизованных животных***; *Переговоры с ним надлежало вести* ***как с равной стороной***; *Пётр I не считал для себя зазорным работать* ***как простой плотник***; *Юрий Гагарин вошёл в историю* ***как первый в мире космонавт***;

П р и м е ч а н и е. Некоторые случаи допускают двоякую пунктуацию в зависимости от оттенков значения, определяемых контекстом; ср.: *Рецензируемую книгу можно рекомендовать* **как пособие для студентов** («в качестве пособия»); *Следует признать, что,* **как пособие для студентов**, *рецензируемая книга имеет ряд существенных недостатков* («будучи пособием» — с причинным оттенком значения).

4) если оборот образует именную часть составного сказуемого или по смыслу т е с н о с в я з а н с о с к а з у е м ы м (обычно в этих случаях сказуемое не имеет законченного смысла без сравнительного оборота): *Марья Ильинична* **сидела как на иголках** (П.); *Одни как изумруд, другие как коралл* (Кр.) (см. § 5, прим.); *Она сама* **ходила как дикая** (Гонч.); **Как ребёнок душою я стал** (Т.); «*Город как город*», — *хладнокровно заметил Базаров* (Т.); *Гамзат вышел из палатки, подошёл к стремени Умма-Хана и* **принял его как хана** (Л.Т.);

¹ См.: *Грамматика* русского языка. М., 1954. Т. 2. Ч. 2. С. 375 — 376 (оттуда заимствованы и некоторые примеры).

Отец и мать ей ***как чужие*** (Доброл.); *Наш сад* ***как проходной двор*** (Ч.); *Я смотрел* ***как очарованный*** (Арс.); *Повести мои* ***оценивались как смешные или скверные анекдоты*** (М.Г.); *Все* ***относились к Ване как к своему человеку*** (Пришв.); *Поэма* ***была произнесена как признание*** (Фед.); *Брызги и волны были* ***как в жизни*** (Фед.); *Я говорю о поэте Николае Тихонове* ***как о счастливейшей писательской судьбе*** (Фед.); ***Как солнышко*** *она* (Сейф.); *Он говорил о привычных вещах* ***как о чём-то необычайно интересном*** (Пауст.); *Пришвин думал о себе* ***как о поэте, «распятом на кресте прозы»*** (Пауст.); *На здешнем базаре* ***как на любом базаре;*** *Он сидел* ***как громом поражённый;*** *Всё* ***как на картинках: и горы, и лес, и вода;*** *Чувствуйте себя* ***как дома;*** *Эти слова он произнёс* ***как хорошо воспитанный человек;*** *Всё* ***как обычно, только часы стали;*** *Лоб был* ***как белый мрамор;*** *Вид у нас был* ***как у последних разбойников;*** *Всё* ***как у людей;*** *Скота у них* ***как муравьёв*** *в муравейнике;* *Волосы у девочки* ***как солома;*** *Этот звук был* ***как звонок будильника;*** *Вся жизнь его* ***как светлый праздник;*** *Душонка у тебя* ***как у зайца;*** *На войне* ***как на войне;*** *Она ему* ***как мать родная;*** *В лучших своих произведениях писатель* ***предстаёт как создатель*** *глубоко реалистических картин действительности;* *Тучи* ***как свинцовые;*** *Через несколько лет наш посёлок* ***будет как город;*** *Вы эту рыбу разварите, и она* ***сделается как масло;*** *высушите, и* ***сделается как камень;*** *Платье стало* ***как тряпка;*** *Все поняли это замечание* ***как возражение;*** *Они переживали смерть соседа* ***как личное горе;*** *О нём отзывались* ***как о честном человеке;*** *Вела себя* ***как хозяйка;*** *Он живёт* ***как с повязкой на глазах;*** *К подземным огням люди всегда* ***относились как к страшному врагу;*** *Пьеса* ***написана как комедия;*** *Его сразу* ***приняли как своего;*** *Читатели* ***воспринимают*** *его книги* ***как учебник жизни;*** *Он* ***выглядел как человек больной;*** *Актёр* ***остался в истории театра как большой артист;*** *В баснях звери ведут* *себя как люди; Эта мелодия создана Глинкой, но она воспринимается как подлинно народная; Я принимаю ваш отзыв как знак одобрения; Мнение это рассматривается как гипотеза; О «Герое нашего времени» Лермонтова Белинский говорил как о романе; С ним обошлись как с незваным гостем; Я за ними как за детьми хожу; Многие выступления выглядят как самоотчёты; Жизненное правдоподобие входит как обязательный элемент в художественную правду; Это воспоминание лежит на мне как камень; Оставьте всё как есть; Лучше всего сохранить как было; Будем принимать факты как таковые.*

Другие примеры: *чувствовать себя как в родной стихии; ведёт себя как невменяемый; понять как намёк; воспринимать как похвалу; осознать как опасность; приветствовать как друга; смотреть как на ребёнка; оценить как достижение; рассматривать как исключение; принять как должное; представить как совершившийся факт; квалифицировать как нарушение закона; отметить как большой успех; интересовать как новинка; выдвигать как проект; обосновать как теорию; сложиться как традиция; высказать как предположение; истолковать как отказ; определить как особый случай; характеризовать как тип; выделяться как талант; оформить как официальный документ; прозвучать как призыв; входить как составная часть; фигурировать как представитель; ощущаться как чужеродное тело; существовать как независимая организация; возникнуть как нечто непредвиденное; развиваться как прогрессивное начало; выполнить как срочное задание; осмыслить как нечто новое; формироваться как художник* и т.п.;

Примечание. Некоторые предложения допускают двоякую пунктуацию в зависимости от их истолкования; ср.:

*Я относился к нему **как к брату*** («он мне брат»); *Я относился к нему, **как к брату*** («по-братски», «он мне не брат»);

*Он работал **как батрак*** («в качестве батрака», «батраком»); *Он работал, **как батрак*** («много», «подобно батраку»).

5) если сравнительному обороту предшествует отрицание *не* или слова *совсем, совершенно, почти, вроде, точь-в-точь, именно, просто, прямо* и т.п.: *Я воспитал в себе это чувство праздника* **не как отдыха и просто средства для дальнейшей борьбы**, *а как желанной цели* (Пришв.); *[Андрей Белый] отдавался языку* **именно как шаман**, *отдающийся самовозбуждению* (Фед.); *Было светло* **почти как днём**; *Дети иногда рассуждают* **совсем как взрослые**; *Волосы у девочки вьются* **точь-в-точь как у матери**;

6) если оборот имеет характер устойчивого сочетания[1]: *Олени отбежали немного и остановились* **как вкопанные** (Арс.); *У Льва* **как гору с плеч свалило** (Кр.); *Разбойник мужика* **как липку обобрал** (Кр.); *А через несколько недель* **как гром среди ясного неба** *разнеслась весть...* (Верш.); *При муже, при покойнике,* **как за каменной стеной** *жила, ни во что не входила* (Остр.); *Дождь лил* **как из ведра** (С.-Щ.); *Прошу тебя прекратить эти нелепые занятия английским языком, который ему пристал* **как корове седло** (Лавр.); *Молодые супруги был счастливы, и жизнь их текла* **как по маслу** (Ч.); *[Шарманщик] для удовольствия людского трудится* **как заведённая машина** (Дост.); *Исповедь твоя мне нужна* **как собаке пятая нога** (Ш.); *Ведь она жила с фельдшером* **как кошка с собакой** (Ч.); *Попадётся дурак* **как кур во щи**, *помяни моё слово* (Вирта); *Ты пишешь* **как курица лапой** (М.-С.); *Поможет ему рыхление* **как мёртвому припарки** (Ник.); *Поедет. Не таких обламывали.* **Как миленький** *поедет* (Арб.); *И было бы у него какое-нибудь прошлое — так ведь все же его знают* **как облупленного** (Ф.); *Жалко, времени мало, — десять-то дней пролетят* **как одна минута** (Саян.); **Как осиновый лист** *затряслася Алёна Дмитриевна* (Бел.); *Да*

---

[1] См.: *Фразеологический* словарь русского языка/Под ред. А.И.Молоткова. М., 1967 (соответствующие словарные статьи). См. также: *Макаров М.М.* Фразеологический оборот и пунктуация//Рус. язык в школе. 1976. № 1.

*что вы стоите **как пень**?* (Лавр.); *Делать нечего, пришлось две ночи провести на пароходе; когда же он ушёл назад в Хабаровку, я очутился **как рак на мели*** (Ч.); *Зайдёт в купе парень, растянет меха у аккордеона или трёхрядки, и все заботы **как рукой снимет*** (Сол.); *...Старинные книги **как свои пять пальцев** знал* (М.-П.); *Нашего брата там **как сельдей в бочке*** (Г.-М.); *Заткни свой фонтан красноречия и не ври **как сивый мерин*** (Стан.); *Тятенька со всей душой драл бы меня **как сидорову козу**...* (Гл.); *Ты от меня убегаешь **как чёрт от ладана*** (Баб.).

Примечания: 1. Запятая в этих случаях обычно отсутствует, если сравнительный оборот выступает в роли сказуемого. Когда же речь идет именно о сравнительном обороте, то в одинаковых условиях **запятая** может быть, а может и не быть. Ср.:

*Вечер был **как две капли воды** похож на всякий другой вечер* (Л.Т.); *На Матвея с обеих сторон улицы глядели занавешенные окна домов, похожих друг на друга, **как две капли воды*** (Кор.);

*Сальные свечи... берегли **как зеницу ока*** (С.-Щ.); *Надо, **как зеницу ока**, хранить память о лучших людях своей страны;*

*В третьем батальоне прямое попадание в окоп. Сразу одиннадцать человек **как корова языком слизала*** (Сим.); *...Во дворах, под сараем всё чисто, **как корова языком слизала*** (Сер.);

*Отсюда вся громадная территория порта обычно была видна **как на ладони*** (Кат.); *С вершины все окрестности были видны, **как на ладони*** (Закр.);

*...Тогда вдвоём с тобой мы разыграли бы жизнь **как по нотам*** (М.Г.); *План, выработанный командиром... был в тот день разыгран, **как по нотам*** (Пол.);

*...Он предполагал, что достаточно вернуться домой, сменить шинель на зипун, и всё пойдёт **как по писаному*** (Ш.); *Хозяйка подробно и без всяких упущений расскажет вам, **как по писаному**, историю всего окружающего вас благоденствия* (Усп.);

*Каких бед с ним не было! Два раза из проруби вытаскивали, а ему всё **как с гуся вода*** (Остр.); *Это, брат, такой человек: другому, **как с гуся вода**, а он всё к сердцу принимает* (Эрт.) (лучше бы без запятой);

*За таким фельдфебелем командир роты **как у Христа за пазухой*** (Брык.); *Благодарите Всевышнего, что сидите у болота, **как у Христа за пазухой*** (Ш.).

2. Вопрос о пунктуации при сравнительных оборотах, в частности при сравнениях идиоматического характера, не может решаться в отрыве от характера самих оборотов (сравне-

ния общеязыкового типа или художественные сравнения, иногда индивидуально-авторские), состава устойчивых сочетаний, как он представлен в толковых и фразеологических словарях, и т.д.[1]

Приводим перечень наиболее распространенных устойчивых сочетаний с союзом *как* (по данным словарей и по наблюдениям над текстами разных жанров): *белый как лунь (как бумага, как мел, как полотно, как снег); беречь как зеницу ока; бледный как смерть; блестит как зеркало; болезнь как рукой сняло; бояться как огня; бродит как неприкаянный; бросился как безумный; бубнит как пономарь; вбежал как сумасшедший; вертится как белка в колесе; видно как на ладони; вижу как днём; визжит как поросёнок; висит как плеть; висит на шее как жёрнов; все как на подбор; вскочил как ошпаренный (как подхлёстнутый, как ужаленный); глуп как пробка; гол как сокол; голодный как волк; грязный как свинья; далёк как небо от земли; дрожал как в лихорадке; дрожит как осиновый лист; ждать как манны небесной; живуч как кошка; заснул как мёртвый; застыл как неживой; здоров как бык; злой как собака; знать как свои пять пальцев; катался как сыр в масле; качается как пьяный; красив как Бог* (но перед собственным именем: *красив, как Аполлон;* ср.: *быстрый, как Аякс; мудрый, как Соломон; сильный, как Геркулес* и т.п.); *красный как рак (как кровь); крепок как дуб; кричит как оглашенный; лёгкий как пёрышко; летит как стрела; липкий как смола; лопнул как мыльный пузырь; лупить как сидорову козу; лысый как колено; льёт как из ведра; машет руками как мельница; медлительный как черепаха; мечется как угорелый (как дикий зверь); мокрый как мышь; молчит как рыба; мрачный как туча; народу как сельдей в бочке; не видать как своих ушей; нем как могила; неповоротлив как слон; неуклюж как медведь; носится как*

---

[1] См.: *Некрасова Е.А.* Пунктуация при сравнениях с союзом *как* в современных поэтических текстах// *Современная* русская пунктуация. М., 1979.

шальной; нужен как воздух; один как перст; остался как рак на мели; остановился как вкопанный; острый как бритва (как нож); отличаться как небо от земли; побледнел как полотно; побрёл как побитая собака; повторял как в бреду; пойдёшь как миленький; поминай как звали; поразить как обухом по голове; порхал как мотылёк; пошёл ко дну как камень; преданный как собака; пристал как банный лист; пронёсся как ураган; пропал как в воду канул; пуглив как серна; пылал как в огне; работал как проклятый; растаял как снег; расти как грибы после дождя; свалился как снег на голову; свеж как огурчик; сидел как на иголках (как прикованный, как на угольях); сладкий как мёд; слепой как крот; слушал как заворожённый; смотрел как зачарованный; спал как убитый; стоит как пень; стройный как кедр ливанский; твёрдый как гранит (как камень); темно как ночью; толстый как бочка; тощий как скелет; труслив как заяц; упёрся как баран; упрям как осёл; устал как собака; хитёр как лиса; хлещет как из ведра; ходит как в воду опущенный; холодный как лёд; чёрный как сажа (как трубочист, как чёрт); чувствовать себя как дома; шатался как пьяный; шёл как на казнь; шипит как змея; ясно как Божий день и др.

Раздел 12

Знаки препинания в бессоюзном сложном предложении

В бессоюзном сложном предложении используются следующие знаки препинания: запятая, точка с запятой, двоеточие, тире.

§ 43. Запятая и точка с запятой в бессоюзном сложном предложении

1. Между предикативными частями бессоюзного сложного предложения ставится **запятая**, если эти части близки между собой по смыслу: *Метель не утихала, небо не прояснялось* (П.); *Бледные щёки впали, глаза сделались большие, большие, губы горели* (Л.); *День был серый, небо висело низко, сырой ветерок шевелил верхушки трав* (Т.); *Широкая черкеска была кое-где порвана, шапка была заломлена назад, по-чеченски, ноговицы спущены ниже колен* (Л.Т.); *Он весь в слезах, голова поникла, лицо бледно, руки сложены на груди, губы шепчут* (С.-Щ.); *Поезд ушёл быстро, его огни скоро исчезли, через минуту уже не было слышно шума* (Ч.); *Рябое лицо Николая покрылось красными пятнами, его маленькие серые глаза не отрываясь смотрели на офицера* (М.Г.); *Белое одеяло сброшено на пол, дом пуст, Вера Никандровна одна* (Фед.).

Не являются бессоюзными сложными предложениями и не разделяются запятыми части в предложениях следующего типа (произносимые в быстром темпе): *Смотри тебе попадёт; А он смотри какой важ-*

ный!; Смотри не прогадай — в них слово *смотри* выступает в роли частицы. То же в предложениях типа: *Хочешь покажу; Хочешь принесу.* Но: *Хочешь, принесу?* — при расчлененном произношении и вопросительной интонации.

2. Если два простых предложения с союзом *и* между ними соединены бессоюзной связью с предшествующим предложением, то они приравниваются к однородным придаточным частям и запятая между ними не ставится (см. § 30): *Кажется, погода налаживается и вскоре наступит потепление.* Если рассматривать слово *кажется* как вводное, то запятая перед *и* тоже не ставится, чтобы показать отнесенность вводного слова к обеим частям сложносочиненного предложения.

В связи с отмеченной здесь возможностью различной трактовки синтаксической роли слова *кажется,* наблюдается двоякая пунктуация в сложных предложениях, в которых перед *кажется* стоит союз *и,* а именно:

1) если считать *кажется* вводным словом, то после *и* нужна запятая: *Задача представляется несложной,* **и**, *кажется, так оно и есть на самом деле;*

2) если рассматривать *кажется* как первую часть последующего бессоюзного сложного предложения, связанного с предшествующим предложением союзом *и,* то запятая после *и* не нужна: *Задача представляется несложной,* **и кажется***, так оно и есть на самом деле.*

3. Если между двумя частями бессоюзного сложного предложения находится в в о д н о е с л о в о, то иногда в качестве дополнительного знака ставится **тире**, чтобы показать, к какой из частей сложного предложения относится вводное слово, или чтобы подчеркнуть добавочный, пояснительный характер второй части (ср. § 25, п. 10): *Где-то стучит мотор,* —

видимо, поблизости находится мастерская (Баб.); *Злые собаки лаяли на задворках, не решаясь выбежать навстречу бричке, — **должно быть**, отучили их от этой привычки проезжие солдаты* (Саян.).

4. Точка с запятой ставится в бессоюзном сложном предложении в следующих случаях:

1) если предикативные части о т д а л е н ы друг от друга п о с м ы с л у или значительно р а с п р о с т р а н е н ы и имеют внутри себя запятые: *У ворот увидел я старую чугунную пушку; улицы были тесны и кривы; избы низки и большей частью покрыты соломой* (П.); *Налево чернело глубокое ущелье; за ним и впереди нас тёмно-синие вершины гор, изрытые морщинами, покрытые слоями снега, рисовались на бледном небосклоне, ещё сохраняющем последний отблеск зари* (Л.); *Уже вечерело; солнце скрылось за небольшую сосновую рощу, лежавшую в полуверсте от сада; тень от неё без конца тянулась через неподвижные поля* (Т.); *Берёзы, тополя, черёмуха распускали свои клейкие и пахучие листья; липы надували лопавшиеся почки* (Л.Т.); *Изумрудные лягушата прыгают под ногами; между корней, подняв золотую головку, лежит уж и стережёт их* (М.Г.);

2) если бессоюзное сложное предложение распадается на части (г р у п п ы п р е д л о ж е н и й), в свою очередь образующие бессоюзные сложные предложения: *Бледно-серое небо светлело, холодело, синело; звёзды то мигали слабым светом, то исчезали; отсырела земля, запотели листья, кое-где стали раздаваться живые звуки, голоса* (Т.); *Лёгкая пыль жёлтым столбом поднимается и несётся по дороге; далеко разносится дружный топот, лошади бегут, навострив уши* (Т.); *Грачи улетели, лес обнажился, поля опустели; только не сжата полоска одна* (Н.);

3) если б е с с о ю з н о е соединение частей предложения сочетается с с о ю з н ы м (нередко между частями, соединенными без союзов, ставится **точка с**

запятой, а между частями, связанными союзом, — **запятая**): *Ветер не мог тут свирепствовать; дорога была гладкая, лошадь ободрилась, и Владимир успокоился* (П.); *Долго при свете месяца мелькал белый парус между тёмных волн; слепой всё сидел на берегу, и вот мне послышалось что-то похожее на рыдание* (Л.); *Прошла беда; крестьянин встал, и он же батрака ругает* (Кр.); *Обед кончился; большие пошли в кабинет пить кофе, а мы побежали в сад шаркать ногами по дорожкам, покрытым упавшими жёлтыми листьями, и разговаривать* (Л.Т.); *Было серо, тускло, безотрадно, хоть огонь зажигай; все жаловались на холод, и дождь стучал в окна* (Ч.).

§ 44. Двоеточие в бессоюзном сложном предложении

Двоеточие в бессоюзном сложном предложении ставится в тех случаях, когда основная часть высказывания (соответствующая иногда главной части в сложноподчиненном предложении) содержится в первой части сложного предложения, а во второй части заключается п о я с н е н и е, раскрытие содержания, указание на причину и т.д. (эта часть в смысловом отношении близка к придаточной части или к пояснительному предложению).

1. Двоеточие ставится, если вторая часть (одно или несколько предложений) р а с к р ы в а е т с о д е р ж а н и е первой части (между обеими частями можно вставить слова *а именно*): *Погода была ужасная: ветер выл, мокрый снег падал хлопьями* (П.); *Страшная мысль мелькнула в уме моём: я вообразил её в руках разбойников* (П.); *Дубровский приставил фитиль, выстрел был удачен: одному оторвало голову, двое были ранены* (П.); *В самом деле, шинель Акакия Акакиевича имела какое-то странное устройство: воротник её уменьшался с каждым годом более и более, ибо служил на подтачи-*

вание других частей (Г.); *Какую-то особенную ветхость заметил он на всех деревенских строениях: бревно на избах было темно и старо; многие крыши сквозили, как решето; на иных оставался только конёк вверху да жерди по сторонам в виде рёбер* (Г.); *Об одном прошу вас: стреляйте скорее* (Л.); *Вот мои условия: вы нынче же публично откажетесь от клеветы и будете просить у меня извинения* (Л.); *С ранней молодости Татьяну держали в чёрном теле: работала она за двоих, а ласки никакой никогда не видела* (Т.); *Приятно после долгой ходьбы и глубокого сна лежать неподвижно на сене: тело нежится и томится, лёгким жаром пышет лицо, сладкая лень смыкает глаза* (Т.); *В продолжение утра и середины дня Оленин весь был погружён в арифметические расчёты: сколько он проехал вёрст, сколько остаётся до первой станции, сколько до первого города, до обеда, до чая, до Ставрополя и какую часть всей дороги составляет проеханное* (Л.Т.); *В доме мало-помалу нарушалась тишина: где-то скрипнула дверь; послышались чьи-то шаги; кто-то чихнул на сеновале* (Гонч.); *Во всём селе было только два порядочных домика: в одном помещалось волостное правление, в другом жил Цыбукин, епифанский мещанин* (Ч.); *Возбуждение старика прошло, и теперь сказывалось утомление: язык его заплетался, голова тряслась, глаза слезились* (Кор.); *Он чувствовал себя нехорошо: тело было слабо, в глазах ощущалась тупая боль* (Купр.); *Тёмный лес хорош в яркий солнечный день: тут и прохлада и чудеса световые* (Пришв.); *Тут его осенила мысль: партизаны должны быть где-то здесь, поблизости* (Пол.); *Поведение Нагульнова все расценивали по-разному: одни одобряли, другие порицали, некоторые сдержанно помалкивали* (Ш.).

2. Двоеточие ставится обязательно, если в первой части бессоюзного сложного предложения имеются слова <u>так, таков, такой, одно</u> и т.п., конкретное содержание которых раскрывается во второй части:

Обычай мой таков: **подписано, так с плеч долой** (Гр.); *Как все московские, ваш батюшка таков:* **желал бы зятя он с звездами и чинами** (Гр.); *Одно было несомненно:* **назад он не вернётся** (Т.); *Я это сделаю так:* **выкопаю подле самого камня большую яму...** (Л.Т.); *Вопрос для Кутузова теперь состоял только в том:* **неужели это он допустил Наполеона в Москву** (Л.Т.).

Примечание. Обычно различается пунктуация в бессоюзных сложных предложениях, в которых вторая часть раскрывает содержание местоименного слова *одно,* имеющегося в первой части (ставится **двоеточие**), и в простых предложениях, в которых слово *одно* разъясняется пояснительным членом предложения, а не целым предложением (ставится **тире**). Ср.: *Я вам скажу только одно: нельзя сидеть сложа руки* (Ч.); *В отношениях с посторонними он требовал одного — сохранения приличия* (Герц.) (см. § 23, п. 1).

3. Двоеточие ставится между частями бессоюзного сложного предложения, если в первой из них посредством глаголов <u>видеть, смотреть, слышать, знать, понимать, чувствовать</u> и т.п. делается п р е д у п р е ж - д е н и е, что далее последует изложение какого-либо факта или какое-нибудь описание (в этих случаях между частями можно вставить союз *что*): *С беспокойством я выпрыгнул из кибитки и в и ж у:* **матушка встречает меня на крыльце с видом глубокого огорчения** (П.); *Я ч у в с т в о в а л:* **вся кровь моя в лицо мне кинулась** (П.); *Пополз я по густой траве вдоль по оврагу, с м о т р ю:* **лес кончился, несколько казаков выезжают из него на поляну** (Л.); *Через несколько мгновений поднимаюсь и в и ж у:* **мой Карагёз летит, развевая гриву** (Л.); *Ты сам з а м е т и л:* **день ото дня я вяну** (Л.); *Вдруг я ч у в с т в у ю:* **кто-то берёт меня за плечо и толкает** (Т.); *Я г о в о р ю:* **не сдамся** (Л.Т.); *Помню также:* **она любила хорошо одеваться и прыскаться духами** (Ч.); *Я п о н и м а ю:* **вам трудно сейчас сказать о целях, которые преследует литература** (М.Г.); *Евреинов так хорошо д о к а з ы в а л мне:* **университеты нуждаются именно в таких парнях, каков я** (М.Г.); *Утром, проснувшись, Гейзер п о ч у в с т в о в а л:* **закрыт правый глаз** (Фед.);

*Я тебе определённо скажу: **у тебя есть талант*** (Ф.); *Он верит: **для его солдат и долгий путь вперёд короче короткого пути назад*** (Сим.); *Люди знали: **где-то, очень далеко от них, идёт война*** (Аж.); *Фёдор понял: **речь шла о связи*** (Фурм.); *Он видел: **вставала земля из пепла, непокорённая земля*** (Горб.); *Алексей решил: **довольно тянуть*** (Пол.).

Примечание. При отсутствии оттенка предупреждения в первой части предложения данного типа после нее вместо двоеточия ставится **запятая**: *Слышу, земля задрожала* (Н.).

Если вторая часть — предложение неполное, то перед ней может ставиться **тире**: *Я думал — волк* (о постановке тире в подобных случаях см. также § 45, п. 7).

4. Двоеточие ставится между частями бессоюзного сложного предложения, если в первой части имеются глаголы <u>выглянуть, оглянуться, прислушаться</u> и т.п., а также выражения типа <u>поднять глаза, поднять голову</u>, предупреждающие о дальнейшем изложении; в этих случаях между частями бессоюзного сложного предложения можно вставить слова *и увидел (услышал, почувствовал), что* и т.п.: *Я выглянул из кибитки: **всё было мрак и вихорь*** (П.); *Я поднял глаза: **на крыше хаты моей стояла девушка*** (Л.); *Оборачиваюсь: **Грушницкий!*** (Л.); *Обломов оглянулся: **перед ним наяву... стоял настоящий, действительный Штольц*** (Гонч.); *Я поглядел кругом: **торжественно и царственно стояла ночь*** (Т.); *Я проснулся: **заря уже занималась*** (Т.); *Я поднял голову: **перед огнём, на опрокинутой кадке, сидела мельничиха*** (Т.); *Варвара прислушалась: **донёсся шум вечернего поезда*** (Ч.); *Он подумал, понюхал: **пахнет мёдом*** (Ч.); *Я взглянул в окно: **на безоблачном небе разгорались звёзды*** (М.Г.); *Сорока поднял голову: **вверху сквозь тонкий пар мороза блестела золотая Медведица*** (Сер.); *Лукашин остановился, посмотрел: **во рву скапливалась вода*** (Пан.); *Я постоял, прислушался к звукам: **поезд.***

В этих случаях вместо двоеточия встречается также постановка **тире** для передачи различных дополнительных оттенков значения: *Посмотрел на прорубь — **вода дремала*** (Шишк.) (ср.: *...а там вода дремала*); *Он выглянул из комнаты — **ни одного огонька в окнах*** (Пан.) (ср.: *...но ни одного огонька в окнах*); *Поворачиваюсь — **человек в немецкой каске*** (Медв.) (ср.: *...а там человек в немецкой каске*). См. § 72, п. 3.

5. Двоеточие ставится перед прямым вопросом, включенным в состав бессоюзного сложного предложения (см. § 2, п. 5): *Спрашивается теперь: **что же делало наше общество в последние 20 — 30 лет?*** (Доброл.); *Одного только я не понимаю: **как она могла тебя укусить?*** (Ч.); *До сих пор удивительным и неразгаданным остаётся: **кто же в эту роковую ночь дивизионную школу снял с караула?*** (Фурм.); *Я прошёл к калитке по мокрой траве, испытывая тревогу: **кто же рассмотрит первый трактор в таком непроглядном тумане?*** (Перв.) Ср.: *Может быть, природа подсказывает нам: **пользуйтесь красотой, принимайте её*** (Гран.) — своеобразный эквивалент прямой речи.

6. Двоеточие ставится между частями бессоюзного сложного предложения, если вторая часть указывает основание или причину того, о чем говорится в первой части (между обеими частями можно вставить причинные союзы *потому что, так как, поскольку* и т.п.): *Однако пора вставать: уже без четверти шесть* (П.); *Печален я: со мною друга нет* (П.); *Он покраснел: ему было стыдно убить человека безоружного* (Л.); *Не таю, мне стало страшно: на краю грозящей бездны я лежал* (Л.); *Я не мог заснуть: передо мной во мраке всё вертелся мальчик с белыми глазами* (Л.); *К сукнам, холстам и домашним материям страшно было притронуться: они обращались в пыль* (Г.); *Напрасно вы смотрите кругом во все стороны: нет выхода из бесконечных тундр* (Гонч.); *Хорошо, что Лемм нас не слышал: он бы в обморок упал* (Т.); *Луны не было на небе: она в ту пору поздно всходила* (Т.); *Над Герасимом,* однако, глумиться не все решались: он шутить не любил (Т.); *Птиц не было слышно: они не поют в часы зноя* (Т.); *И Жилин приуныл: видит — дело плохо* (Л.Т.); *Только у мельницы злится река: нет ей простора, неволя горька* (Н.); *Он даже испугался: так было темно, тесно и нечисто* (Ч.); *Науку надо любить: у людей нет силы более мощной и победоносной, чем наука* (М.Г.); *Хвалили землю: добрая; бранили климат: неровен, сух* (Кож.); *В Мексике похвалить вещь в чужом доме нельзя: её заворачивают вам в бумажку* (М.); *Иногда лошади проваливались по брюхо: почва была очень вязкой* (Ф.); *Окна в бараке то освещались, то гасли: кто-то чиркал спички* (Ф.); *Серёжка помолчал: он не любил словесных клятв и заверений* (Ф.); *Степан боялся подойти к берегу: скользко* (Шишк.); *Осень и зиму Павел не любил: они приносили ему много физических мучений* (Н.О.); *Сабуров нервничал: ему хотелось увести Проценко куда-нибудь вниз* (Сим.); *Я вообще отношусь отрицательно ко всяким инсценировкам: удачи тут бывают редко* (Ов.).

Примечание. При отсутствии предупредительной интонации двоеточие в этих случаях не ставится: *Сейчас не поедешь, жарко* (Ч.).

7. Особый случай постановки **двоеточия** находим в газетных заголовках типа: *Космос: летать или нет; Бажов: читатель и книголюб.* (См. раздел 16.)

8. Изредка в бессоюзном сложном предложении, состоящем из трех частей, встречается постановка **двух двоеточий** (на разных основаниях или с одним и тем же основанием): *Ну, да это само собой разумеется: душа не яблоко: её не разделишь* (Т.); *Вы всё приставали ко мне: выучи-де нас музыке и французскому диалекту: вот вам и француз, и на фортепьянах играет* (Т.); *Её страсть к чистоте доводила её до самозабвения: она могла целый день чистить, убирать, мыть, стирать пыль и уряжать избу неожиданно искусно: то, бывало, развесит полотенца с выкладью на косяках окон, то зимою над картинками и на зеркальце пристроит золотые веночки из соломы, а летом — пучки цветочков, которые походя соберёт на усадьбе* (Гл.); *Про весеннюю пору и говорить не надо: дружно цветёт черёмуха, белым-бело, слегка закружится голова, и растеряешься на мгновение: как же так?* (Сол.); *Однако это меня не утешило нисколько: мысль, раз она пришла в голову, далеко не уйдёт и, когда надо, непременно вернётся, а глухарь улетел, и лицо этого дня, который таким никогда не вернётся, определилось: я прозевал глухаря* (Пришв.); *А в келье было уже не так темно, как в первую минуту, когда погасла коптилка и сломалась спичка: смутно стали видны контуры лежанки, подушки на кровати и кадка с водой: то полукруглые окошки, чудесно посветлев, лили в келью снежный, лунный, грустный свет глубокой зимы* (Берг.)[1].

Обычно в этих случаях, чтобы избежать скопления двоеточий в предложении, одно из них заменяют знаком **тире**: *«Массы читателей» не существует, даже если книга выходит массовым тиражом: читатели читают по-разному — бывают книги, в которых одно доступно всем, другое только некоторым* (Эр.); *Есть в этой книге одна особенность — сразу чувствуешь, что она написана живописцем: читатель видит пейзажи, сцены, людей* (Эр.); *Командование уверенно поручало Воробьёву самые ответственные боевые дела: за короткий срок стало очевидным — этот лейтенант, кажущийся еще подростком, совсем недавно выпущенный из училища, стал волевым, находчивым и, главное, достаточно опытным командиром; Я слушал его внимательно: помню старое правило — лучше всё выслушать до конца, а потом только ставить вопросы или возражать.*

---

[1] См.: *Шапиро А.Б.* Основы русской пунктуации. М., 1955. С. 171; *Лапотько А.Г., Попова З.Д.* Тире и двоеточие в их отношении друг к другу в многокомпонентных конструкциях//*Современная* русская пунктуация. М., 1979. (Многие примеры в разделе заимствованы из этих источников.)

§ 45. Тире в бессоюзном сложном предложении

Тире в бессоюзном сложном предложении обычно ставится в тех случаях, когда основная часть высказывания (соответствующая иногда главной части сложноподчиненного предложения) содержится во второй части сложного предложения, а первая часть (соответствующая придаточной части) имеет подчиненное по смыслу значение, указывая время или условие совершения действия, о котором идет речь во второй части, иногда причину, уступку и т.д. (см. условия постановки двоеточия в бессоюзном сложном предложении, § 44). Ср.:

Выйти невозможно: на улице проливной дождь — основное содержание заключено в первой части, во второй указывается причина; *На улице проливной дождь — выйти невозможно* — причина указывается в первой части, во второй приводится следствие, вывод, что составляет основу высказывания;

Молодёжь ушла: на вечере стало скучно — «ушла, потому что стало скучно»; *Молодёжь ушла — на вечере стало скучно* — «ушла, поэтому стало скучно».

При равноправных смысловых отношениях между обеими частями они имеют значение сопоставления, противопоставления и т.д.

1. Тире ставится в бессоюзном сложном предложении, распадающемся на две части, если во второй из них содержится н е о ж и д а н н о е п р и с о е д и н е н и е, указание на быструю с м е н у с о б ы т и й: *Прошла неделя, другая — вдруг въезжает ко мне на двор коляска* (П.); *Сыр выпал — с ним была плутовка такова* (Кр.); *Иван Иванович подошёл к воротам, загремел щеколдой — изнутри поднялся собачий лай* (Г.); *Дайте ему только нож да пустите его на большую дорогу — зарежет, за копейку зарежет* (Г.); *Вы проходите мимо дерева — оно не шелохнётся, оно нежится* (Т.); *Вдруг мужики с топорами явились — лес зазвенел, застонал,* затрещал (Н.); *Игнат спустил курок — ружьё дало осечку* (Ч.); *Упадёт луч солнца на траву — вспыхнет трава изумрудом и жемчугом* (М.Г.); *Дунул ветер — всё дрогнуло, ожило и засмеялось* (М.Г.); *Метелица был уже совсем близко от костра — вдруг конское ржанье раздалось во тьме* (Ф.); *В полдень пройти по мёртвой улице — человека не встретишь* (Ш.); *Не успело солнце пригреть землю — загудело всё небо* (Буб.) [ср. с союзным предложением: *Не успел я расплатиться со старым моим ямщиком, как Дуня возвратилась с самоваром* (П.)].

2. Тире ставится, если во второй части бессоюзного сложного предложения выражено п р о т и в о п о с т а в л е н и е по отношению к содержанию первой части (между частями можно вставить союз *но* или *а*): *Служить бы рад — прислуживаться тошно* (Гр.); *Чин следовал ему — он службу вдруг оставил* (Гр.); *Шить сядет — не умеет взять иголку; её бранят — она себе молчит* (П.); *Прошла неделя, месяц — он к себе домой не возвращался* (П.); *Я хвать за пояс — пистолета нет* (Л.); *Я стал звать хозяина — молчат; стучу — молчат* (Л.); *До десяти часов шныряли мы по камышам и по лесу — нет зверя* (Л.); *Дуб держится — к земле тростиночка припала* (Кр.); *Он мучительно провёл глазами по потолку, хотел сойти с места, бежать — ноги не повиновались* (Гонч.); *В то время вы уже встречаете во Франции класс людей, который при общей потере приобретает: дворянство лишается прав — они усугубляют свои; народ умирает с голоду — они сыты; народ вооружается и идёт громить врагов — он выгодно поставляет сукна, провиант* (Герц.); *Шестнадцать лет служу — такого со мной не было* (Л.Т.); *Косили версту — выкосили грош* (М.Г.); *Ввысь взлетает Сокол — жмётся Уж к земле* (М.Г.); *Брался Пика за шитво — нитки путались и рвались; садился в шашки играть — проигрывал* (Ф.); *В сказках Андерсена обретают дар речи не только цветы, ветры, деревья — в них оживает и домашний мир вещей и игрушек* (Пауст.); *Не сумку у*

Мишки украли — последнюю надежду похитили (Нев.); *Это не усталый, больной солдат шёл с фронта — это шёл строитель* (Горб.); *Он гость — я хозяин* (Багр.); *Бой не нашею волей начат — нашей славой закончим его* (Ас.); *Не раны, не больное лёгкое мучило его — раздражало сознание ненужности* (Павл.); *Я за свечку — свечка в печку* (Чук.); *Смелые побеждают — трусливые погибают* (посл.); *Лето припасает — зима поедает* (посл.); *Была не была — пойду; Стучи не стучи — не отворят; Плачь не плачь — потерянного не воротишь; Умру — не скажу.*

3. Тире ставится, если вторая часть бессоюзного сложного предложения содержит с л е д с т в и е, р е з у л ь т а т, вывод из того, о чем говорится в первой части (между частями можно вставить слова *поэтому, тогда* и т.п.): *Я умираю — мне не к чему лгать* (Т.); *Вы раздвинете мокрый куст — вас так и обдаст накопившимся тёплым запахом ночи* (Т.); *Не было никакой возможности уйти незаметно — он вышел открыто, будто идёт на двор, и шмыгнул в огород* (Ф.); *Я бы в лётчики пошёл — пусть меня научат* (М.); *Достав из кармана одновременно и спички, и зажигалку, Крайнев зажёг шнуры — они вспыхнули* (Поп.); *Наше жильё — нам и беречь; Ставят самовар в сенцах — запах дыма разносится вокруг; За ночь все отдохнули — можно снова приниматься за прерванную работу; Ключ потерян — ломайте дверь.*

Примечания: 1. Если значение следствия интонационно не подчеркивается, то вместо тире ставится **запятая**: *...Я допрошу его осторожно, он и не заметит* (Ч.); *Человек не иголка, найдём* (Ч.).

2. В произведениях писателей-классиков вместо тире в рассматриваемом случае встречается **двоеточие**: *Делать было нечего: Марья Ивановна села в карету и поехала во дворец* (П.); *Мы ехали сзади: никто не видел* (Л.); *Мелкий дождик сеет с утра: выйти невозможно* (Т.); *Заботы, огорчения, неудачи измучили бедного батюшку до крайности: он стал недоверчив, желчен* (Дост.).

4. Тире ставится, если в первой части бессоюзного сложного предложения указывается в р е м я совершения действия, о котором говорится во второй части (в начале первой части можно добавить союз *когда*): *Победим — каменный дом построишь* (А.Т.); *Ехал сюда — рожь начинала желтеть. Теперь уезжаю обратно — эту рожь люди едят* (Пришв.); *Впереди пробирался старшой, подавал команду осторожным движением руки: поднимет руку над головой — все тотчас останавливались и замирали; вытянет руку в сторону с наклоном к земле — все в ту же секунду быстро и бесшумно ложились; махнёт рукой вперёд — все двигались вперёд; покажет назад — все медленно пятились назад* (Кат.); *Пашню пашут — руками не машут* (посл.).

5. Тире ставится, если первая часть бессоюзного сложного предложения обозначает у с л о в и е совершения действия, о котором говорится во второй части (в начале первой части можно добавить союз *если*): *Будет дождик — будут и грибки; будут грибки — будет и кузов* (П.); *Пройдёт молодец — приосанится, пройдёт девица — пригорюнится, а пройдут гусляры — споют песенку* (Л.) — совмещаются значения условия и времени; *Что нужно будет — скажите Павлу или Татьяне* (Т.); *Придумано — сделано* (Т.); *Пропади ты совсем — плакать о тебе мы не будем* (Ч.); *...Случится грех — не проси милости* (Ч.); *На глаз поверишь — криво отмеришь* (М.Г.); *Не будут отдавать — выкради!* (М.Г.); *...Меньше знаешь — крепче спишь* (М.Г.); *Ругаться будут — не бойся* (Гл.); *Нравится рисовать — рисуй на здоровье, никто не запрещает* (Пан.); *Приказано — повезёшь* (А.Т.). Ср. в пословицах: *Назвался груздём — полезай в кузов; Любишь кататься — люби и саночки возить; Упустишь огонь — не потушишь; Взялся за гуж — не говори, что не дюж; Волков бояться — в лес не ходить; Пожалеешь лычка — отдашь ремешок; Глубже пахать — больше хлеба видать; Смерти бояться — на свете не жить* и др.

Примечание. Если вторая часть бессоюзного сложного предложения этого типа начинается частицей *так*, то после первой части со значением условия вместо тире ставится **запятая**: *Всякому давать на водку,* ***так*** *самому скоро придётся голодать* (П.); *Смотреть,* ***так*** *выйдешь из терпенья!* (Кр.); *Всё к сердцу-то принимать,* ***так*** *в чахотку скоро попадёшь* (Остр.).

6. Тире ставится, если во второй части бессоюзного сложного предложения содержится с р а в н е н и е с тем, о чем говорится в первой части (перед второй частью можно добавить союз *словно* или *будто*): *...Посмотрит — рублём подарит* (Н.).

7. Тире ставится, если вторая часть бессоюзного сложного предложения (нередко — неполное предложение) имеет и з ъ я с н и т е л ь н о е значение (перед ней можно вставить союз *что*), причем в первой части не содержится интонационного предупреждения о последующем изложении какого-либо факта (ср. § 44, п. 3): *Овца же говорит — она всю ночь спала* (Кр.); *Иногда мне думается — надо убежать* (М.Г.); *...Слышит — за кустами бузины девушка хохочет* (М.Г.); *Тишина была такой полной и угрюмой, а небо таким душным, что мальчику казалось — раздайся хоть один только резкий звук, и в природе произойдёт что-то страшное* (Кат.); *Вчера на соседнем зимовье рассказывали — медведь человека задрал* (Арб.); *Слышу — опять стонет* (Пауст.); *Движение приостановлено, будем надеяться — ненадолго; Кто-то скребётся, мне показалось — мышь; Но вижу — не слушает она меня; Пишут, чтобы мы обязательно приезжали — будут встречать; Они знали — будет буря; Отстань, не видишь — я занят.*

8. Тире ставится перед местоименными словами *так, такой, таков*, начинающими собой п р и с о е д и н и т е л ь н о е предложение, входящее в состав бессоюзного сложного предложения: *Приказ есть приказ —* ***так*** *его воспитал фронт* (Вор.); *Идти вперёд или погибнуть —* ***так*** *стоял вопрос перед партизанским отрядом; Кривые улицы, маленькие деревянные дома —* ***такой*** *была значительная часть Москвы в начале XX века.*

В этих предложениях выражены суждения, субъект которых назван в первой части, а предикат образует вторую часть. Если логические отношения между обеими частями носят другой характер, то между ними ставятся **запятая** и **тире**: *Загрязнение окружающей среды угрожает жизни на Земле, — так дальше продолжаться не может* (газ.) (см. § 46, п. 2).

9. Тире ставится, если вторая часть бессоюзного сложного предложения представляет собой п р и с о е д и н и т е л ь н о е предложение (перед ним можно вставить слово *это*, которое иногда имеется в самом предложении): *На стене ни одного образа — дурной знак* (Л.); *Души у вас нет, у вас самолюбие вместо души — вот что я вам скажу* (Аж.); *Инга была возбуждена, Левшин наблюдал за ней слишком пристально — **это** бросалось Клебе в глаза* (Фед.); *Идёт большая вода — **это** всего интереснее* (Горб.); *Он всегда любил поболтать — **это** было мне отлично известно* (Кав.); *Они расстанутся, они уже расстались — **эта** мысль ошеломила обоих* (Гран.)[1].

П р и м е ч а н и е. Часто при наличии перед присоединительным предложением слова *это* между частями бессоюзного сложного предложения ставятся **запятая** и **тире** (см. § 46, п. 1).

Запятая и **тире** могут ставиться также перед присоединительным предложением, содержащим дополнительное замечание: *Посёлок Первомайский был самым старым шахтёрским посёлком в этом районе, — от него, собственно, и начался город* (Ф.).

§ 46. Запятая и тире в бессоюзном сложном предложении

Действующими правилами предусмотрено употребление **запятой** и **тире** в качестве е д и н о г о з н а к а препинания в трех случаях: 1) перед главной частью сложноподчиненного предложения, которому пред-

---

[1] См.: *Иванчикова Е.А.* О развитии синтаксиса русского языка в советскую эпоху//*Развитие* синтаксиса современного русского языка. М., 1966 (оттуда заимствованы и некоторые примеры).

шествует ряд однородных придаточных, для подчеркивания распадения единого целого на две части; 2) перед словом, которое повторяется для того, чтобы связать с ним дальнейшую часть того же предложения; 3) в периоде для указания перехода от повышения к понижению[1].

Однако на практике постановка запятой и тире в качестве единого знака препинания не ограничивается этими случаями (некоторые примеры были приведены в § 40)[2].

1. Запятая и **тире** часто ставятся перед бессоюзным присоединительным предложением, начинающимся местоименным словом это: *Русская интеллигенция росла и развивалась в условиях совершенно зверских,* — **это** *неоспоримо* (М.Г.); *Эдгар По считается отличным мастером формы, оригинальным художником,* — **это** *бесспорно* (М.Г.); *Культурный человек создаётся медленно, с великим трудом,* — **об этом** *убедительно говорит нам вся тяжёлая история... культуры* (М.Г.); *Если вам писать противно, скучно, не пишите,* — **это** *всё равно получится скверно, фальшиво* (А.Т.); *В такую пору надо говорить грубо и прямо,* — **это** *умнее и честнее перед нашими детьми* (Леон.); *Широкий подъезд был совершенно пуст,* — **это** *показалось мне странным* (Кав.); *Они не только не хотят его отъезда, но, напротив, очень огорчились бы разлукой с ним,* — **это** *совершенно очевидно*; *Некоторые считают, что для того, чтобы стать хорошим певцом, достаточно обладать природными данными,* — **это** *роковая ошибка*; *Он говорил о какой-то тайне,* — **это** *было дурным предзнаменованием для меня.*

То же перед словом *вот*: *Бросится женщина в омут головой от любви,* — **вот** *актриса* (Остр.).

2. Запятая и **тире** ставятся между двумя частями бессоюзного сложного предложения, из которых вторая носит присоединительный характер с раз-

---

[1] См.: *Правила русской орфографии и пунктуации*. М., 1956. С. 102 — 103.
[2] См.: *Шапиро А.Б.* Основы русской пунктуации. С. 343 — 351.

личными дополнительными оттенками значения (пояснительными, временными, условно-следственными и др.); нередко эта часть начинается местоименными словами *тот, так, такой* и т.п.[1]: *Но дай-ка мы выедем в поле с тобою, — ты скоро бы пить запросил у меня* (Тв.); *Ситанов относится ко мне дружески, — **этим** я обязан моей толстой тетради, в которой записаны стихи* (М.Г.); *Нижняя доска обмазывалась коровьим навозом и три раза поливалась водой на морозе, — **после этого** она делалась как зеркало* (А.Т.); *Она сидела неподалёку на скамье под покосившимся деревянным грибом, — **такие** делают в лагерях для часовых* (Пауст.); *Значит, то был не Родион, — **тот** из любой бездны откликнулся бы ей* (Леон.); *Все предметы вокруг были отчётливы и преувеличенно реальны, — **так** бывает, когда не спишь всю ночь* (Ш.).

3. Запятая и **тире** ставятся для обозначения «перелома» первоначальной конструкции, для указания, «с одной стороны, на расчленённость предложения, а с другой — на то, что та его часть, которая следует за этим знаком препинания, делает структурный поворот от предшествующей части под некоторым, бо́льшим или меньшим, «углом»[2]: *Комната наполнилась шумом отодвигаемых стульев, в углу вспыхнул огонёк спички, осветив кисть руки с длинными пальцами, испуганной курицей заклохтала какая-то барышня, — Самгину было приятно смятение, вызванное его словами* (М.Г.); *Марья села на траву, положила голову Мишки к себе на колени, — у него голова висела, до того был худ* (А.Т.); *Мне, по крайней мере, известно, что в Краснодоне остались Володя Осьмухин и Толя Орлов, — разве они будут сидеть сложа руки?* (Ф.); *Эта солидно обставленная длинная комната, обшитая дубовыми па-*

---

[1] См.: *Гришко Ф.Т.* Наблюдения над употреблением сложного знака «запятая — тире»//Рус. язык в школе. 1971. № 6 (оттуда заимствованы и некоторые примеры).

[2] *Шапиро А.Б.* Основы русской пунктуации. С. 347 (оттуда заимствованы и некоторые примеры).

нелями, такая спокойная, приветливая, комната, где прошло больше половины его рабочей жизни, — почему он забыл о ней?; С ним постоянно происходит что-нибудь необыкновенное: то он попадает в уличную аварию, то чуть не тонет в мелкой речке, то почти умирает от сердечного припадка, — что именно неважно; Я ничем не мог помочь ему, — для чего же было приходить?; Мне казалось, что я всё уже понял, знаю, — ничего подобного!; Как бы там ни было, он не устоял перед соблазном, — кто из нас без греха?

Ср. также бессоюзные сложные предложения, в которых между частями возможна постановка **двоеточия**: *К этому чувству присоединялась тоскливая зависть, — (:) как хорошо было бы обладать грубой дерзостью Кутузова, говорить в лицо людей то, что думаешь о них* (М.Г.); *Он было застонал, но уже гораздо легче, чем в первый раз, и вскоре натура взяла своё, — (:) назавтра же пошёл он как ни в чём не бывало гулять и стал выезжать в театры* (Тын.); *Послушайся моего совета, совета старого друга, — (:) не ходи туда.*

Раздел 13

Знаки препинания в периоде

В периоде (как правило, многочленном сложном предложении, в интонационном отношении распадающемся на две части — **повышение** и **понижение**) обычно ставятся **запятая** и **тире** между частями и **запятая** или **точка с запятой** внутри частей (членов) периода. Возможны следующие случаи:

1. Период, в котором между повышением и понижением стоят **запятая** и **тире**, а между его членами — **точка с запятой**:

Как ни тяжело было княжне Марье выйти из этого мира уединённого созерцания, в котором она жила до сих пор, как ни жалко и как будто совестно было покинуть Наташу одну, — заботы жизни требовали её участия, и она невольно отдалась им (Л.Т.);

Степи, которым нет конца, где всё раздалось в ширину и беспредельную равнину, где человек встречается как будто для того, чтобы собою увеличить ещё более окружающее пространство; степи, шумящие травою, почти равняющеюся ростом с деревьями; степи, где пасутся табуны и стада, которых от века никто не считал и владельцы не знают настоящего количества, — эти степи увидели среди себя Чингис-хана, давшего обет перед толпами узкоглазых, плосколицых, широкоплечих, малорослых монголов завоевать мир (Г.).

2. Период, в котором между повышением и понижением стоят **запятая** и **тире**, а между его членами — **запятые**:

Как ни старались люди, собравшись в одно небольшое место несколько сот тысяч, изуродовать ту землю, на которой они жались, как ни забивали камнями землю, чтобы ничего не росло на ней, как ни считали всякую пробивающуюся травку, как ни дымили каменным углем и нефтью, как ни обрезывали деревья и ни выгоняли всех животных и птиц, — весна была весною даже и в городе (Л.Т.).

3. Период, в котором как между повышением и понижением, так и между его членами стоят **запятые**:

Я был так весел и горд весь этот день, я так живо сохранял на моём лице ощущение Зинаидиных поцелуев, я с таким содроганием восторга вспоминал каждое её слово, я так лелеял своё неожиданное счастье, что мне становилось даже страшно, не хотелось даже увидеть её, виновницу этих новых ощущений (Т.);

Как ни хотелось моему отцу исполнить обещание, данное матери, горячо им любимой, как ни хотелось ему в Багрово, в свой дом, в своё хозяйство, в свой деревенский образ жизни, к деревенским своим занятиям и удовольствиям, но мысль ослушаться Прасковьи Ивановны не входила ему в голову (Акс.).

Как показывают последние два примера, на стыке повышения и понижения ставится запятая в том случае, когда понижение начинается союзом (подчинительным или сочинительным).

Перед второй частью сложного союза *если...то* могут ставиться **запятая** и **тире**: *Если зашумела старая листва под ногой, если закраснелись веточки разные, если вербы развернулись <...>, — то, значит, есть в берёзах движение, и нечего портить берёзу* (Пришв.).

Раздел 14

Знаки препинания при прямой речи

§ 47. Прямая речь после авторских слов

1. Прямая речь выделяется **кавычками**, если идёт **в строку** (в подбор): *Владимир Сергеевич... с недоумением посмотрел на своего человека и торопливым шёпотом проговорил: «Поди узнай, кто это»* (Т.).

Если же прямая речь начинается **с абзаца**, то перед началом её ставится **тире**:

...Никита, поклонясь в землю, сказал:
— **Прости, батюшка** (М.Г.).

2. Независимо от места, занимаемого по отношению к авторским словам, **кавычками** выделяется внутренняя речь — невысказанные мысли: *Смотрю вслед ему и думаю: «Зачем живут такие люди?»* (М.Г.); *«Что-то в ней есть жалкое всё-таки», — подумал я* (Ч.).

3. **Кавычками** выделяются передаваемые на письме звуки (например, эхо): *«Ау, где вы?» — громко повторило эхо; Голос диктора звучал отчётливо: «Передаём последние известия»*.

Для передачи на письме разговора по телефону используется более обычная для оформления диалога пунктуация — **тире** между репликами (см. § 51).

4. В газетных текстах кавычки при прямой речи нередко опускают:

Президент Франции сказал: Обмен мнениями был полезен;
Почему же это происходит? — спрашивает газета.

5. Перед прямой речью, следующей за авторскими словами, ставится **двоеточие**, причём первое слово прямой речи пишется с **прописной** буквы. **Вопросительный** и **восклицательный знаки**, а также **многоточие** ставятся перед закрывающими кавычками, а **точка** — после них. Например: *Наконец я ей сказал: «Хочешь, пойдём прогуляться на вал?»* (Л.); *Лёжа на тюке и плача, он дёргал руками и ногами и шептал: «Мама! Мама!»* (Ч.); *Закричали: «Двоих... Санитары... Гляди, гляди — ещё летит... Лезь под вагоны...»* (А.Т.); *Хозяйка очень часто обращалась к Чичикову со словами: «Вы очень мало взяли»* (Г.).

6. Если прямая речь начинается с абзаца, то двоеточие после предшествующих авторских слов ставится не всегда.

1) Двоеточие ставится, если авторские слова содержат глагол со значением речи-мысли (*говорить, сказать, рассказать, заметить, обратиться, воскликнуть, закричать, прошептать, спросить, спрашивать, ответить, вставить, прервать, заговорить, начать, продолжать, подтвердить, пояснить, согласиться, поддакнуть, напомнить, посоветовать, упрекнуть, решить, подумать* и т.п.) либо существительное, близкое по значению или образованию к глаголам речи-мысли (*вопрос, ответ, слова, восклицание, голос, шёпот, звук, крик, мысль* и т.п.).

Кроме того, в функции слов, вводящих прямую речь, используются глаголы, обозначающие чувства говорящего, его ощущения, внутреннее состояние (*вспомнить, обрадоваться, огорчиться, удивиться, обидеться, возмутиться, ужаснуться* и т.п.), а также глаголы, обозначающие мимику, жесты, движения (*улыбнуться, усмехнуться, рассмеяться, захохотать, вздохнуть, нахмуриться, подойти, подбежать, вскочить* и т.п.). И те и другие глаголы допускают возможность добавления к ним глаголов речи (*обрадовался и сказал; удивился и спросил; улыбнулся и ответил; подбежал и воскликнул* и т.д.), поэтому они воспринимаются как слова, вводящие прямую речь. Например:

а) *Он глянул с усмешкой:*
— *Ничего, до свадьбы заживёт.*

б) *Пока откапывали увязшие в песке колёса, к нам подошёл милиционер:*
— *Кто такие?*

в) *Мать нахмурилась:*
— *Опять двойку получил?*

г) *Все ужаснулись:*
— *Неужели это правда?*

д) *Старик рассердился:*
— *Немедленно уходи отсюда!*

е) *Дети побежали навстречу матери:*
— *Мама!*

ж) *На этот раз он обозлился:*
— *Больше ни грамма не получите!*

з) *Выхватив полено, она стала колотить им по тазу:*
— *Подъём! Вставайте!*

Ср.: *В один из таких... дней прибежал Забродский:* **«Дмитрий Алексеевич, началось!..»** (Эр.)

Двоеточие ставится также и в тех случаях, когда в авторских словах нет глаголов речи или заменяющих их глаголов с указанными выше значениями, но ситуация показывает, что вводится прямая речь: ...*А тот ему: «Этот дом наш общий»* (Ч.); ...*А он: «Пошёл прочь, пьяная рожа!»* (М.Г.); ...*А он: «Я писатель. Не прозаик. Нет, я с музами в связи»* (М.).

2) Двоеточие не ставится, если вставка слов *и сказал, и спросил, и воскликнул* и т.п. невозможна или затруднительна:

а) *Никому не хотелось уходить.*
— *Расскажите ещё что-нибудь о своих путешествиях.*

б) *Мои слова его явно смутили.*
— *Значит, ты мне не доверяешь?*

в) *Другого выхода у него не было.*
— *Я принимаю ваши условия.*

г) *Брови матери нахмурились.*
— Я не разрешаю этого делать.
д) *Глаза маленького машиниста заблестели.*
— Замечательная! Отремонтировано на славу!

Ср.: *Сегодня утром брала она у меня из кармана деньги, перед тем как идти в булочную, и напала на эту книжонку, вытащила. «Что это у тебя?»* (Ш.)

Не ставится также двоеточие, если прямая речь заключена между двумя предложениями от автора, причем во втором из них содержатся слова, вводящие прямую речь:

Он вырвал из блокнота несколько листочков и протянул их мне.
— **Запишите подробно мои замечания,** *— сказал он спокойным голосом.*

§ 48. Прямая речь перед авторскими словами

Если прямая речь стоит п е р е д авторскими словами, то после нее ставятся **запятая** (**вопросительный** или **восклицательный знак, многоточие**) и **тире**; слова автора пишутся со **строчной** буквы: *«Мать, наверное, не спит, а я с работы не возвращаюсь», — думал Павка* (Н.О.); *«Дедушку знаешь, мамаша?» — матери сын говорит* (Н.); *«Не шуми, тише иди, солдат!» — сердитым шёпотом говорил старик Оленину* (Л.Т.); *«Я хотел бы купить крестьян...» — сказал Чичиков, запнулся и не кончил речи* (Г.).

То же при оформлении прямой речи с абзаца:

— *Лесть и трусость — самые дурные пороки, — громко промолвила Ася* (Т.);
— *Что ж, Наталья, про мужа не слыхать? — перебила кашулинская сноха, обращаясь к Наташке* (Ш.);
— *Скорей, скорей в город за лекарем! — кричал Владимир* (П.);
— *Спи, внучек, спи... — вздохнула старуха* (Ч.).

Примечания: **1.** После закрывающих кавычек ставится только **тире** (независимо от того, каким знаком препинания заканчивается прямая речь) в тех случаях, когда в последующих авторских словах содержится характеристика прямой речи, ее оценка и т.д. (авторская ремарка начинается словами *так говорит, так указывает, вот что сказал, вот как описывает* и т.п.): «*Ничего не случилось*» — *так говорил ум*; «*Случилось*» — *так говорило сердце*; «*Нет ничего прекраснее этих снежных вершин*» — *так описывает эту местность один путешественник*; «*Будь внимателен и осторожен!*» — *вот что он сказал мне на прощание*.

То же, если следует присоединительная конструкция: «*Каждому овощу своё время*» — *эта народная мудрость передаётся из века в век*.

2. Если авторские слова, стоящие после прямой речи, представляют собой отдельное п р е д л о ж е н и е, то они пишутся с **прописной** буквы:

— *Скорей, загорелась школа!* — *И он побежал по домам будить людей*.

§ 49. Авторские слова внутри прямой речи

1. Если авторские слова стоят в н у т р и прямой речи (выделяемой кавычками), то **кавычки** ставятся только в начале и в конце прямой речи и не ставятся между прямой речью и авторскими словами (такая пунктуация встречалась в произведениях писателей XIX века): «*Я командовать приехал*, — *заявил Чапаев*, — *а не с бумажками возиться*» (Фурм.).

Примечания: **1.** Особый случай пунктуационного оформления при разрыве заключенных в кавычки слов (названий литературных произведений, различных предприятий и т.д.) находим в таком примере: *«Пиковая...» ли это «...дама»?* (реплика собеседника в ответ на утверждение, что представленный текст является отрывком из «Пиковой дамы»).

2. Не выделяется кавычками прямая речь в следующих случаях:

1) если нет точного указания, кому она принадлежит, или если приводится общеизвестная пословица, поговорка: *Про Ивашку Бровкина говорили*: ***крепкий*** (А.Т.); *Дома и хворать легче и жить дешевле*; *и недаром говорится*: ***дома и стены помогают*** (Ч.);

2) если прямая речь приводится в таком виде, который может иметь и косвенная речь с тем же лексическим составом: *Но мне приходит в голову:* ***точно ли стоит рассказывать мою жизнь?*** (Т.);

3) если в середину прямой речи вставлено слово *говорит*, играющее роль вводного слова, указывающего на источник сообщения: *Умру,* ***говорит****, и слава Богу,* ***говорит****; не желаю,* ***говорит****, жить* (Т.); *Я,* ***говорит****, самого вахмистра жандармерии из пистолета убить хочу* (Верш.);

4) если в середину предложения, представляющего собой сообщение из периодической печати, вставлено указание на источник сообщения (такая вставка выделяется одними **запятыми**): *Речь оратора,* ***продолжает корреспондент****, вызвала горячую поддержку у большинства присутствующих.* То же, если высказывание говорящего передается приблизительно (тем самым утрачивается характер прямой речи): *Предлагаемый проект,* ***указал докладчик****, получил уже апробацию на практике.*

2. Если на месте разрыва прямой речи авторскими словами не должно было бы быть никакого знака препинания или должна была бы стоять запятая, точка с запятой, двоеточие либо тире, то слова автора выделяются с обеих сторон **запятыми** и **тире**, после которых первое слово пишется со **строчной** буквы: «*Мы решили, —* ***продолжал заседатель****, — с вашего дозволения остаться здесь ночевать*» (П.) — на месте разрыва не было бы никакого знака; «*Нет, —* ***промолвил Ермолай****, — дело не ладно; надо достать лодку*» (Т.) — на месте разрыва стояла бы запятая; «*Нам придётся здесь ночевать, —* ***сказал Максим Максимыч****, — в такую метель через горы не переедешь*» (Л.) — на месте разрыва стояло бы двоеточие.

3. Если на месте разрыва прямой речи авторскими словами должна была бы стоять точка, то перед авторскими словами ставятся **запятая** и **тире**, а после них — **точка** и **тире**; вторая часть прямой речи пишется с **прописной** буквы: «*Я ни с кем и ни с чем не связан, —* ***напомнил он о себе****. — Действительность мне враждебна*» (М.Г.); «*Искалечить вы меня хотите, Леночка, —* ***покачал головой Воропаев****. — Ну, разве мне дойти?*» (Павл.)

4. Если на месте разрыва прямой речи авторскими словами должен был бы стоять **вопросительный** или

восклицательный знак, то этот знак сохраняется перед авторскими словами и после него ставится **тире**; слова автора пишутся со **строчной** буквы, после них ставятся **точка** и **тире**; вторая часть прямой речи пишется с **прописной** буквы: «*Так вас зовут Павкой? —* **прервала молчание Тоня.** *— А почему Павка? Это некрасиво звучит, лучше Павел*» (Н.О.); «*Вот он, край света! —* **воскликнул Мохов.** *— Здорово! Никогда ещё так далеко не ездил!*» (Аж.)

5. Если на месте разрыва прямой речи авторскими словами должно было бы стоять **многоточие**, то оно сохраняется перед авторскими словами и после него ставится **тире**; после слов автора ставятся или **запятая** и **тире** (если вторая часть прямой речи не образует самостоятельного предложения, — пишется со **строчной** буквы), или **точка** и **тире** (если вторая часть представляет собой новое предложение, — пишется с **прописной** буквы): «*Не надо... —* **сказал Вершинин,** *— не надо, парень!*» (Вс. Ив.); «*Обожди... —* **сказал Морозка угрюмо.** *— Давай письмо...*» (Ф.)

6. Если в авторских словах внутри прямой речи имеются два глагола со значением высказывания, из которых один относится к первой части прямой речи, а другой — ко второй, то после слов автора ставятся **двоеточие** и **тире**, причем первое слово второй части пишется с **прописной** буквы: «*Я тебя не спрашиваю, —* **строго сказал офицер и снова спросил:** *— Старуха, отвечай!*» (М.Г.); «*Покорно благодарю, —* **отозвался Мешков, смиренно снял картузик, но сразу опять надел и поклонился, добавив торопливо:** *— Спасибо вам большое, товарищи*» (Фед.).

§ 50. Прямая речь внутри авторских слов

Если прямая речь находится в н у т р и авторских слов, то перед ней ставится **двоеточие**, а после нее — **запятая**, **тире** или запятая и тире (по условиям контекста):

а) *Отец Василий поднял брови и курил, пуская дым из носа, потом сказал: «Да, так вот как»,* вздохнул, *помолчал и ушёл* (А.Т.) — запятая разделяет однородные сказуемые *сказал* и *вздохнул,* между которыми находится прямая речь; ...*Софья Карловна ещё раз поцеловала Маню и, сказав ей: «Поди, гуляй, моя крошка», сама поплелась за свои ширмы* (Леск.) — запятая закрывает деепричастный оборот, в состав которого включена прямая речь; *Ко мне подходит Борис, говорит: «Хорошо сбил, замечательно», но глаза его блестят, полные зависти* (Куд.) — запятая разделяет части сложносочиненного предложения, связанные противительным союзом *но; Приехав на дачу в большой компании... брат вдруг говорил: «Мишка, пойдём на бильярд», и они, запершись, играли по три часа на бильярде* (Сим.) — запятая перед союзом *и* в сложносочиненном предложении;

б) ...*Она сказала: «Нынче, говорят, в университете уже мало занимаются науками»* — *и подозвала свою собачку Сюзетку* (Л.Т.) — тире перед союзом *и* при однородных сказуемых; *Тут уж он и совсем обомлел: «Ваше благородие, батюшка барин, да как вы... да стою ли я...»* — *и заплакал вдруг* (Дост.) — тире после многоточия, которым заканчивается прямая речь; *На вопрос мой: «Жив ли старый смотритель?»* — *никто не мог дать мне удовлетворительного ответа* (П.) — тире после вопросительного знака, которым заканчивается прямая речь; *И только когда он шептал: «Мама! Мама!»* — *ему становилось как будто легче* (Ч.) — тире после восклицательного знака, которым заканчивается прямая речь; *Не говорить же: «Эй, собака!» или «Эй, кошка!»* — две реплики, разделенные неповторяющимся союзом *или;*

в) *Когда приказчик говорил: «Хорошо бы, барин, то и то сделать»,* — *«Да, недурно»,* — *отвечал он обыкновенно* (Г.); *Когда приходил к нему мужик и, почесавши рукою затылок, говорил: «Барин, позволь отлучиться на работу, подать заработать»,* — *«Ступай»,* — *гово-*

рил он (Г.) — запятая и тире разделяют две реплики разных лиц, находящиеся внутри авторских слов.

Примечание. Подлинные выражения, вставленные в текст в качестве элементов предложения, выделяются **кавычками**, но двоеточие перед ними не ставится: *Это «не хочу» поразило Антона Прокофьевича* (Г.); *Предположение дневального, что «взводный нажрался и дрыхнет где-то в избе», всё больше собирало сторонников* (Ф.); *Он вспомнил пословицу «За двумя зайцами погонишься — ни одного не поймаешь» и отказался от первоначального плана; С криком «Спасайте детей!» юноша бросился в горящее здание.*

Но если перед подлинным выражением имеются слова *предложение, выражение, надпись* и т.п., то перед ними ставится **двоеточие**: *Над воротами возвысилась вывеска, изображающая дородного амура с опрокинутым факелом в руке, с подписью: «Здесь продаются и обиваются гробы простые и крашеные...»* (П.); *Мимо станции проносились скорые поезда с табличками на вагонах: «Москва—Владивосток»; Разберите предложение: «Сверкнула молния, и грянул гром».*

§ 51. Знаки препинания при диалоге

1. Если реплики диалога даются каждая **с абзаца**, то перед ними ставится **тире**:

— *Значит, немец спокоен?*
— *Тишина.*
— *Ракеты?*
— *Да, но не очень часто* (Каз.).

2. Если реплики следуют **в подбор** без указания, кому они принадлежат, то каждая из них заключается **в кавычки** и отделяется от соседней **тире**: *«Так ты женат? Не знал я ране! Давно ли?» — «Около двух лет». — «На ком?» — «На Лариной». — «Татьяне?» — «Ты ей знаком?» — «Я им сосед»* (П.).

3. Если после реплики идут авторские слова, то перед следующей репликой тире опускается:

«Не видать?» — повторил барин. «Не видать», — вторично ответствовал слуга (Т.);

«Как же вы поживаете?» — спросила Екатерина

Ивановна. «Ничего, живём понемножечку», — *ответил Старцев* (Ч.);

«*Разрешите идти в первую роту?*» — *сказал Масленников, старательно, более чем обычно, вытягиваясь перед Сабуровым*. «*Идите,* — *сказал Сабуров*. — *Я тоже скоро к вам приду*» (Сим.).

4. Если одна реплика разрывается другой, а затем следует продолжение первой реплики, то после первой ее части и перед началом второй ставится **многоточие**:

— *Я просил...*
— *Ничего вы не просили.*
— *...хотя бы минуту внимания.*

5. Если в последующей реплике повторяются слова из предыдущей, принадлежащей другому лицу, причем они воспринимаются как чужой текст, то эти слова выделяются **кавычками**:

Купавина. Ах, это смешно наконец. Зачем юристом, когда ничего нет.
*Лыняев. Как «**ничего**»?*
Купавина. Так, ничего, чистая бумага (Остр.);

Силан. Пройдись малость, лучше тебе...
*Курослепов. Да, «**пройдись малость**»! Всё твоё рассмотрение...* (Остр.)

Ср.: «*Если вы будете свободны, заходите ко мне*». — «*Как это «**будете свободны**»? Ведь у меня каждая минута на учёте*»; «*Верьте, вы мне по-прежнему дороги*». — «*Ваше «**дороги**» совсем неуместно*», — *рассердилась она.*

Если же повторяющиеся в последующей реплике слова не воспринимаются как чужой текст, то кавычками они не выделяются:

Лыняев. Увы!
*Мурзавецкий. Что «увы»? Что такое, милостивый государь, **увы**?* (Остр.) — первое *увы* — повторение слова из чужого текста, второе — слово из своего текста.

6. Особая форма построения диалога выражается в том, что в качестве самостоятельных реплик используются з н а к и   п р е п и н а н и я — главным образом вопросительный и восклицательный знаки:

а) — *Я не буду отвечать.*
— *!*
— *А что вам даст это?*
— *Ничего не даст. Всё узнаем.*

б) — *Ты спятил,* — сказал Прошкин, увидев у меня *второе авторское свидетельство на изобретение.*
— *?*
— *У шефа только одно*[1].

Такое своеобразное их употребление объясняется тем, что «значение восклицательного и вопросительного знаков настолько определенно и общепринято, что оказывается возможным с помощью этих знаков выразить удивление, сомнение, возмущение и т.п. ...даже без слов»[2] (ср. § 2, п. 6 и § 3, п. 7).

§ 52. Абзацы при прямой речи

1. Если вначале идет текст от автора (вводная часть, описание и т.д.), а потом предложение, вводящее прямую речь, то оно обычно начинается **с абзаца**:

Ухватился за шест, велел Дине держать и полез. Раза два он обрывался, — *колодка мешала. Поддержал его Костылин,* — *выбрался кое-как наверх. Дина его тянет ручонками за рубаху, изо всех сил, сама смеётся.*

Взял Жилин шест и говорит:
— **Снеси на место, Дина, а то хватятся,** — **прибьют тебя** (Л.Т.).

Но если предложение, вводящее прямую речь, начинается присоединительным союзом *и, но* и т.п., то оно в отдельный абзац не выделяется:

---

[1] См.: *Ицкович В.А., Шварцкопф Б.С.* Знаки препинания как реплики диалога//*Современная* русская пунктуация. М., 1979 (оттуда заимствованы и примеры).

[2] *Иванова В.Ф.* История и принципы русской пунктуации. Л., 1962. С. 23.

Поговорили они ещё и что-то спорить стали. **И спросил Пахом, о чём спорят.** *И сказал переводчик:*

— *Говорят одни, что надо об земле старшину спросить, а без него нельзя. А другие говорят, и без него можно* (Л.Т.).

2. Текст автора, не относящийся к говорящему лицу, идущий после авторских же слов, следующих за прямой речью, выделяется **в новый абзац**:

— *Ну, я очень рада,* — *сказала жена,* — *так теперь ты, смотри ж, принимай аккуратно лекарство. Дай рецепт, я пошлю Герасима в аптеку.* — *И она пошла одеваться.*

Он не переводил дыхания, пока она была в комнате, и тяжело вздохнул, когда она вышла (Л.Т.).

Но если текст от автора синтаксически связан с предложением, вводящим прямую речь (соединительным или присоединительным союзом), то он в новый абзац не выделяется:

— *Когда?* — *воскликнули многие.* **И между тем глаза их недоверчиво устремлены были на горбача, который, с минуту помолчав, встал, оседлал свою лошадь, надел рог,** — *и выехал со двора* (Л.).

3. Текст автора, не относящийся к говорящему лицу и непосредственно следующий за прямой речью, начинается **с абзаца**:

— *Я уверен,* — *продолжал я,* — *что княжна в тебя уж влюблена.*
Он покраснел до ушей и надулся (Л.).

4. Если между двумя репликами одного и того же говорящего лица находится текст от автора, то ни этот текст, ни последующая прямая речь в отдельные абзацы обычно не выделяются:

— *Не получается что-то у меня с проводом,* — *ответил мастер.* **Он немного подумал и добавил:** — *Придётся всё делать заново.*

Но если в тексте от автора описывается действие говорящего лица, то и авторский текст, и последующая прямая речь выделяются **в абзацы**:

— *Формула эта может иметь и другой вид,* — *пояснил профессор.*
Он неторопливо подошёл к доске, взял мел и написал что-то новое для нас.
— *Вот это и есть другой вариант,* — *сказал он.*

В стихотворных текстах также различаются случаи, когда прямая речь, прерванная авторскими словами (ремаркой), является продолжением предыдущей или когда между двумя репликами того же лица описывается его действие: в первом случае **тире** ставится справа, в конце строки, во втором — слева, в начале строки (как бы абзац):

> *Ты много требуешь, Эмилия! —*
> (Молчание.)
> *Кто бы мог подумать, что такой глупец,*
> *Такой бесчувственный... чудна природа!..* (Л.)

> *Подлец, и я вас здесь отмечу,*
> *Чтоб каждый почитал обидой с вами встречу.*
> (Бросает ему карты в лицо. Князь так
> поражён, что не знает, что делать.)
> — *Теперь мы квиты* (Л.).

В стихах после прямой речи, кончающейся перед пробелом, тире не ставится.

5. Если в прямой речи приводится диалог, происходивший ранее, его можно оформить или в виде абзацев, или в подбор, но пунктуация меняется в зависимости от того, перебивает ли слушатель рассказчика или нет. Если перебивает, то разговор, происходивший ранее, даётся **с абзацев** и **в кавычках**, чтобы не смешивались фразы рассказчика и слушателя с диалогом, приводимым рассказчиком. Например:

> *...Путешественник начал свой рассказ:*
> *— Это было в самый разгар нашего похода. Подошёл ко мне проводник и говорит:*
> **«Придётся на некоторое время задержаться».**
> **«Почему? Что-нибудь случилось?»**
> *— А действительно что-нибудь случилось? — не выдержал один из слушавших путешественника.*
> *— Сейчас скажу.*

Другой вариант: слова происходившего ранее диалога даются **в подбор** к словам *и говорит*, между фразами, заключёнными в **кавычки**, ставится **тире**:

...Путешественник начал свой рассказ:
— Это было в самый разгар нашего похода. Подошёл ко мне проводник и говорит: «Придётся на некоторое время задержаться». — «Почему? Что-нибудь случилось?»
— А действительно что-нибудь случилось? — не выдержал один из слушавших путешественника.
— Сейчас скажу.

Если слушатель **не перебивает** рассказчика, то диалог, приводимый в рассказе, можно оформить тоже двояким способом: или посредством **тире** с абзацев, или **в подбор**, причем в этом случае реплики заключаются **в кавычки** и разделяются знаком **тире**. Ср.:

а) *...Путешественник начал свой рассказ:*
— Это было в самый разгар нашего похода. Подошёл ко мне проводник и говорит:
— *Придётся на некоторое время задержаться.*
— *Почему? Что-нибудь случилось?*
— *В горах произошёл обвал.*
— *Имеются какие-нибудь неприятные последствия?*
— *Подробности выясню. Но уже сейчас известно, что есть жертвы.*
Присутствующие внимательно слушали рассказ путешественника.

б) *...Путешественник начал свой рассказ:*
— Это было в самый разгар нашего похода. Подошёл ко мне проводник и говорит: «Придётся на некоторое время задержаться». — «Почему? Что-нибудь случилось?» — «В горах произошёл обвал». — «Имеются какие-нибудь неприятные последствия?» — «Подробности выясню. Но уже сейчас известно, что есть жертвы».
Присутствующие внимательно слушали рассказ путешественника.

Если диалог, приводимый в реплике, сопровождается авторскими словами, то он дается **в подбор** и выделяется **кавычками**:

Бальзаминов. ...Они смотрят да улыбаются, а я из себя влюблённого представляю. Только один раз мы встречаемся с Лукьян Лукьянычем (я ещё его не знал тогда), он и говорит: «За кем вы здесь волочитесь?» Я говорю: «Я за старшей». А и сказал так наобум... (Остр.)

6. Если прямая речь, передающая невысказанные мысли, дается п о с л е авторских слов, то она не выделяется с абзаца:

Всё шло спокойно. Неожиданно он спохватился и подумал: «А нет ли здесь какого-нибудь подвоха?»

Но если авторские слова стоят в середине или в конце такой прямой речи, то она дается **с абзаца**; ср.:

а) *Всё шло спокойно.*
   «А нет ли здесь, — п о д у м а л о н, *— какого-нибудь подвоха?»*
б) *Всё шло спокойно.*
   «А нет ли здесь какого-нибудь подвоха?» — п о д у м а л о н.

7. Если передается длинный рассказ со многими абзацами, то **тире** ставится только перед первым абзацем (ни перед промежуточными абзацами, ни перед последним тире не ставится):

— *Работа нашей экспедиции проходила так, —* начал свой рассказ учёный-геолог. *— Был разработан подробный план, намечены маршруты...* [Продолжает рассказ.]
Таковы предварительные результаты экспедиции.

§ 53. Пунктуационное и графическое оформление текста в пьесах

1. П р о з а и ч е с к и й текст в пьесах дается в подбор к имени действующего лица (последнее выделяется шрифтом); после имени действующего лица ставится точка:

А н н а П а в л о в н а. А Виктор Михайлович где?
Л и з а. Уехал. *(Л.Т.)*

2. В с т и х о т в о р н ы х текстах после имени действующего лица, данного отдельной строкой и выключенного посередине, точка не ставится:

Н и н а
Смерть, смерть! Он прав — в груди огонь —
весь ад.
А р б е н и н
Да, я тебе на бале подал яд. *(Л.)*

3. Реплики автора перед началом каждого отдельного действия пьесы (обычно набранные более мелким шрифтом без абзаца) в скобки не заключаются; последнюю строку выключают посередине:

Действие первое
Театр представляет переднюю богатого дома в Москве. Три двери: наружная, в кабинет Леонида Фёдоровича и в комнату Василия Леонидыча.
Лестница наверх, во внутренние покои; сзади неё проход в буфет. (*Л. Т.*)

4. В ремарках, помещённых рядом с именем действующего лица и выделенных иным шрифтом (обычно курсивом) в скобках, после закрывающей скобки ставится точка:

Манефа (*Глумову*). Убегай от суеты, убегай.
Глумов (*с постным видом и со вздохами*). Убегаю, убегаю. (*Остр.*)

5. Ремарки в тексте, относящиеся к данному лицу, если после ремарки следует новая фраза того же лица или если ремаркой заканчивается реплика, пишут с прописной буквы, выделяют курсивом в скобках, с точкой внутри скобки:

а) Епиходов. Я пойду. (*Натыкается на стул, который падает.*) Вот... (*Как бы торжествуя.*) Вот видите, извините за выражение, какое обстоятельство, между прочим... (*Ч.*)
б) Анфиса (*увидав Лыняева*). Ах, вы уж... уж сами. (*Идёт в сад.*) (*Остр.*)

Если же ремарка находится в середине фразы действующего лица, она пишется со строчной буквы и выделяется курсивом в скобках, без точки:

Никита. А теперь я пойду (*оглядывается кругом*) налево.

6. В стихотворных текстах ремарки, относящиеся к данному лицу, если примыкают к имени действующего лица, даются курсивом в скобках без точки; если же идут в середине (или по окончании текста) реплики действующего лица, то выделяются в отдельную строку и даются курсивом в скобках с точкой:

Арбенин (*прислушивается*)
Лжёшь! Он тут
(*показывает на кабинет*)
И, верно, сладко спит: прислушайся,
 как дышит.
(*В сторону.*)
Но скоро перестанет.
Слуга (*в сторону*)
Он всё слышит... (*Л.*)

7. Ремарка, относящаяся к другому действующему лицу, набирается обычно более мелким шрифтом и выключается в красную строку, без скобок:

Любовь Андреевна. Где тебе! Сиди уж...
Фирс входит; он принёс пальто. (*Ч.*)

8. Если в середине реплики одного лица встречается ремарка, относящаяся к другому лицу, или ремарка общего характера (например, *Темнеет* или *Раздаются песни*), то ремарка выключается, как обычно, в красную строку, без скобок, а продолжение речи ранее говорившего лица (перед ремаркой) приводится с новой строки без абзаца, причем имя действующего лица не повторяется:

Сергей Петрович. Пойдёмте со мною в дом.
На кухне раздаётся стук посуды.
Вот и ужин нам приготовлен.

Имя действующего лица повторяют в тех случаях, когда при нем имеется относящаяся к нему ремарка:

Любовь Андреевна. Вам понадобились великаны... Они только в сказках хороши, а так они пугают.
В глубине сцены проходит Епиходов и играет на гитаре.
Любовь Андреевна (*задумчиво*). Епиходов идёт. (*Ч.*)

9. Если стихотворная строка дробится на части (в одной строке дается речь нескольких действующих лиц), то оформляется эта строка «лесенкой», т.е. начало текста реплики второго действующего лица будет на том уровне, где кончился текст реплики ранее говорившего:

>   1-й понтер
>   Иван Ильич, позвольте мне поставить.
>   Банкомет
>   Извольте.
>   1-й понтер
>   Сто рублей.
>   Банкомет
>   Идёт.
>   2-й понтер
>   Ну, в добрый путь. (*Л.*)

Раздел 15

Знаки препинания при цитатах

§ 54. Кавычки при цитатах

1. Цитаты заключаются **в кавычки**. Если цитата оформляется как прямая речь, т.е. сопровождается словами автора, приводящего ее, то применяются соответствующие правила пунктуации (см. § 47 — 50):

*Белинский писал: **«Создаёт человека природа, но развивает и образует его общество»**;*

***«Двенадцать миллионов людей вне закона!.. Ужас!»** — писал в своём дневнике А.И. Герцен, имея в виду крепостных крестьян в тогдашней России;*

***«Первоэлементом литературы**, — указывал М. Горький, — **является язык, основное орудие её и — вместе с фактами, явлениями жизни — материал литературы»**;*

*Докладчик привёл слова М.В. Ломоносова: **«России могущество будет прирастать Сибирью»** — и этим закончил своё выступление.*

2. Если после стихотворной цитаты текст продолжается, то **тире** ставится в конце стихотворной строки: *Муж Татьяны, так прекрасно и так полно с головы до ног охарактеризованный поэтом этими двумя стихами:*

> *...И всех выше*
> *И нос и плечи поднимал*
> *Вошедший с нею генерал, —*

муж Татьяны представляет ей Онегина как своего родственника и друга (Бел.) — слова муж Татьяны повторяются для того, чтобы связать вторую часть авторских слов с первой частью (ср. § 40, п. 2).

3. Если цитата состоит из нескольких абзацев, то **кавычки** ставят только в начале и в конце всего текста:

В статье «Из истории русской литературы» М.Горький писал:

«*Чем же сильна литература?*

Насыщая идеи плотью и кровью, она даёт им большую наглядность, большую убедительность, чем философия или наука».

Нередко при этом для более четкого обозначения границ цитаты, особенно если внутри нее тоже имеются кавычки, используется в качестве дополнительного особый полиграфический способ выделения цитаты (набор на меньший формат, набор иным шрифтом и т.д.).

4. Если, приводя цитату, автор или редактор (издатель) подчеркивает в ней отдельные слова (такие места выделяются особым шрифтом), то это оговаривается в примечании, заключаемом в скобки, с указанием инициалов автора или сокращения *Ред.*, перед которыми ставятся **точка** и **тире**: (*подчёркнуто нами. — А.Б.*), (*курсив наш. — А.Б.*), (*разрядка наша. — Ред.*). Такое примечание помещается или непосредственно после соответствующего места в цитате, или в конце предложения либо цитаты в целом, или в виде сноски (в последнем случае примечание дается без скобок).

5. Если автор или редактор вставляет в цитату свой текст, поясняющий предложение либо отдельные слова цитаты, то этот текст помещают в прямых или угловых **скобках**; инициалы автора, а также слово *Ред.* в этом случае не ставят: Н.С.Щукин вспоминал об А.П.Чехове: «*Чтобы стать настоящим писателем, — учил он <А.П.Чехов>, — надо посвятить себя исключительно этому делу*».

§ 55. Многоточие при цитатах

1. Если цитата приводится не полностью, то пропуск обозначается **многоточием**, которое ставится:

1) перед цитатой (после открывающих кавычек), синтаксически не связанной с авторским текстом, для указания, что цитата приводится не с начала предложения: *Л.Н. Толстой писал: «...в искусстве простота, краткость и ясность есть высшее совершенство формы искусства»*;

2) в середине цитаты, когда пропущена часть текста внутри нее: *Говоря о достоинствах языка народной поэзии, А.А. Фадеев напомнил: «Не случайно наши русские классики... рекомендовали читать сказки, прислушиваться к народной речи, изучать пословицы, читать писателей, которые обладают всем богатством русской речи»*;

3) после цитаты (перед закрывающими кавычками), когда цитируемое предложение приводится не до конца: *Выступая в защиту культуры устной речи, А.П. Чехов писал: «В сущности ведь для интеллигентного человека дурно говорить должно бы считаться таким же неприличием, как не уметь читать и писать...»*

2. После цитаты, заканчивающейся многоточием, ставится **точка**, если цитата не является самостоятельным предложением: *М.В. Ломоносов писал, что «красота, великолепие, сила и богатство российского языка явствует довольно из книг, в прошлые века писанных...».*

Если же цитата, заканчивающаяся многоточием, является самостоятельным предложением, то после кавычек точка не ставится (как при прямой речи; см. § 47, п. 5): *В.Г. Белинский писал: «В «Онегине» все части органически сочленены...»*

§ 56. Знаки препинания при ссылке на автора и на источник цитаты

1. Если указание на автора или на источник цитаты следует непосредственно за ней, то оно заключается в **скобки**, причем **точка** после цитаты опускается и ставится после закрывающей скобки: *«Значение Белинского в истории русской общественной мысли огромно»* (**Луначарский**).

2. Заглавие произведения, следующее за фамилией автора после цитаты, отделяется **точкой** и не заключается в кавычки; **точкой** же отделяются выходные данные: *«Надо уметь употреблять слова, которые наиболее точно и наиболее тонко выражали бы мысли, волнующие художника»* (**Фадеев А.А. Литература и жизнь. М., 1939. С. 155**).

Первое слово указания на источник цитаты пишется со **строчной** буквы, если не является именем собственным: *Приближение грозы художественно описывается так: «Между далью и правым горизонтом мигнула молния, и так ярко, что осветила часть степи и место, где ясное небо граничило с чернотой. Страшная туча надвигалась не спеша, сплошной массой; на её краю висели большие чёрные лохмотья; точно такие же лохмотья, давя друг друга, громоздились на правом и левом горизонте»* (**из повести «Степь» А.П.Чехова**).

3. Если указание на автора или на источник цитаты приводится не непосредственно за ней, а помещается ниже, то после цитаты ставится **точка** (или иной знак, стоящий в источнике):

Как не любить родной Москвы?

Баратынский

Эпиграфы обычно пишут без кавычек, а ссылку на источник дают без скобок; ср. эпиграф к пятой главе «Евгения Онегина»:

О, не знай сих страшных снов
Ты, моя Светлана!

Жуковский

§ 57. Прописные и строчные буквы в цитатах

1. Если цитата синтаксически связана с авторским текстом, образуя придаточную часть сложноподчиненного предложения, то первое слово цитаты пишется, как правило, со **строчной** буквы: *Говоря о поэзии Пушкина, Н.А. Добролюбов писал, что «в его стихах впервые сказалась нам живая русская речь, впервые открылся нам действительный русский мир».*

2. Со **строчной** буквы пишется первое слово цитаты и в том случае, когда она, будучи синтаксически не связанной с предшествующими авторскими словами, приводится не с начала предложения, т.е. имеет перед собой многоточие: *Д.И. Писарев указывал: «...красота языка заключается единственно в его ясности и выразительности».*

3. Если цитата предшествует авторским словам, то первое слово в ней пишется с **прописной** буквы и в том случае, когда цитата приводится не с начала предложения, т.е. в цитируемом тексте это слово пишется со строчной буквы: *«...Гибок, богат и при всех своих несовершенствах прекрасен язык каждого народа, умственная жизнь которого достигла высокого развития», — писал Н.Г. Чернышевский.*

Раздел 16

Знаки препинания в газетных и журнальных заголовках

В газетных и журнальных заголовках, с их многообразными функциями (номинативной, информативной, рекламно-экспрессивной, побудительно-убеждающей, графически-выделительной), используются почти все знаки русской пунктуации. Укажем важнейшее из них[1].

Тире

1. Тире ставится в эллиптических предложениях-заголовках, построенных по формуле «кому-чему — что» или «что — кому-чему» (см. § 6, п. 3): *Выпускнику — профессию; Новому — широкую дорогу; Транспорту — чёткость и слаженность; Достижения науки — в производство; Имя Гагарина — малой планете; Награды — лучшим; Музыка — детям.*

2. Тире ставится в двучленных предложениях-заголовках, построенных по формулам «кто — чему», «кто — куда», «что — куда», «что — где», «что — как», «что — для чего» и т.д. (см. § 6, п. 4): *Учёные — производству; Клоуны — на арену; Книгу — в массы;*

---
[1] Иллюстративный материал взят из работ, посвященных вопросам структуры газетных заголовков и пунктуации в них: *Брагина А.А.* Двоеточие: подчинение или сочинение//*Современная* русская пунктуация. М., 1979; *Она же.* Точки: две и... три/Рус. речь. 1969. № 1; *Попов А.С.* Синтаксическая структура современных газетных заглавий и ее развитие// *Развитие* синтаксиса современного русского языка. М., 1966; *Швец А.В.* Разговорные конструкции в языке газет. Киев, 1971.

Передовую технологию — в производство; Учителя — в отпуске; Ракета — на орбите; Строить — быстро.

Ср. заголовки другой структуры: *Задание десяти месяцев — выполнено; В город — на праздник книги; За опытом — к соседям; В час — тысяча саженцев; На линии — 115 городов; Главные задачи — впереди; По ступеням — к высотам знаний; За преступление — к ответу.*

3. Тире ставится в заголовках, построенных по схеме «подлежащее — сказуемое» без связки (что отвечает общей норме; см. § 5, п. 1): *Герои фильмов — дети; Курс — интенсификация; Автор — студент; Девиз соревнований — скорость; Технические средства — помощники учителя.*

4. Тире ставится в заголовках, состоящих из нескольких форм именительного падежа (номинативов): *Зима — снег — лыжи; Школа — жизнь — труд.*

Двоеточие

Двоеточие ставится в заголовках, распадающихся на две части с четким и н т о н а ц и о н н ы м   д е л е н и е м, отличающихся смысловой насыщенностью, предельной краткостью, нередко и эмоциональной выразительностью. Первая часть называет общую проблему, место действия, лицо, а вторая — содержит конкретизацию названного в первой части: *Экономическая реформа: опыт, проблемы, трудности; Разоружение: концепция, проблемы, механизм; Россия — Западная Европа: выгоды и перспективы сотрудничества; Звёздный рейс: работа на отлично!; Новый герой: поиски и находки; Женщина: семья и работа; Юпитер: планета или звезда?; Перевозка айсбергов: мифы и реальность; Смена правительства: старое наследство, новые возможности; Генетика: стратегия и тактика; Космические лучи: старые или новые?; Энергетика: начало и будущее; Многоэтажные улицы: спасение или бедствие?; Рентгеновский лазер: поиски и надежды.*

Вопросительный знак

1. Вопросительный знак ставится в конце заголовков — вопросительных предложений: *Каким управлению быть?; Победа или поражение?; Восторжествует ли олимпийский принцип?; Как устроено атомное ядро?; Будет ли жить человек с чужим сердцем?; Вторая луна?; Почему погибли динозавры?; Лидеры недосягаемы?; Кто убил Джона Кеннеди?; А где гарантия?; Но зачем же стулья ломать?*

2. Вопросительный знак ставится в заголовках, состоящих из двух частей, разделенных точкой (вторая часть содержит вопрос, относящийся к сказанному в первой части): *Жить вечно. Возможно ли?; По-хозяйски. Что это значит?*

3. Вопросительный знак ставится в заголовках — вопросо-ответных построениях: *Рабочие? Нет, исследователи; С дипломом? Не требуется; Подписать? Пожалуйста!; Без печати? Недействительно...*

Восклицательный знак

Восклицательный знак ставится в конце заголовков — восклицательных предложений: *Городам — молодеть!; Полностью и в срок!; Здравствуй, кремлёвская ёлка!; В добрый путь, фестиваль!; Светись, голубой экран!; В поход, юные геологи!; Забыли, а зря!; Вот так капитальный!*

Многоточие

1. Многоточие ставится в конце заголовка для обозначения незаконченности речи или намеренного, интригующего умолчания: *Возвращаясь к напечатанному...; Раскрывая тайны земных недр...; А сроки проходят...; А если принципиально...; И заговорили немые...; Что посеешь...; По одежде встречают...; Словно мыльный пузырь...; Пошумели о специалистах и...; Письмо не напечатано, но... .*

2. Многоточие ставится в начале заголовка, если в нем содержится итог изложенного журналистом материала: *...И снова победа; ...И вот результаты*.

3. Многоточие ставится в середине заголовка для выражения неожиданного перехода ко второй части заголовка, для подчеркивания несоответствия между содержанием обеих частей: *Ткани из... стекла; Буровая на... улице; Чуткость... по графику; Расточительство... наложенным платежом; Погоня... заочно; Как... не изобретать велосипед; Грузят в вагоны... мусор; Премии за... срыв работ; Грабят... бандитов; Посевам помогает... уголь*.

Точка

1. В конце заголовков точка не ставится, независимо от их структуры (номинативное предложение, двусоставное и т.д.): *Весна на полях; Подвиг в океане; Смена кабинета в Швеции; Кино нашего детства; Первая в стране; Они сражались за Родину; Им рукоплещет мир; Выиграла семья; С дружеским визитом; К итогам избирательной кампании*.

2. Точка ставится в сегментированных заголовках (см. § 1, п. 4): *Кольца Сатурна. Какие они?; Два выходных. Как их лучше использовать?; Лесные десантники. Где их готовят?; Эстрада. Она всегда волнует*.

3. Точка ставится в парцеллированных заголовках (см. § 1, п. 5): *Рекорды. Наши!; Удача. И какая!*

Запятая

Запятая в заголовках ставится на общих основаниях, т.е. в случаях, предусмотренных правилами ее постановки: *Город, в котором мы живём; Подделка, которая не карается законом; Там, где создаётся настроение; Страна, идущая вперёд; Вот он какой, этот подводный мир*.

Раздел 17

Употребление кавычек

§ 58. Слова, употребляемые в необычном, условном, ироническом значении

1. Выделяются кавычками:

1) слова непривычные, малоупотребительные, на которые автор хочет обратить внимание: *Петушков **«стрепенулся»**, а солдат вытянулся, пожелал ему **«здравья»** и вручил ему большой пакет, запечатанный казённой печатью* (Т.);

2) слова, употребленные в необычном, особом значении: *Мне объявили, что я должен прожить тут ещё три дня, ибо **«оказия»** из Екатеринодара ещё не проходила* (Л.); *Мы поехали в лес, или, как у нас говорится, в **«заказ»*** (Т.); ***«Бить»** в дудку для приманки перепелов учил меня Фёдор* (Акс.); *Это были пассажиры третьего класса и так называемые **«палубные»**, помещавшиеся на нижней носовой палубе возле трюма. Они не имели права находиться на верхних палубах, предназначенных исключительно для **«чистой»** публики* (Кат.);

Примечание. При словосочетании *так называемый* последующие слова в кавычки не заключаются. Исключение составляют случаи, когда эти слова употреблены в необычном или ироническом значении.

3) слова, представляющие собой малоизвестные термины: *Рано весной, как только сойдёт снег и станет обсыхать **«ветошь»**, т.е. прошлогодняя трава,*

начинаются «*палы*», или лесные пожары (Акс.); *Вечером мы с охотником Ермолаем отправились на «тягу»... Но, может быть, не все мои читатели знают, что такое «тяга»* (Т.);

4) слова устарелые или, наоборот, совсем новые, если подчёркивается эта их особенность: *На открытие коммуны собрался весь актив районной «комсы»* (Н.О.);

5) слова, сказанные иронически: *...Мы в литературе чтим «табель о рангах» и боимся говорить вслух о «высоких персонах»* (Бел.); *А новый «родственник» оказался просто проходимцем; От «бумов» и спадов — к постоянному кризису*;

6) слова из чужого текста, цитаты: *Правда, некогда правильные и теперь ещё приятные черты лица его немного изменились, щёки повисли, частые морщины лучеобразно расположились около глаз, «иных зубов уж нет», как сказал Саади, по уверению Пушкина* (Т.); *...Воспитанный на красивом языке бабушки и деда, я вначале не понимал такие соединения несоединимых слов, как «ужасно смешно», «до смерти хочу есть», «страшно весело»...* (М.Г.); *Он требовал пересмотреть работу — «поскольку я внёс нужные исправления» — и заново оценить её; Достаточно было бы одной просьбы — «помогите мне выпутаться из создавшегося положения», — и всё пошло бы по-другому; Он сказал про себя «подумаешь!» и пошёл дальше; Именно эти действия они называли «взаимопомощь»; Он сказал не «глупый», а «недальновидный»* (см. § 50, п. 3);

7) слова, разъясняющие термины, выражения (в значении... , в смысле... и т.п.): *В сочетании «коренной перелом» слово* коренной *употреблено в значении «касающийся самых основ, существенный, решительный»; Хороший в смысле «добрый»; Раскрыть понятие «дуализм»*;

8) слова, употреблённые в условном значении (применительно к ситуации или контексту): *На манёврах «красные» выступали против «зелёных»; «Противник» применил «атомное оружие»; Встреча «боль-

шой семёрки» (семь крупнейших стран); *Солидный «урожай» олимпийских наград собрали наши спортсмены; Завоевать «золото», разделить «серебро», ограничиться «бронзой»* (в спортивной печати); *Политические обозреватели за «круглым столом».*

Ср. также: «бочка» (в авиации); «котёл» (в военном деле); «зелёная улица» (у железнодорожников и в переносном значении); «белое золото» (хлопок); «Белая книга» (сборник документов); *«летучая мышь»* (переносный керосиновый фонарь); *«молния»* (срочный выпуск в типографии); *«великий немой»* (дозвуковое кино); *класс «А»; витамин «А»* (но: *витамины ABC* — латинские буквы); *быть на «ты».*

В последнее время, по мере того как подобные выражения становятся обиходными, в кавычки они заключаются все реже. Например, стали писать без кавычек: *часы пик; голосовать за и против; работать на отлично; живая газета* и др.

Однако избыточное использование кавычек еще встречается в ряде случаев. Так, в статье под симптоматичным заглавием «Оскорбление кавычкой» (Лит. газета. 1980. 18 июня) справедливо отмечалось, что нет оснований для употребления кавычек в таких предложениях: *...Изменяются и «привыкают» к лекарствам сами болезнетворные микроорганизмы; Удаётся «правдами и неправдами» доставить книги; Ибо резкая смена климата — довольно сильная «встряска» для организма человека; ...Любые нормы, тем более установленные без должного обоснования, всегда будут «ущемлять» интересы представителей того или иного жанра; Приехали «с ответным визитом» спортсмены Франции* и т.п.

В то же время нельзя не сказать о положительной роли кавычек в их оценочно-стилистической функции[1].

2. Об употреблении кавычек при прямой речи см. § 47, при цитатах — § 54, при диалоге — § 51, п. 2.

---
[1] См.: *Шварцкопф Б.С.* Внимание: кавычки!//Рус. речь. 1967. № 4.

§ 59. Названия литературных произведений, органов печати, предприятий и т.д.

Кавычками выделяются:

1) названия литературных произведений, газет, журналов, музыкальных произведений, картин и т.п.: роман *«Война и мир», повесть «Степь», рассказ «Каштанка», стихотворение «Бородино», «Ода спорту» Пьера де Кубертена, газета «Комсомольская правда», журнал «Новый мир», опера «Хованщина», балет «Лебединое озеро», картина «Утро в сосновом лесу», «Камаринская»* (танец); то же в иноязычных названиях: *газеты «Юманите», «Нойес Дойчланд», «Морнинг стар», «Таймс», журнал «Космополитэн»*;

2) названия фабрик, заводов, шахт, рудников, судов, гостиниц, организаций и т.д.: *фабрика «Женская мода», завод «Богатырь», типография «Оригинал», шахта «Северная 2-бис», станция метро «Театральная», теплоход «Александр Пушкин», броненосец «Потёмкин», крейсер «Аврора», гостиница «Метрополь», издательство «Просвещение», спортивное общество «Динамо», трест «Нефтегазстрой», управление «Проектстроймеханизация», фирма «Заря», АО «Конверсия», киностудия «Мосфильм», кинотеатр «Космос»*; то же в иноязычных названиях: *концерн «Дженерал моторс корпорейшн», театры «Ла Скала», «Ковент-Гарден», музыкальная труппа «Театро музикале делла Читта ди Рома», телевизионная компания «Коламбия бродкастинг систем»*.

Примечание. Не выделяются кавычками:
1) собственные наименования, если они не имеют условного характера: *Московский государственный университет им. М.В. Ломоносова, Владимирский педагогический институт, Московский театр кукол, Измайловский парк культуры и отдыха, Институт языкознания Российской Академии наук;*
2) названия предприятий, учреждений, управлений и т.д., представляющие собой сложносокращенное слово, образованное из полного официального наименования: *Днепрогэс, Мосстрой, Гипронииздрав, Стальпроект, НИИполиграфмаш, АвтоВАЗ;*

3) названия предприятий, обозначенные номером или состоящие из аббревиатуры и номера: *шахта № 2-бис, завод АТЭ-1;*

4) названия, в состав которых входят слова *имени, памяти: Театр имени Н.В.Гоголя, Больница имени С.П.Боткина;*

5) названия телеграфных агентств: *Интерфакс, агентство Франс Пресс;*

6) иноязычные названия организаций, учреждений, состоящие из аббревиатур: *Би-би-си* (английская радиостанция), *Си-эн-эн* (американская телерадиокомпания);

7) названия книг, газет и журналов в библиографических списках, сносках: *Чуковский К. Живой как жизнь. М., 1962; Известия. 1996. 20 дек.*

§ 60. Названия орденов и медалей

1. Названия орденов и медалей выделяются **кавычками**, если сами названия синтаксически не зависят от слов о р д е н и м е д а л ь: *орден «За заслуги перед Отечеством», орден «За военные заслуги», медаль «За отличие в охране государственной границы», медаль «За победу над Германией в Великой Отечественной войне 1941 — 1945 гг.».* Ср. также: *нагрудный знак «Отличник народного просвещения».*

2. Если же название синтаксически зависит от предшествующего слова *орден*, то оно кавычками не выделяется: *орден Мужества, орден Жукова, орден Отечественной войны I степени, медаль Ушакова, знак отличия Георгиевский крест;* так же: *орден Возрождения Польши, орден Почётного легиона* (Франция) и т.п.

Не выделяются кавычками названия в сочетаниях *Золотая Звезда Героя Советского Союза, значок ГТО* и др.

§ 61. Названия марок машин, производственных изделий и т.д.

1. Кавычками выделяются названия:

1) автомобилей: *«Волга», «Чайка», «ЗИЛ-130», «Жигули», «кадиллак», «мерседес»;*

2) самолетов: *«Илья Муромец», «Поликарпов-2»*

(«*ПО-2*»), «*Ил-76*» («*ИЛ-76*»), «*Ту-154*» («*ТУ-154*») и т.п. (в специальной литературе названия-аббревиатуры пишутся без кавычек: *Ил-76, ТУ-154, Ан-24, МиГ-15, У-2, Як-9)*; бытовые, разговорные прозвища самолетов пишутся в кавычках со **строчной** буквы: «*кукурузник*» (У-2), «*мигарь*» (МиГ-15), «*ястребок*» (Як-9);

официальные названия самолетов иностранных фирм (название сопровождается цифровым обозначением) пишутся с **прописной** буквы: «*Мессершмитт-109*», «*Фокке-Вульф-189*»; их разговорные названия (без цифровых обозначений) пишутся со **строчной** буквы: «*мессершмитт*» («*мессер*»), «*фоккер*»;

3) кораблей: *крейсер «Пётр Великий», ледокол «Ермак»*;

4) танков: «*пантера*», «*фердинанд*», «*тридцатьчетвёрка*» (разг.);

5) пулеметов, миномётов и пр.: «*максим*», «*катюша*», «*калашников*» (разг.);

6) средств покорения космоса: *космический корабль «Восток-1», межпланетная станция «Луна-3», спутник связи «Молния-1», ракета «земля — воздух», ракета типа «матадор»* и т.п.;

7) комбайнов, тракторов, бытовых машин и т.п.: *комбайн «Сибиряк», трактор «ХТЗ», стиральная машина «Вятка», фотоаппарат «Зенит»*.

Примечание. Не выделяются кавычками:
1) наименования производственных изделий, ставшие общеупотребительными названиями: *браунинг, наган, галифе, макинтош, френч*;
2) названия марок машин и механизмов, представляющие собой аббревиатуры, образованные из первых букв составного наименования (часто в сочетании с числительным): *КД* (крышкоделательная машина), *БКСМ-2* (башенный кран; цифры, стоящие после аббревиатуры, пишутся через дефис), *2ОР* (однорольная ротация; цифры, стоящие перед аббревиатурой, пишутся слитно).

2. Кавычками выделяются названия различных изделий (кондитерских, хозяйственных, парфюмерных, технических и т.п.): *конфеты «Василёк»*, «*Южный* орех», «Мишка косолапый» (но: *пирожные наполеон, эклер* — общеупотребительные названия); духи «*Цветы России*», одеколон «*Красный мак*», крем «*Метаморфоза*», зубная паста «*Арбат*», стиральный порошок «*Миф*», фильтр «*Родник*», компьютер «*Макинтош*».

§ 62. Названия сортов растений

Кавычками выделяются названия сельскохозяйственных культур, цветов и т.д.: *рожь «Харьковская-194», пшеница «Крымка», клубника «Виктория», георгин «Светлана», гладиолус «Элегия»*.

Примечание. Не выделяются кавычками:
1) названия сортов растений в специальной литературе (эти названия пишутся с **прописной** буквы): *крыжовник Слава Никольска, земляника Победитель, смородина Выставочная красная, яблоня Китайка золотая ранняя, слива Никольская белая, картофель Эпикур, пшеница Днепровская-521, фиалка Пармская, тюльпан Чёрный принц*;
2) общепринятые названия цветов, плодов: *цветы анютины глазки, иван-да-марья, яблоки белый налив, папировка, слива ренклод*.

§ 63. Названия пород животных

Названия пород животных кавычками не выделяются: *корова холмогорская; собаки сенбернар, доберман-пинчер; лошади битюг, орловский рысак; куры кохинхинки*.

Не выделяются кавычками, но пишутся с **прописной** буквы клички животных: *лошадь Изумруд, корова Белянка, собака Трезор, кот Васька, медвежонок Топтыжка, слониха Манька*.

Раздел 18

Сочетания знаков препинания

§ 64. Запятая и тире

1. При «встрече» внутри предложения запятой и тире сначала ставится **запятая**, а затем **тире**: *История открытий, изобретений, история техники, которая облегчает жизнь и труд людей, — вот, собственно, история культуры* (М.Г.); *Это не вода плещет, меня не обманешь, — это его длинные вёсла* (Л.).

В большинстве случаев каждый из этих двух знаков препинания ставится на собственном основании: *Увы! Моя шкатулка, шашка с серебряной оправой, дагестанский кинжал, подарок приятеля, — всё исчезло* (Л.) — запятая закрывает обособленное приложение, тире поставлено перед обобщающим словом после перечисления однородных членов предложения; *Его походка была небрежна и ленива, но я заметил, что он не размахивал руками, — первый признак некоторой скрытности характера* (Л.) — запятая закрывает придаточную часть сложноподчиненного предложения, тире поставлено перед своеобразным приложением к предшествующим словам, имеет присоединительный оттенок; *Я отвечал, что меня беспокоят мухи, — и мы оба замолчали* (Л.) — запятая закрывает придаточную часть, тире поставлено перед частью предложения, выражающей следствие.

Постановка **тире** в качестве д о п о л н и т е л ь н о г о знака препинания может зависеть от контекста. Ср.:

На столе были разложены всевозможные предметы: книги, письменные принадлежности, географические карты, ящик, назначения которого никто не знал — придаточная часть сложноподчиненного предложения относится к последнему однородному члену и тем самым включается в перечисление, никакого дополнительного знака не требуется; *На столе были разложены всевозможные предметы: книги, письменные принадлежности, географические карты, — которыми хозяин, по-видимому, давно не пользовался* — тире нужно, чтобы показать, что придаточная часть относится ко всем однородным членам, точнее, к обобщающему слову.

2. О постановке **запятой** и **тире** как единого знака препинания в сложноподчиненном предложении см. § 40, в бессоюзном сложном предложении — § 46, в периоде — раздел 13. См. также: § 25, п. 10; § 26; § 32, прим. 1; § 43, п. 3; § 45, п. 9; § 48 — 50.

§ 65. Вопросительный и восклицательный знаки

При «встрече» вопросительного и восклицательного знаков сначала ставится **вопросительный знак**, как основной, характеризующий предложение по цели высказывания, а затем — **восклицательный**, как знак интонационный: *Да разве так можно говорить о близком человеке?!*

§ 66. Кавычки и другие знаки

1. Точка, запятая, точка с запятой, двоеточие и тире не ставятся перед закрывающими кавычками (все эти знаки могут стоять только п о с л е кавычек): *Одни голосовали «за», другие «против», но первые составляли большинство; Хватит с меня ваших «но», я* ими сыт по горло; *Стереть на карте все «белые пятна» — вот о чём всегда мечтали географы.* (См. также § 47, 48 и 54.)

2. Вопросительный и восклицательный знаки и многоточие ставятся перед закрывающими кавычками, если относятся к словам, заключенным в кавычки: *Роман «Кто виноват?» написан А. И. Герценом; Раздаётся возглас «ура!», а затем всё неожиданно стихает; «Я хочу поделиться с вами...» — так начал он свой рассказ.* (См. также § 47, 48 и 54.)

Если же вопросительный и восклицательный знаки и многоточие относятся ко всему предложению вместе со словами, заключенными в кавычки, то названные знаки ставятся после закрывающих кавычек: *Не слишком ли часто на страницах газет встречаются шаблонные выражения «чёрное золото», «белое золото», «мягкое золото»?; Надоело мне ваше «За ответом приходите завтра»!; Он так и не закончил фразу: «Прежде чем приступите к чтению «Евгения Онегина»...*

3. Если перед закрывающими кавычками стоит вопросительный или восклицательный знак, то запятая после кавычек ставится только по требованию контекста: *Он часто ставил перед собой столь знакомый вопрос «кем быть?», но так и не нашёл для себя ответа; На бортах боевых машин появились призывные лозунги: «За Родину!»* (газ.).

4. Если перед закрывающими кавычками стоит вопросительный или восклицательный знак, то после кавычек он не повторяется: *Читали ли вы роман «Что делать?»*

Неодинаковые же знаки, если они требуются по условиям контекста, ставятся перед закрывающими кавычками и после них:

Я читаю роман А. И. Герцена «Кто виноват?».

В каком стихотворении М. Ю. Лермонтова есть слова: «Люблю Отчизну я, но странною любовью!»?

Точка ставится после закрывающих кавычек, если перед ними она употреблена в качестве знака, обозначающего сокращение слова: *В объявлении было сказано: «Появилась в продаже дачная мебель: столы, стулья, диваны и т. д.».*

5. Если в начале или в конце текста (прямой речи, цитаты) встречаются внутренние и внешние кавычки, то они должны отличаться рисунком («ёлочки» и «лапки»): *Автор статьи указывает, что «в золотой фонд мировой литературы вошли такие произведения русской классики, как "Война и мир"».*

Если между внутренними и внешними кавычками стоит вопросительный или восклицательный знак, то могут использоваться кавычки одного рисунка: *Выдающимся публицистическим произведением А. М. Горького является статья «С кем вы, «мастера культуры»?».*

6. Если предложение или словосочетание, заключённое в кавычки, должно было бы заканчиваться запятой, но дальше следует продолжение текста, то запятая не ставится ни перед закрывающими кавычками, ни после них: *Стихи «Ты знаешь край, где всё обильем дышит» знакомы нам с детства; Но вот пришло время, когда «старик, одержимый рисунком» уже не мог держать кисть в руке.*

Однако перед открывающими кавычками запятая не опускается: *Вспомните, «как хороши, как свежи были розы».*

§ 67. Скобки и другие знаки

1. Перед открывающей или закрывающей скобкой не ставятся запятая, точка с запятой, двоеточие и тире; все эти знаки препинания ставятся только п о с л е закрывающей скобки (за исключением случая, указанного в § 26): *Овсяников придерживался старинных обычаев не из суеверия **(душа в нём была***

довольно свободная), *а по привычке* (Т.); *Рудин... так решителен, что сам говорит Наталье о своей любви* **(хоть говорит не по доброй воле, а потому, что вынужден к этому разговору)**; *он сам просит у ней свидания* (Черн.); *У него было три дочери* **(он их даже специально так назвал)**: *Вера, Надежда, Любовь; Вся эта область* **(это недавно установили учёные)** — *дно моря в прошлом.*

2. Точка, вопросительный и восклицательный знаки ставятся пе ред закрывающей скобкой, если относятся к словам, заключенным в скобки (см. авторские ремарки в пьесах, вставные конструкции): *Прощай, сестрица!* **(Целуется с Варварой.)** *Прощай, Глаша!* **(Целуется с Глашей.)** *Прощайте, маменька!* **(Кланяется.)** (Остр.); *И до чего уютными и неповторимыми вспомнились мне тихие вечера у нас на зимовке, когда мы, бывало, шестеро мужиков, дымя трубками, сидим в тёплой кают-компании* **(а на дворе мороз, пурга, брр!)** *и чешем языки и хохочем* (Горб.).

3. После закрывающей скобки ставится знак препинания, требуемый условиями контекста, независимо от того, какой знак стоит перед закрывающей скобкой: *Не только песен нет, куда девался сон* **(узнал бессонницу и он!)**; *всё подозрительно, и всё его тревожит* (Кр.).

(О постановке точки после закрывающей скобки, если в скобках дается ссылка на автора и на источник цитаты, см. § 56, п. 1.)

4. При «встрече» в конце предложения внутренних и внешних скобок допускается употребление скобок разного рисунка — круглых и квадратных (ср. употребление кавычек разного рисунка, § 66, п. 5).

5. Ремарки в стенограммах речей и докладов заключаются в скобки; перед закрывающей скобкой в конце ремарки ставится точка (ср. п. 2); точка, воп-

росительный и восклицательный знаки перед открывающей скобкой сохраняются: *На этом я заканчиваю своё сообщение. **(Аплодисменты.)**; Неужели мы не преодолеем этих трудностей? **(Волнение в зале.)**; Я верю в будущее России! **(Все встают. Аплодисменты.)***.

Так же оформляются примечания от редакции: *Печатается в порядке обсуждения. **(Редакция.)***

§ 68. Многоточие и другие знаки

1. После вопросительного или восклицательного знака ставятся не три точки (обычный вид многоточия), а две (третья точка стоит под одним из названных знаков): *Сколько жить ещё на свете?..* (Тв.); *А как вы вчера играли!..* (Остр.)

2. При «встрече» многоточия с запятой последняя поглощается многоточием, которое указывает не только на пропуск слов, но и на пропуск знака препинания: *Жена его... впрочем, они были совершенно довольны друг другом* (Г.).

§ 69. Расположение знаков препинания при сноске

1. Запятая, точка с запятой, двоеточие и **точка** ставятся п о с л е знака сноски, чтобы показать, что сноска относится к слову или группе слов:

...см. ниже[1],   *...следующее*[1]:
...см. далее[1];   *...см. приложение*[1].

2. Вопросительный и **восклицательный знаки, многоточие** и **кавычки** ставятся п е р е д знаком сноски, чтобы показать, что сноска относится ко всему предложению:

...не правда ли?[1]   *...в вечность...*[1]
...будет так![1]   *...«Тамань»*[1].

Раздел 19

Факультативные знаки препинания

Особенностью русской пунктуации является то, что один и тот же знак может быть использован с различным назначением (**многофункциональность** знаков препинания), однако разные знаки могут быть использованы для одной и той же цели (синонимия знаков препинания). Оба эти обстоятельства позволяют в условиях контекста производить оптимальный выбор знаков, создают возможность факультативного их использования[1].

Отмечая синонимичность в употреблении знаков препинания, не следует думать, что в конкретных случаях они полностью взаимозаменяемы, т. е. вполне равноценны. Отнюдь нет: абсолютно синонимичных знаков препинания не бывает, и, выбирая тот или иной вариант пунктуационного оформления текста, автор находит в нем определенные преимущества смыслового, стилистического, интонационного характера.

Общее понятие факультативности в употреблении знаков препинания допускает выделение трех случаев: 1) знак **собственно факультативный** — по схеме «знак — нуль знака» (ставить или не ставить); 2) знак **альтернативный** — по схеме «или — или» (взаимоисключение знаков); 3) знак **вариативный** — по схеме «знак на выбор» (параллельное употребление знаков).

---

[1] См.: *Валгина Н.С.* Понятие факультативности применительно к употреблению знаков препинания//*Современная* русская пунктуация. М., 1979.

§ 70. Собственно факультативные знаки препинания

1. В примерах: «*Всем — спасибо...*» (название кинофильма); *Он часто выступает с докладами — блестяще; Всё это хорошо, но — риск; Зачем нужны эти слова — теперь, когда всё уже решено?* — постановка тире не обусловлена структурой предложений, но вполне оправданна: сказывается желание авторов подчеркнуть значение стоящих после тире слов, выделить их интонационно, отметить присоединительный оттенок и т. д.

2. В предложениях типа *Даже переписать — и то нет времени* постановка тире не обязательна (ср. § 12, п. 4), но допустима для смыслового разделения синтагм.

3. В предложениях: *И когда, месяц спустя, мы вернулись к этому разговору, тема его потеряла уже свою остроту; Я не отрицаю этой возможности; но, всё равно, она меня не устраивает* — находим факультативное обособление обстоятельственных слов (см. § 20).

4. Возможно обособление уточняющих обстоятельств места и времени: *Там (,) вдали (,) начинается гроза; Встретимся завтра (,) в семь часов вечера* (см. § 22. п. 1 — 2).

5. Возможно обособление дополнений: *Вместо этой бесконечной однообразной равнины (,) хотелось увидеть что-нибудь живописное* (см. § 29). Ср. также: *Кроме того (,) были ещё два подобных случая* (в значении «кроме того случая», а не в значении вводного сочетания, которое выделяется обязательно).

6. Факультативна постановка запятой между двумя однородными членами предложения с повторяющимся союзом *и*: *Можно отдохнуть и в горах (,) и на берегу моря* (см. § 13, п. 2).

7. Ср.: *О, да! — О да!* (в первом случае *о* — междометие, во втором *о* — частица).

§ 71. Альтернативные знаки препинания

1. При сложных подчинительных союзах **запятая** ставится один раз — или перед всем союзом, или, в зависимости от смысла, интонации, определенных лексических условий, перед второй частью (первая входит в состав главной части сложноподчиненного предложения как соотносительное слово): *Я готов с вами встретиться (,) после того (,) как освобожусь* (см. § 34). Исключение составляют те случаи, когда придаточная часть носит присоединительный характер: *Мы делаем вид, что всё идёт нормально, что так и должно быть, — **до тех пор, пока не убеждаемся в обратном***.

2. На стыке двух союзов в сложноподчиненном предложении **запятая** между ними ставится или не ставится в зависимости от того, следует ли за придаточной частью вторая часть двойного союза *то, так, но*. Ср.: *Нам сообщили, что, если погода ухудшится, экскурсия не состоится;* — *Нам сообщили, что если погода ухудшится, то экскурсия не состоится* (см. § 36).

3. Сопоставляя предложения: *Разве эти обездоленные, а не само общество повинно в равнодушии?* и *Разве эти обездоленные, а не само общество, повинны в равнодушии?* — мы отмечаем в первом из них отсутствие запятой после второго однородного члена, связанного с первым с помощью противительного союза *а* и не заканчивающего собой предложения (см. § 12, п. 7), а во втором — наличие запятой. Объясняется это расхождение тем, что в первом предложении сказуемое согласуется с ближайшим к нему подлежащим *(общество повинно)*, а во втором — с более отдаленным подлежащим *(обездоленные... повинны)*, и было бы неудачным соседство слов *общество* и *повинны*.

4. Альтернативными являются знаки препинания при так называемой с и н т а к с и ч е с к о й о м о н и м и и (совпадение лексического состава двух предложений, но с различными синтаксическими связями отдельных слов: они могут быть отнесены и к предшествующей, и к последующей группам слов). Ср.:

Беды, постигавшие его впоследствии, она воспринимала как расплату (Пан.); *Беды, постигавшие его, впоследствии она воспринимала как расплату;*

Лихачёв прочитал письмо племянника молча, отошёл к окну (Марк.); *Лихачёв прочитал письмо племянника, молча отошёл к окну*[1].

Ср. также: *Он заявил, что передал книгу и ждал ответа; Он заявил, что передал книгу, и ждал ответа;*

Он говорил удивительно легко, подбирая точные слова и строя ясные фразы; Он говорил, удивительно легко подбирая точные слова и строя ясные фразы;

Отряд остановился: у переправы не было лодок; Отряд остановился у переправы: не было лодок[2].

§ 72. Вариативные знаки препинания

Часто в печати встречается различное пунктуационное оформление аналогичных текстов. Выше, например, говорилось, что перед присоединительной конструкцией могут стоять разные знаки препинания: запятая, тире, точка, многоточие (см. § 24, п. 7).

Разные знаки препинания могут быть и в сегментированных конструкциях (см. § 1, п. 4). После первой части (именительный темы, или именительный представления) могут стоять точка, запятая, двоеточие, тире, вопросительный или восклицательный знак, многоточие, возможно сочетание двух знаков: **Театр.** *Это слово связано с самыми ранними впечат-*

---
[1] См.: *Гостеева С.А.* О функциях знаков препинания в предложениях, содержащих компоненты с двусторонней синтаксической связью// *Современная* русская пунктуация. М., 1979 (оттуда заимствованы и эти примеры).

[2] *Гвоздев А.Н.* Современный русский язык: Сб. упражнений. М., 1964 (оттуда заимствованы и эти примеры).

лениями детства (Кат.); **Логика мышления**, *ей он верил* (Грос.); **Студенческий быт**: *каким ему быть?* (газ.); **Тётка** — *где ж она откажет, хоть какой, а всё ж ты свой* (Тв.); **Любовь?** *Не знаю имени такого* (Сельв.); **Воспоминания!** *Как острый нож оне* (Гр.); **Человек будущего...** *О нём мечтали лучшие люди многих поколений, всех времён* (Долм.); **Друзья моей юности!..** *Каждый из них пошёл своей дорогой* (Серебр.).

Разные знаки препинания в аналогичных условиях могут быть употреблены и в ряде других случаев[1]. Укажем важнейшие из них.

Точка — запятая

Сопоставим два текста:

Редела тень. Восток алел. Огонь казачий пламенел (П.);

Редел на небе мрак глубокий, ложился день на тёмный дол, взошла заря (П.).

В аналогичных по структуре текстах автор устанавливал разные отношения между отдельными предложениями: более отдаленные в первом случае, более близкие — во втором (образ наступающего дня). Что касается действующих правил, то в подобных случаях они допускают взаимозамену указанных знаков препинания.

Запятая — точка с запятой

Сопоставим два предложения:

Был тихий мороз, заря догорала, высоко лежали пуховые снега (Пан.);

Полки ряды свои сомкнули; в кустах рассыпались стрелки; катятся ядра, свищут пули; нависли хладные штыки (П.).

В подобных случаях возможна вариативность употребления указанных знаков препинания.

---

[1] См.: *Ширяев Е.Н.* Соотношение знаков препинания в бессоюзном сложном предложении//*Современная* русская пунктуация. М., 1979.

Точка — точка с запятой

Сопоставим два текста:

Поздно. Ветер стал холодный. Темно в долине. Роща спит над отуманенной рекою. Луна сокрылась за горою (П.);

У ворот увидел я старую чугунную пушку; улицы были тесны и кривы; избы низки и большей частью покрыты соломой (П.).

Постановка точки с запятой между предикативными частями бессоюзного сложного предложения во втором тексте объясняется его характером: показывается общее первое впечатление от Белогорской крепости при въезде в нее. Но и в первом тексте отдельные предложения рисуют общую картину (после вступительного предложения *Поздно*), и не была бы нарушением действующих правил постановка в аналогичных случаях точки с запятой.

Двоеточие — тире

Самые многочисленные случаи вариативности знаков препинания — параллельное употребления двоеточия и тире[1].

1. После обобщающего слова п е р е д п е р е ч и с л е н и е м однородных членов предложения встречается наряду с обычным двоеточием также **тире**: *Там всё иное — язык, уклад жизни, круг людей* (Коч.); *Всё в них выражало неприязнь — их крикливость, самоуверенность, бесцеремонность* (Гран.); *Возможны другие вспомогательные персонажи — хозяин мебельного магазина, перемазанный известью маляр, зеленщик из соседней лавки* (Евт.); *Что её больше волнует — уход мужа или то, что в глазах окружающих перестала существовать «образцовая семья»?* (газ.); *И отовсюду —*

---
[1] См.: *Гришко Ф.Т.* Возможное варьирование знаков препинания// Рус. яз. в школе. 1973. № 5 (оттуда заимствованы и некоторые примеры); *Барулина Н.Н.* О некоторых закономерностях в смешении тире и двоеточия//*Современная* русская пунктуация. М., 1979.

из каждого дома, двора, из каждой руины и переулка — бежало навстречу нам эхо (Пауст.).

Ср. возможность выбора между двоеточием и тире в следующих примерах: *Его ничто не берёт (: —) ни время, ни невзгоды, ни болезни; Конечно, он изменился (: —) сгорбился, поседел, с морщинками в уголках рта; Трудно объяснить, чем он привлекал к себе (: —) интеллигентностью? свободными манерами? искренностью? добротой?; Но почему он так властвовал над умами и сердцами (: —) радовал и печалил, наказывал и прощал?; Мы оба художники (: —) и ты и я.* (См. также § 15, п. 5 и 9.)

2. В бессоюзном сложном предложении с изъяснительными отношениями встречается наряду с двоеточием также **тире**. Ср.:

Я понял: важно, кто рисует (Гран.); *Я понял — случилось горе, и молча хотел помочь* (Ес.);

Ефрему казалось: не будет конца пути (Сарт.); *И казалось — вот-вот немного, и Фёдор поймёт* (Тендр.);

И судьи решили: если будет дождь соревнования отменят; Заметил первый камень, решил — здесь клад, стал ковыряться (Тендр.).

3. Вариативным стало употребление двоеточия и тире в эллиптических предложениях с отсутствующим глаголом восприятия (*и увидел, и услышал, и почувствовал*; см. § 44, п. 4)[1].

Прислушался: в горах было тихо (Горб.); *Прислушался — вековечная лесная тишина* (Сер.);

Кузьма прислушался: кто-то погонял лошадь (Льв.); *Якоб прислушался — невесёлая песня* (Герм.).

Ср. также: *Вхожу (: —) всё тихо; Он всё время озирается (: —) не подкрадывается ли кто-нибудь; Рассчитал, прикинул (: —) невыгодно; Он с удивлением смотрел на пятна (: —) это откуда?*

---

[1] См.: *Макаров В. Г.* О знаках препинания в одном из типов бессоюзных сложных предложений//Рус. яз. в школе. 1977. № 1 (оттуда заимствованы и некоторые примеры).

Ср. постановку **тире** (вместо ожидаемого двоеточия) в предложениях этого типа: *Он искоса посмотрел на неё — она очень молода и красива* (М. Г.); *Она оглянулась — на неё летела Васька в солдатской гимнастёрке, с угольно-чёрными бровями от переносья до висков* (Пан.); *Он выглянул из комнаты — ни одного огонька в окнах* (Пан.); *Посмотрел на прорубь — вода дремала* (Шишк.).

Иногда в этих случаях вместо двоеточия употребляются **запятая** и **тире** как единый знак препинания: *Я заглянул в гнёздышко, — там всего два птенчика* (Вер.); *Я обернулся, — всадник уже рядом* (Соб.); *Поднял глаза, — стул подле стола был пустой* (Сер.).

4. Вариативны двоеточие и тире в бессоюзных сложных предложениях с причинно-следственными отношениями; ср.: *Последние дни флажки на карте не двигались: положение оставалось без перемен* (Сим.); *А углубляться мы не могли — земля промёрзла* (Гран.).

Ср. также: *Кажется, Приморью и без того есть чем подивить мир (: —) одни тигры да женьшень чего стоят; Эти слова при нём не произносите (: —) может обидеться; С таким напарником можно хоть на Марс лететь (: —) надёжный товарищ.*

5. Вариативны двоеточие и тире в бессоюзных сложных предложениях с пояснительными отношениями: *Авторов этих писем волновали разные проблемы, но объединяло одно (: —) все они ждали от газеты конкретной и действенной помощи; Всех интересовал только один вопрос (: —) как поскорее выпутаться из создавшегося положения; Я помню пушок на его щеках (: —) он только начал бриться; На голове её цветной платок (: —) по алому полю зелёные розы; У меня правило (: —) никакого кофепития перед сном.*

Ср. постановку **тире** вместо ожидаемого двоеточия: *В небе выскакивают беленькие точки — рвутся шрапнели* (Кат.); *С берёз крупными слезами сыплются капли — идут весенние соки* (Кат.).

6. Параллельное употребление двоеточия и тире встречается при обособлении **пояснительных** и **уточняющих** членов предложения: *Это означало одно (: —) нужно расстаться; Как долго продолжалось это молчание (: —) минуту, три, десять?; Потом началось главное (: —) поиски, нащупывание новых путей исследования; Кончался их разговор всегда одним и тем же (: —) ссорой; Сколько мне тогда было (: —) девятнадцать или двадцать?; Не знаю, когда уехать (: —) в среду или в четверг.*

Ср. пунктуационное оформление близких по структуре предложений заголовков: *Знакомьтесь: Балуев; Внимание — ребёнок.*

В заключение можно указать, что в «конкурентной борьбе» двоеточия с тире «победителем» нередко выходит **тире**. Это явление отмечается многими исследователями. Так, А. Г. Лапотько и З. Д. Попова считают, что «в целом тире — знак более свободный, заходящий и во владения двоеточия»[1]. Н. С. Валгина также приходит к выводу, что выявляется тенденция к вытеснению в ряде случаев двоеточия знаком тире»[2]. Объяснить это можно особым статусом тире среди других знаков препинания: «В настоящее время тире очень употребительный и многофункциональный знак препинания. Он выполняет как грамматические (чисто синтаксические), так и эмоционально-экспрессивные функции; особенно широко используется он в последнем качестве в художественной литературе»[3].

Наблюдения над современной периодической печатью подтверждают вывод об «агрессивности» тире: *За годы, прошедшие со времени подписания Заключительного акта в Хельсинки, миллионы людей,*

---

[1] *Современная русская пунктуация*. М., 1979. С. 90.
[2] *Валгина Н.С.* Принципы русской пунктуации. М., 1972. С.55.
[3] *Иванова В.Ф.* О первоначальном употреблении тире в русской печати//*Современная русская пунктуация*. С. 236.

прежде всего в Европе, лично сумели оценить всё то доброе, что дала им разрядка, — преимущества мирной спокойной жизни, экономического, научно-технического и культурного сотрудничества (газ.); *Выборы позади — можно отдохнуть* (газ.).

Запятая — тире

Синонимия этих знаков препинания, с сохранением присущих каждому из них смысловых и интонационных оттенков, встречается в ряде случаев:

1) между **однородными членами** предложения при бессоюзном их соединении: *Превратила всё в шутку сначала, поняла — принялась укорять* (Бл.) — постановка запятой вместо тире ослабила бы оттенок следствия; *Она упорно молчала* (— ,) *терпела, но молчала;*

2) при обособлении **несогласованных определений**: *Это была красивая горная местность* (— ,) *с глубокими ущельями, отвесными скалами, густыми хвойными лесами;*

3) при обособлении **уточняющих** членов предложения: *Разрядка стала признанным, более того* (— ,) *доминирующим фактором мировой политической жизни; Оставалось несколько свободных вакансий, а точнее* (— ,) *пять; Не уверен, скорее всего* (— ,) *не согласен;*

4) в **присоединительных конструкциях**: *Не вышло* (— ,) *и всё; Это свидетельствует о его дерзости* (— ,) *и только;*

5) в сложносочиненных предложениях для указания на **неожиданное присоединение** (см. § 32): *Ещё немного* (— ,) *и мы оказались бы на краю пропасти;*

6) в бессоюзных сложных предложениях со значением **противопоставления** или **условно-следственным**: *Это было возможно* (— ,) *нет,*

это уже произошло; *Послушать вас (— ,) так вы готовы на всё ради справедливости;* ср. также: *И будь не я, коптел бы ты в Твери* (Гр.); *Захоти он — парню и Тане было бы плохо* (Пан.);

7) в сложных предложениях, в первой части которых выражается у с л о в и е сочетанием безличной формы глагола *стóит* с неопределенной формой другого глагола, а во второй — р е з у л ь т а т или с л е д с т в и е: *Стоит ему поскользнуться (— ,) и всё погибло;*

8) в к о с в е н н о м в о п р о с е: *Он готов был даже спросить (— ,) как дела;*

9) в предложениях с плеонастическим (излишним) употреблением л и ч н о г о м е с т о и м е н и я 3-г о л и ц а, дублирующего предшествующее существительное: *Все эти прошлые годы, все эти воспоминания (— ,) они продолжали существовать.* Ср.:

Народ, он культуры требует (Сол.); *Пуля — она в Федотку-то не угодит, а кого-нибудь со стороны свалит* (Сед.);

Слёзы унижения, они были едки (Фед.); *Мужик — он строгость любит* (Марк.);

10) при в с т а в н ы х к о н с т р у к ц и я х: *В действительности, и я это знал в точности, в то время ему шёл только тридцать четвёртый год* (Бык.); *Одно он понимал ясно — и это горело в его перетревоженных глазах, — что дело идёт о всей его судьбе, которую вот тут же могут загасить навсегда легко, как спичку* (Фед.).

Скобки — тире

Сопоставим два предложения:

*Все сидели, как поповны в гостях **(как выражался старый князь)**, очевидно, в недоумении, зачем они сюда попали, выжимая слова, чтобы не молчать* (Л. Т.);

...Он улыбался застенчиво и обиженно, видя себя в толпе никому не нужным, еле живым существом и —

как он сказал себе в эту минуту — один на один с Россией (Фед.).

Примеры показывают, что одинаковые по структуре в с т а в н ы е предложения могут выделяться скобками и тире (см. § 26).

Кавычки — тире

Кавычки и тире вариативны при выделении прямой речи (см. § 47, п. 1). Ср. также: *Достаточно было сказать — «да»; Достаточно было сказать «да»*.

Вопросительный знак — тире

Сопоставим два текста:
Что его ждёт впереди? Одни тревоги.
Что его ждёт впереди — одни тревоги.

В первом тексте — два предложения, первое заканчивается вопросительным знаком (после него может быть поставлено тире). Во втором тексте — одно бессоюзное сложное предложение с присоединительными отношениями. Оба пунктуационных варианта правомерны.

Вопросительный знак — восклицательный знак

В зависимости от оттенков значения и от интонации некоторые предложения могут иметь на конце либо вопросительный, либо восклицательный знак: *Да разве можно такими речами поносить родителей?* (Остр.) — возможна постановка восклицательного знака; *Откуда у меня деньгам быть!* (Л. Т.) — возможна постановка вопросительного знака.

Отсюда появляется возможность постановки обоих знаков; ср.:
Неужели вы не знаете таких простых вещей?
Неужели вы не знаете таких простых вещей!
Неужели вы не знаете таких простых вещей?!

Многоточие — тире

Сопоставим предложения:

Поглощённый мыслями о причудах славы, я вышел на светлую лестничную площадку и... остолбенел (Гран.);

Контролёр понимающе ухмыльнулся, кивнул в сторону зала и — сплюнул (Сан.).

Здесь можно отметить возможность параллельного употребления многоточия и тире при выражении неожиданности или резкого противопоставления. Ср. также: ***Двадцать лет... Это была такая давность*** — именительный темы; ***Двадцать лет — это же целая вечность*** — двусоставное предложение.

Многоточие — запятая и тире

Рассмотрим пример: *Он размахнулся и изо всех сил ударил мать по лицу ( ) но ему был только один год.* Отсутствующий в скобках знак может быть многоточием (для выражения неожиданности, способной вызвать улыбку) или запятой и тире (одной запятой перед союзом *но* было бы недостаточно для выражения усиленного противопоставления).

Раздел 20

Авторская пунктуация

Термин «авторская пунктуация» допускает двоякое толкование.

С одной стороны, под этим термином понимаются особенности пунктуационного оформления текстов, носящие индивидуальный характер, присущие тому или иному писателю (набор применяемых им знаков, преимущественное использование одного из них, расширение функций этого знака), в целом не противоречащие принятым в данный период правилам[1].

С другой стороны, указанный термин трактуется как сознательное отступление от действующих норм пунктуации и особое применение знаков препинания в художественных текстах[2]. Действительно, в печатных и рукописных текстах нередко встречается пунктуация, не подпадающая под принятые правила, но оправданная стилем, жанром, контекстом произведения.

---

[1] См., например: *Ефимов А.И.* Стилистические функции скобок в языке Салтыкова-Щедрина//Рус. яз. в школе. 1946. № 1 (примерно то же в его книге «Стилистика художественной речи». М., 1957. С. 425 — 435); *Валгина Н.С.* Стилистическая роль знаков препинания в поэзии М.Цветаевой// Рус. речь. 1978. № 6. *Она же.* «Ни моря нет глубже, ни бездны темней...» (о пунктуации А.Блока)//Рус. речь. 1980. № 6; *Николаев А.А.* Пунктуация стихотворений Тютчева//*Современная* русская пунктуация. М., 1979; *Иванчикова Е.А.* Об одном приеме аффективной пунктуации Достоевского//Там же.

[2] См.: *Гришко Ф.Т.* Авторские знаки препинания//Рус. яз. в школе. 1978. № 2 (автор ссылается на определение, данное в «Краткой литературной энциклопедии», т.6, с.81).

Четкую границу между этими двумя понятиями провести трудно, и представляется возможным рассматривать авторскую пунктуацию в обоих аспектах.

Так, А. И. Ефимов проанализировал широкое использование М. Е. Салтыковым-Щедриным такого сравнительно редкого знака препинания, как скобки (в «Правилах русской орфографии и пунктуации» приводятся только четыре случая их применения). Для писателя-сатирика скобки были одним из эффективных средств создания выразительности, они использовались им не столько в служебно-грамматических, сколько в экспрессивно-стилистических целях: в них заключались образные эквиваленты, синонимы слова, «эзоповские» словечки, профессионализмы, разъяснялась устаревшая лексика, давались комментарии к именам и фамилиям, фразеологические параллелизмы, комментирующие указания на источники фразеологии, раскрывались перифрастические выражения, они служили подстрочниками сатирического языка, обрамляли полемические выпады, включали остроты, анекдоты, замечания служебно-грамматического характера и т. д. (по подсчетам Ефимова, скобки у Салтыкова-Щедрина выполняли до сорока функций).

Ф. Т. Гришко относит к авторской пунктуации широкое и своеобразное использование многоточия в произведениях Л. Леонова: как показателя паузы, как сигнала присоединительной связи, как способа перехода от прямой или несобственно-прямой речи к словам автора, как замену абзаца при переходе от начальной, как бы ключевой фразы к последующему развернутому изложению и т. д.

Е. А. Иванчикова утверждает, что «в системе интонационно-синтаксических изобразительных средств, характеризующих писательскую манеру Достоевского, прием употребления знака тире после союза *и* занимает, несомненно, свое определенное место». Среди приводимых ею примеров имеются такие: *«Я ничего не слыхал», — сказал Вельчанинов и — побледнел; Он вышел и — покончил дело; Одним словом, предчувствую наступление нового периода жизни и — волнуюсь; Тысяча предрассудков и логичных мыслей и — никаких мыслей!; Главное, господин Версилов погорячился и — излишне поторопился...; Машинально подошёл он к окну, чтоб отворить его и дохнуть ночным воздухом, и — вдруг весь вздрогнул...*

Общеизвестно «пристрастие» М. Горького к тире: оно встречается между подлежащим и глагольным сказуемым, после сочинительного союза при однородных членах предложения, после обобщающих слов перед перечислением однородных членов, между однородными и неоднородными членами, перед сравнительным союзом и в других случаях, в которых обычно или вообще не ставится знак препинания, или ставится другой знак. Например[1]: *Лежать — хуже. Лёг — значит — сдался; Это — как в кулачном бою; И — хочется мне говорить; Чудачок! Как же не бояться? А — господа, а — Бог?; А — в любовников — верите?; Бутылку пива? — Значит — так нельзя?* (реплики относятся к разным лицам); *Люди — победили; Человек — умеет работать!; Закат — погас; Алёшка знал* (в последних примерах расчленение предложения усиливает значение обоих главных членов, как бы противопоставляя их друг другу); *У него было такое толстое, сырое лицо, и живот — как большая подушка* (перед сравнительным союзом); *«Так вы это, что земля — прах, сами должны понять!» — «Прах, а — ряса шёлковая на тебе. Прах, а — крест золочёный! Прах, а — жадничаете»; Деньги — исчезают, работа — остаётся; Одни — воюют, другие — воруют* (симметричное тире); *Всё это глупости, — мечты, — ерунда!; Отстань, — будет, — брось!; Народ идёт, — красные*

---

[1] См.: *Шапиро А.Б.* Основы русской пунктуации. М., 1955 (оттуда заимствованы и некоторые примеры).

флаги, — множество народу, — бессчётно, — разного звания... (в последних примерах запятая и тире для выражения градации).

Смысловая, синтаксическая, интонационная функции тире, графическая выразительность этого знака завоевали ему популярность и у других писателей, в произведениях которых тоже встречается индивидуально-авторское, свободное, нерегламентированное употребление тире.

Ср. в художественной прозе и в письмах И.С. Тургенева: *И дымком-то пахнет и травой — и дёгтем маленько — и маленько кожей; И он, точно, умер прежде меня, в молодых летах ещё будучи; но прошли года — и я позабыл об его обещании — об его угрозе; Высокая, костлявая старуха с железным лицом и неподвижно-тупым взором — идёт большими шагами — и сухою, как палка, рукою толкает перед собой другую женщину; Я никогда ни одной строки в жизни не напечатал не на русском языке; в противном случае я был бы не художник — а — просто — дрянь. ...Я тебе обещаю одну вещь, которая, я надеюсь, тебе понравится — что такое — не скажу — увидишь — а получишь ты её, может быть, через месяц.*

Известное стихотворение в прозе «Русский язык» имеет такое пунктуационное оформление:

Во дни сомнений, во дни тягостных раздумий о судьбах моей родины, — ты один мне поддержка и опора, о великий, могучий, правдивый и свободный русский язык! Не будь тебя — как не впасть в отчаяние при виде всего, что совершается дома? Но нельзя верить, чтобы такой язык не был дан великому народу!

Тире с его способностью выражать ритмомелодию речи широко используется Ф. И. Тютчевым. Иногда оно употребляется поэтом и как конечный знак:

Кончен пир — умолкли хоры —
Опорожнены амфоры —
Опрокинуты корзины —
Не допиты в кубках вины —

> На главах венки измяты —
> Лишь курятся ароматы
> В опустевшей светлой зале...

Примеры авторского использования тире у А.Н. Толстого: *Да — вот что — сам-то возвращайся, да рысью, слышь...; А ты — смотри — за такие слова...; Дьяку — дай, подьячему — дай, младшему подьячему — дай* (симметричное тире).

Об активном использовании тире в поэзии А.А. Блока пишет Н.С. Валгина. Вот пример употребления тире для сжатого, резкого и контрастного выражения мыслей:

> И вот — Она, и к ней — моя Осанна —
> Венец трудов — превыше всех наград.
> ....
> Я здесь один хранил и теплил свечи.
> Один — пророк — дрожал в дыму кадил.
> И в Оный День — один участник Встречи.
> Я этих встреч ни с кем не разделил.

Ритмомелодическое тире:

> Высоко над нами — над волнами, —
> Как заря над чёрными скалами —
> Веет знамя — Интернационал!

Тире в стихах особой ритмики:

> А она не слышит —
> Слышит — не глядит,
> Тихая — не дышит,
> Белая — молчит...

Тире как отражение жестких пауз:

> ...Скалит зубы — волк голодный —
> Хвост поджал — не отстаёт —
> Пёс холодный — пёс безродный...

В. В. Маяковский использует тире для передачи отрывистой, разорванной речи: «*Буржуазия возвела в поэтический культ — мелкую сентиментальную любовишку — гармоничный пейзаж — портрет благо-*

роднейших представителей класса. Соответствующе и слова её — нежны — вежливы — благородны».

О роли тире у М. И. Цветаевой для смыслового выделения последнего слова строки, для создания особой ритмомелодии стиха также пишет Н. С. Валгина в названной выше статье и приводит такой пример:

> Июльский ветер мне метёт — путь,
> И где-то музыка в окне — чуть.
> Ах, нынче ветру до зари — дуть
> Сквозь стенки тонкие груди́ — в грудь.
>
> Есть чёрный тополь, и в окне — свет,
> И звон на башне, и в руке — цвет,
> И шаг вот этот — никому — вслед,
> И тень вот эта, а меня — нет.

Пример чеканного слога М. Цветаевой, отраженного на письме с помощью тире:

> Далеко — в ночи — по асфальту — трость,
> Двери настежь — в ночь — под ударом ветра.
> — Заходи! — гряди! — нежеланный гость,
> В мой покой пресветлый.

Некоторые авторы выделяют вставные предложения одновременно скобками и тире (в разной последовательности): *Я очень виноват перед вами обоими, особенно перед тобой, Марианна, в том, что причиняю вам такое горе — (я знаю, Марианна, ты будешь горевать) — и доставил вам столько беспокойства* (Т.); *Нужно было по сбитым, источенным ступенькам (— молодая крапивка росла из каменных трещин —) спуститься в полуподвал* (Леон.).

Можно было бы привести и другие примеры индивидуально-авторского использования знака тире в произведениях художественной литературы (например, А. Н. Толстой ставит подряд три тире), использования, способствующего выявлению творческой манеры писателя. Ср., например, пунктуацию для показа отрывистой речи: *Поставив руки на бёдра, Ри-*

чард наклонялся вправо, влево, приговаривая: «К — вопросу — о — некоторых — данных — наблюдений — гроз — Тульской области — во второй половине девятнадцатого века» (Гран.).

Во всяком случае, уместно напомнить совет А.П. Чехова одному писателю: «...поменьше употребляйте курсивов и тире, — это манерно».

Встречаются и другие случаи авторской пунктуации: полный или частичный отказ от знаков препинания как сатирический прием, или отражение особенностей пунктуации иностранного языка в переводных текстах, или, наоборот, перегрузка текста знаками препинания: *Есть идея! Падай мне в ноги, так и быть, помилую! Я! Беру! Тебя! Зачисляю! К! Себе! В! Группу! Вот!* (Гран.); *Я скучаю. Без. Тебя. Моя. Дорогая. (Это мой новый стиль — мне нравится рубить фразы, это модно и в духе времени.)* (Ю. С.)[1].

Закончить данный раздел можно было бы словами: «Следует твердо знать, что и автор художественного произведения, как бы ни своеобразна была его тематика, как бы индивидуален ни был его языковой стиль, как бы оригинальна ни была его художественная манера, не может сколько-нибудь далеко отойти от принятой в данной письменности пунктуационной системы»[2].

Но, чтобы из этих слов не сделать неправильный вывод об отрицательном отношении к авторской пунктуации, добавим два высказывания видного исследователя в области русского правописания В.И. Чернышева.

Первое: «При некотором внимании к рукописному тексту И.С. Тургенева становятся очевидными своеобразные достоинства его пунктуации и является понятным стремление автора выйти из прочных, но

---

[1] Примеры из статьи *Ф.Т.Гришко* «Авторские знаки препинания».
[2] *Шапиро А.Б.* Современный русский язык. Пунктуация. М., 1966. С. 64.

невыразительных рамок ее обычного употребления и приспособить знаки препинания к более точному выражению мысли и более естественному делению речи. Особенно удачно выработалась у Тургенева система употребления многоточий. Он употребляет в рукописи «Стихотворений в прозе» три вида многоточия: 1) две рядом стоящие точки (..), 2) три точки (...) и 3) четыре точки (....). Это употребление многоточий является, так сказать, параллелью к употребляемым нами для разных степеней раздельности речи знакам: запятая, точка с запятой и точка»[1]. (Можно было бы попутно указать, что у Ф.И. Тютчева число точек в многоточии доходит до пятнадцати.)

Второе: «...у Г. И. Успенского была «своя» пунктуация, не **синтаксическая**, которая у нас принята, а интонационная, показывающая членение речи в ее живом произношении. Писатель имел дело в процессе изложения не с мертвыми графическими знаками: он как бы слышал, он производил и изображал живую речь с ее естественными паузами»[2].

---
[3] *Чернышев В.И.* Избр. труды. М., 1970. Т. 2. С. 275.
[4] Там же. С. 309.

Раздел 21

Знаки препинания в текстах разговорной речи

Различные трудности возникают при пунктуационном оформлении текстов разговорной речи. В некоторых случаях представляется возможным находить какие-то соотношения между конструкциями разговорной речи и конструкциями речи книжной (кодифицированного литературного языка), проводить аналогию между теми и другими; иногда такое сопоставление невозможно и приходится искать особые критерии для решения вопроса о знаках препинания в текстах разговорной речи.

Чаще всего пишущие опираются на интонацию. Например, в предложениях с существительными в роли главных членов, между которыми при чтении делается пауза, можно поставить **тире**: *У меня шторы — немецкий шёлк; У Игоря была чашка — тонкий фарфор; Твоё платье — шёлк или шерсть?*[1]

---

[1] Примеры заимствованы из кн.: *Русская* разговорная речь. М.. 1973. (Предложения в этой книге даются без знаков препинания: с косой черточкой при наличии интонационного деления и без нее при его отсутствии.); *Земская Е.А.* Русская разговорная речь: Проспект. М., 1968; *Гвоздев А.Н.* Современный русский язык: Сб. упражнений. М., 1964; *Кручинина И.Н.* Синтаксис разговорной речи// Рус. речь. 1968. №1; *Лаптева О.А.* Некоторые эквиваленты общелитературных подчинительных конструкций в разговорной речи// *Развитие* синтаксиса современного русского языка. М., 1966; *Она же.* Общие устно-речевые синтаксические явления литературного языка и диалектов// *Русская* разговорная речь. Саратов, 1970; *Ширяев Е.Н.* Связи свободного соединения между предикативными конструкциями в разговорной речи// *Русская* разговорная речь. Саратов, 1970; *Грамматика* современного русского литературного языка. М., 1970; *Бабайцева В.В.* Переходные конструкции в синтаксисе. Воронеж, 1967.

Ср. два ряда предложений:

1) с интонационным выделением постпозитивного именительного падежа в функции качественного определителя другого существительного, что можно показать постановкой тире: *Он купил шкаф — карельская берёза; Они продают новый гарнитур — красное дерево; Дай мне витамины — коробочка серенькая;*

2) без интонационного выделения постпозитивного именительного, обозначающего иной признак — часть предмета, количество, размер и т. п.: *Вот твой сырок половинка; У нас есть шпроты коробка; Вот нитки катушка; Там есть сыр остатки; У вас есть чай заварка?*

Необычность предложений второй группы (отсутствие синтаксической связи между соседними существительными) объясняется тем, что мы невольно подходим к ним с меркой норм книжно-письменной речи, упуская из виду, что перед нами две различные системы национального языка.

Однако опора на интонацию не может считаться решающим критерием. Во-первых, как известно, между интонацией и пунктуацией нет полного соответствия (возможна пауза, но нет знака препинания; есть знак, но нет паузы). Во-вторых, сама интонация — понятие относительное: в аналогичных построениях интонационное членение то наличествует, то отсутствует. Ср. две конструкции с именительным падежом пояснения (ситуация — у кассы магазина): *Четыреста рублей / первый отдел; Двадцать два рубля первый отдел.*

Ср. также два возможных варианта пунктуации в примерах:

а) *А кино, что, сегодня не будет? — А кино, что? сегодня не будет?*

б) *Это ты нарочно, да, разбросал повсюду окурки? — Это ты нарочно, да? разбросал повсюду окурки?*

В качестве эксперимента было предложено нескольким лицам (среди них были и опытные корректоры) написать предложение: *Улица Гоголя не знаете где?* (данное, естественно, без знаков препинания). Полученные варианты:

Улица Гоголя, не знаете где?
Улица Гоголя — не знаете где?
Улица Гоголя, не знаете, где?
Улица Гоголя не знаете где?

Авторы первых двух вариантов усматривали наличие в них именительного темы, после которого возможна постановка как запятой, так и тире. Сторонники двух последних вариантов считали, что здесь перед ними сложноподчиненное предложение, в котором главная часть находится внутри придаточной, а в этих случаях в пунктуации возможны колебания (см. ниже, п. 2). Большинством голосов последний вариант был признан наиболее приемлемым. Так же решили вопрос о пунктуации в предложении: *В отдел редких книг не скажете как пройти?*

Но тем не менее остается в силе положение: все, что мы произносим, мы должны уметь отразить на письме.

Далее рассматриваются некоторые случаи, представляющие интерес в плане пунктуационного оформления текстов разговорной речи.

1. Если за полным предложением следует присоединение с оценочным значением, то перед ним ставится **тире**: *Есть у меня магнитофонные записи — **закачаешься**!; Иной раз он такое скажет — **умрёшь**!; Все пришли вовремя — **порядок**!*

2. В разговорной речи встречаются сложноподчиненные предложения с главной частью внутри придаточной: *Без него **не знаю** что бы делал; Прошло **не помню** сколько времени; Он **не скажу** чтобы был симпатичен; Так мы пробежали **не считал** сколько километров.*

Ср. в письменной речи: *Манилова проговорила, несколько даже картавя, что он очень обрадовал их своим приездом и что муж её, не проходило дня, чтобы не* вспомнил о нём (Г.); *Ему одному только не помню я, какое дал прозвание Жуковский* (Вяз.); *...Они спрашивали и отвечали коротко о таких вещах, о которых они сами знали, что надо было говорить долго* (Л. Т.)[1]. В подобных случаях **запятая** обычно ставится только после главной части предложения (см. § 33, п. 3). Однако устойчивого правила здесь нет. Ср.: *Для характеристики тогдашней жизни в России я не думаю, чтоб было излишним сказать несколько слов о содержании дворовых* (Герц.); *Лет до четырнадцати, я не могу сказать, чтоб мой отец особенно теснил меня, но просто вся атмосфера нашего дома была тяжела для живого мальчика* (Герц.).

3. В разговорной речи встречаются сложные предложения такого типа: *Самая прочная дружба — это когда всё готов сделать для товарища; Самая интересная книга — это когда не знаешь, чем всё это кончится; Авторитет — это когда тебя боятся; Детское кино — это когда мультфильмы показывают; Счастье — это когда у тебя любимая работа.*

Ср.: *Любовь — это когда кажется то, чего нет* (Ч.); *Самая поздняя осень — это когда от морозов рябина сморщится и станет, как говорят, «сладкой»* (Пришв.). В этих конструкциях придаточная часть сложноподчиненного предложения выполняет функцию сказуемого при подлежащем, выраженном формой именительного падежа существительного, и отделяется от него посредством **тире**.

4. **Тире** ставится в разговорных конструкциях между двумя частями, из которых первая близка по функции к именительному темы (что-то называется, указывается), а вторая начинается с указательного местоимения *это* или содержит в своем составе личное местоимение: *Через улицу переходит — это ваш*

---

[1] Текст в примерах носит разговорный характер, но он не подпадает под то понимание устной разговорной речи, которого придерживаются современные исследователи.

учитель?; В воротах стоит — это из вашего класса?; Вон дерётся — ты его знаешь? В этих примерах можно отметить так называемое смещение (перебой) конструкции, находящее свое выражение в том, что начало предложения дается в одном синтаксическом плане, а конец — в другом; на письме это обычно обозначается с помощью тире.

5. Запятая ставится между двумя частями бессоюзных конструкций, первая из которых содержит вопросительное наречие, а вторая определяет существительное из первой части (в целом конструкция может быть приравнена к сложноподчиненному предложению с придаточной определительной, но без союзного слова *который*): *А где мой кошелёк, тут лежал?; А где крючок и кольцо, исчезли куда-то?; А где картонная коробка, у нас была?*

Разновидностью этого типа вопросов являются предложения, в которых первая часть не содержит вопросительного наречия: *Здесь книжки нет, я оставляла?; Хочешь лепёшечку, бабушка испекла?; Эту книжку, я тебе говорила, ты взял?* Такая же пунктуация применяется и для невопросительных структур типа: *Компот остался ещё недоеденный, стоял в банке; Я ему показал одну икону, у Сони висит в комнате.*

Отношения между частями бывают и не атрибутивными, конструкции могут быть эквивалентными общелитературным конструкциям с союзами *когда, если* и др.: *Сергей, мы сядем под дерево, дождь пойдёт; Что мне делать, слесаря не дозовёшься?*

Возможны и другие значения (причины, условия, уступки, цели, сравнения), причем поясняющая (зависимая) часть может находиться внутри поясняемой (основной) части. Пунктуация в этих случаях носит условный характер, так как некоторые конструкции близки к вставным и допускают использование других знаков препинания: *В больницу, зуб болит, еду —*

причина; *Как же я в Киев, никого нет, поеду?* — условие; *Билеты на Таганку, исхитрялся по-всякому, так и не достал* — уступка; *Бумагу, в магазин зайду, нужно мне* — цель; *Это наверно гадость такая же, вот я недавно глотала* — сравнение.

Не вызывает сомнений постановка **запятой** перед второй частью, в которой союзное слово (или союз) имеется, но поставлено оно не в начале, а в конце: *Надень кофту, там висит которая; А где карандаш, тут лежал который?; И вчера был снег вечером, я шла когда.*

6. Запятая ставится внутри конструкций, эквивалентных сложноподчиненным предложениям с отсутствующим соотносительным словом: *Кто записаны, получат билеты получше; У кого детей нет, редко дачу снимают; Кто приехал, у нас ночевать будут; Кто с ней занималась, у неё принимала экзамен.*

Однако при отсутствии интонационного отделения запятая не ставится: *Спросите кто стоит впереди* (имеется в виду: «спросите у того, кто стоит впереди»); при постановке запятой получился бы другой смысл: «выясните, кто стоит впереди»); *Найдите мне кто вяжет; Пускай кто остаётся работает.*

При отсутствии смысловой и синтаксической связи между обеими частями конструкции их разделяют знаком **тире**: *Кто умеет хорошо готовить — картошка вещь замечательная; Кому холодно — можно закрыть окно.*

7. Запятая не ставится внутри выражений типа <u>есть чем заняться, найду куда обратиться</u> (см. § 41, п. 7): *У тебя есть где ночевать?; У тебя нет чем мазать клей?; У вас не будет чем отвинтить?; У тебя не будет куда яблоки положить?; Тебе надо во что завернуть?; Ему нужно чем завязать.* Ср. также: *Возьми на чём сидеть; Купи чем стирать; Дай во что завернуть; Дай мне на чём ты гладила; Ты взял чем вытираться?; Собирай с чем на рынок пойдём.* Отсутствие запятой перед местоименным оборотом объясняется тем, что он, будучи синонимичен однословному названию предмета, не является придаточной частью сложноподчиненного предложения (в других случаях синонимия члена предложения и придаточной части не служит препятствием к ее пунктуационному выделению). Ср.: *чем стирать — мыло, стиральный порошок; на чём сидеть — коврик, одеяло; чем вытираться — полотенце; с чем на рынок идти — сумки* и т. д.

8. Запятая ставится, если конструкция с местоимением выступает в функции о б р а щ е н и я: *Заходите, кто первый; Кто пальто снял, проходите в зал; Кому выходить, не толпитесь в проходе; Предъявляйте, у кого проездной.* Также: *Чья посылка, подойдите сюда; Чья очередь, входите; Чей чемодан, освободите проход.*

9. Тире ставится в предложениях, в которых в роли сказуемого выступает целое п р е д л о ж е н и е с к а ч е с т в е н н о - х а р а к т е р и з у ю щ и м значением, иногда — ф р а з е о л о г и ч е с к и й о б о р о т (см. § 5, п. 6): *Пирог — пальчики оближешь; Книжка — с ума сойти можно; Работа — только кнопки нажимай; Ветер — на месте не устоять; Тулуп у него — можно сейчас же переселяться на полюс; Работники у меня — хоть всем премии давай; Ученики в классе — можно о каждом хорошее сказать; Эта сумка — подкладка моется; Наш стол — крышка раздвигается; Моя ручка — перо царапает; У тебя голос — стёкла дрожат; Эта рубашка — воротник не мнётся; Наши окна — рамы развинчиваются; Твоё платье — рисунок не крупный?*

Ср. также примеры, в которых после тире стоит предикативное сочетание с количественным значением: *Молока у них — пей не хочу; Народу там — пушкой не пробьёшь.*

10. Запятая не ставится между двумя глаголами в одинаковой форме, образующими единое с м ы с л о в о е целое (движение и его цель, пребывание в определенном состоянии), типа <u>*сбегай принеси, погляжу*</u>

пойду, лежишь отдыхаешь (см. § 9, п. 1, прим. 1): *снеси продай; сниму выстираю; бери спрячь; спи ложись; возьми читай; носил продавал; не вытерпел сказал; сжалился впустил; заторопился забыл; ...Я дорогой ела шла; У неё нога болит, она ходит хромает; Я вчера лежал читал наш четвёртый номер; Это надо обязательно сходить переписать; А я-то на ней мучилась спала; У меня брат здесь лежал умер, и отец здесь лежал умер; Я его очень торопилась шила; Правда, они конечно мучились жили; Он говорил, он читал хохотал от восторга; Хлеба ты обрадовалась накупила!; Я там был слушал пели.*

Ср. реализацию этих конструкций разговорной речи в художественной литературе: *Да что же я... **Сидела шила*** (Л. Т.); *Притомились мы, **идём дремлем*** (Кор.); *Так вы **идите** поскорей **оканчивайте*** (Ч.); ***Пойдём походим** — холодно тут* (Гриб.).

11. Различная пунктуация встречается в конструкциях разговорной речи, в самом начале которых употреблена форма именительного падежа существительного (см. § 72).

1) После именительного темы в сегментированных конструкциях, за которыми следует личное местоимение, чаще ставится **запятая**: *А **трамвай**, он как идёт?; **Гречневая каша**, она не быстро варится; **Овчарки**, они бывают красивые.*

Такая пунктуация сохраняется и в тех случаях, когда в позиции именительного темы (сегмента) выступают другие грамматические структуры — словосочетание, прилагательное, предложно-именное сочетание: ***Русский старинный фарфор**, он очень сейчас вот ценится; **Зелёная**, она разве не в чистке?* (о кофте); *А **на семнадцати камнях**, они чем лучше?* (о часах).

2) В тех случаях, когда форма именительного падежа с союзом *а*, следующая за другим высказыванием того же лица, интонационно обособляется, ставится **тире**: *Протри люстру, **а бумага** — найди что-

нибудь в шкафу; *Ты обедай один, **а чай** — подожди меня; Давай разбором займёмся, **а диктант** — завтра утром*.

3) Если форма именительного падежа употреблена в о б ъ е к т н о м или о б с т о я т е л ь с т в е н н о м значении (что неприемлемо для книжно-письменной речи), то она не отделяется знаком препинания от следующего за ней глагола: ***Станция метро «Первомайская» сойдёте?***

4) Если за формой именительного падежа следует предикативное н а р е ч и е (слово категории состояния), то обычно наблюдается их интонационное членение и между ними ставится **тире**: *Лес — чудесно!; Человеческая кровь — страшно!* (Копт.); *Учёный — хорошо!* (Панф.); *Болезни — плохо*.

Интонационное членение отсутствует, если между указанными словами имеется какой-либо член предложения: *Баня для здоровья **нехорошо*** (Ч.); *И три минуты на залп **не плохо*** (Степ.).

При наличии слова *это* между формой именительного падежа и наречием **тире** ставится о б я з а т е л ь н о: ***Шторм*** — *это* ***прекрасно*** (Пан.); ***Нет, рана в живот*** — *это* ***отвратительно*** (Герм.).

Тире ставится перед словом *это* и в тех случаях, когда в сегменте представлена неопределенная форма глагола или какая-либо конструкция: ***Обещать*** — *это он* ***умеет***; *А чтобы самому* ***сходить*** — *это ему в голову не пришло*; *По какому учебнику* — *это он* ***не спросил***.

УСЛОВНЫЕ ОБОЗНАЧЕНИЯ

Аж. — В. Ажаев
Акс. — С. Т. Аксаков
А. К. Т. — А. К. Толстой
Алт. — А. Алтаев
Андр. — Л. Н. Андреев
Ант. — С. Антонов
Арб. — А. Арбузов
Арс. — В. К. Арсеньев
Ас. — Н. Асеев
А. Т. — А. Н. Толстой
Баб. — С. Бабаевский
Багр. — Э. Багрицкий
Баж. — П. Бажов
Бат. — К. Н. Батюшков
Бахм. — В. Бахметьев
Бедн. — Д. Бедный
Бел. — В. Г. Белинский
Бер. — Г. Березко
Берг. — О. Берггольц
Бл. — А. А. Блок
Бонд. — Ю. Бондарев
Бр. — В. Я. Брюсов
Брык. — Н. Брыкин
Буб. — М. Бубеннов
Булг. — М. А. Булгаков
Бун. — И. А. Бунин
Бык. — В. Быков
В. Б. — В. Беляев
Вер. — В. В. Вересаев

Верш. — П. Вершигора
Вирта — Н. Вирта
Вишн. — Вс. Вишневский
В. К. — В. Кожевников
Вор. — Е. Воробьев
Вс. Ив. — Вс. Иванов
Вяз. — П. А. Вяземский
Г. — Н. В. Гоголь
газ. — из газет
Гайд. — А. Гайдар
Гарш. — В. М. Гаршин
Герм. — Ю. Герман
Герц. — А. И. Герцен
Гл. — Ф. Гладков
Г.-М. — Н. Г. Гарин-Михайловский
Гол. — С. Голубов
Гонч. — И. А. Гончаров
Горб. — Б. Горбатов
Горбун. — И. Ф. Горбунов
Гр. — А. С. Грибоедов
Гран. — Д. Гранин
Гриб. — Н. Грибачев
Григ. — Д. В. Григорович
Грос. — В. Гроссман
Даль — В. И. Даль
Дик. — Н. Диковский
Добр. — В. Добровольский
Добрпл. — Н. А. Добролюбов

Долм. — Е. Долматовский
Дост. — Ф. М. Достоевский
Д. П. — Д. И. Писарев
Евт. — Е. Евтушенко
Е. М. — Е. Мальцев
Ерш. — П. П. Ершов
Ес. — С. А. Есенин
Жук. — В. А. Жуковский
Закр. — В. Закруткин
Зл. — С. Злобин
Ил. — В. Ильенков
И. П. — И. П. Павлов
Ис. — М. Исаковский
К. — А. В. Кольцов
Кав. — В. Каверин
Каз. — Э. Казакевич
Кар. — А. Караваева
Кат. — В. Катаев
Кетл. — В. Кетлинская
Кож. — А. Кожевников
Копт. — А. Коптяева
Кор. — В. Г. Короленко
Коч. — В. Кочетов
Кр. — И. А. Крылов
Крым. — Ю. Крымов
Куд. — В. Кудашев
Купр. — А. И. Куприн
Л. — М. Ю. Лермонтов
Лавр. — Б. Лавренев
Лапт. — Ю. Лаптев
Леон. — Л. Леонов
Леск. — Н. С. Лесков
Лид. — В. Лидин
Л.-К. — В. Лебедев-Кумач
Л. Н. — Л. Никулин
Л. Т. — Л. Н. Толстой
Льв. — К. Львова
М. — В. В. Маяковский
Майк. — А. Н. Майков
Марк. — Г. Марков
Март. — Л. Мартынов
Марш. — С. Маршак
М. Г. — М. Горький
Медв. — Д. Медведев

Мих. — С. Михалков
М.-П. — П. И. Мельников-Печерский
М.-С. — Д. Н. Мамин-Сибиряк
Мус. — А. Мусатов
Н. — Н. А. Некрасов
Наг. — Ю. Нагибин
Нар. — С. Нариньяни
Нев. — А. Неверов
Н. И. — Н. Ильина
Ник. — Г. Николаева
Никит. — И. С. Никитин
Н. Н. — Н. Никитин
Н. О. — Н. Островский
Н.-П. — А. Новиков-Прибой
Н. Усп. — Н. В. Успенский
Н. Чук. — Н. Чуковский
Обр. — В. Обручев
Ов. — В. Овечкин
Ол. — Ю. Олеша
Остр. — А. Н. Островский
П. — А. С. Пушкин
Павл. — П. Павленко
Пан. — В. Панова
Панф. — Ф. Панферов
Пауст. — К. Паустовский
Перв. — А. Первенцев
Пис. — А. Ф. Писемский
Пл. — А. Н. Плещеев
Пог. — Н. Погодин
пог. — поговорка
Пол. — Б. Полевой
Пом. — Н. Г. Помяловский
Поп. — Попов
посл. — пословица
Пришв. — М. Пришвин
Раз. — А. Е. Разоренов
Реш. — Ф. М. Решетников
Роз. — В. Розов
Сан. — В. Санин
Сарт. — С. Сартаков
Саян. — В. Саянов
Св. — М. Светлов

Сед. — К. Седых
Сейф. — Л. Сейфуллина
Сельв. — И. Сельвинский
Сем. — Т. Семушкин
Сер. — А. Серафимович
Серебр. — Г. Серебрякова
Сим. — К. Симонов
С.-К. — А. В. Сухово-Кобылин
Сл. — В. А. Слепцов
См. — В. Смирнов
Соб. — Л. Соболев
Сол. — В. Солоухин
Стан. — К. М. Станюкович
Степ. — А. Степанов
Степн. — С. М. Степняк-Кравчинский
Сурк. — А. Сурков
С.-Щ. — М. Е. Салтыков-Щедрин
Т. — И. С. Тургенев
Тв. — А. Твардовский
Тел. — Н. Д. Телешов
Тендр. — В. Тендряков
Тих. — Н. Тихонов

Тр. — К. Тренев
Триф. — Ю. Трифонов
Троеп. — Г. Троепольский
Тын. — Ю. Тынянов
Тютч. — Ф.И. Тютчев
Усп. — Г. И. Успенский
Ф. — А. Фадеев
Фед. — К. Федин
Фет — А. А. Фет
Форш — О. Форш
Фурм. — Д. Фурманов
Цв. — М. И. Цветаева
Ч. — А. П. Чехов
Чак. — А. Чаковский
Черн. — Н. Г. Чернышевский
Чук. — К. Чуковский
Ш. — М. Шолохов
Шишк. — В. Шишков
Щип. — С. Щипачев
Эр. — И. Эренбург
Эрт. — А. И. Эртель
Юг. — А. Югов
Ю. К. — Ю. Казаков
Ю. С. — Ю. Семенов
Яз. — Н. М. Языков

ПРЕДМЕТНЫЙ УКАЗАТЕЛЬ

Указатель составлен к основному тексту (с. 6—305). Он включает конкретные слова и конструкции, а также грамматические термины, которые связаны с той или иной рекомендацией либо правилом пунктуации. Слова и конструкции, расположенные в алфавитном порядке, выделены курсивом.

При побуквенном совпадении рубрик соблюдается следующий порядок: рубрики, состоящие из одного слова, предшествуют рубрикам составным, начинающимся с того же слова. Внутри составных рубрик начальные слова не повторяются, а замещаются знаком тире.

А

а (союз) между однородными членами 35(6)
— между частями сложносочиненного предложения 161(2)
— перед вводным словом 119(5)
— перед деепричастным оборотом 75(2)
а (частица) перед повторяющимся обращением 150(7)
а именно между частями сложносочиненного предложения 159(1)
— перед однородными членами после обобщающего слова 42(2)
— перед подчинительным союзом 173(5)
— при пояснительных членах предложения 101(1)
а также между однородными членами 35(7)
— перед подчинительным союзом 173(5)
а то между частями сложносочиненного предложения 166(1)
а то и между однородными членами 35(7)
авось (частица) 126 (примеч.)
ай да (цельное сочетание) 154(4)
ах (частица) перед *вы* и *ты* с последующим обращением 153 (примеч. 2)
ах и (цельное сочетание) 154(4)

Б

безусловно — вводное и не вводное слово 123
благодаря — обособление обстоятельства с этим предлогом 87(2)
больше (не больше) чем 198(4)
будто в сравнительном обороте 201(1), 202(2)

В

в конце концов — вводное и не вводное сочетание 128(9)
в особенности в присоединительной конструкции 107(1)
в случае если (сложный союз) 176
в то время как (сложный союз) 174(1)
в том числе — обособление конструкции с этим сочетанием 106(1)
в частности в начале уточняющего или присоединительного оборота 106(1)
— вводное слово 112(1)
— перед подчинительным союзом 173(5)
ввиду — обособление обстоятельства с этим предлогом 87(2)
вводные предложения 138
вводные слова в начале и в конце обособленного оборота 116(4)
— классификация их по значению 112—116
— ложные (их перечень) 126 (примеч.)
— стоящие рядом 116(3)
вернее («вернее говоря») 114(1)

верно — вводное и не вводное слово 123(8)
вместо — обособление оборота с этим предлогом 91(1)
во всяком случае — вводное и не вводное сочетание 106(9)
возможно — вводное и не вводное слово 122(8)
вообще — вводное и не вводное слово 130
вопреки — обособление обстоятельства с этим предлогом 87(2)
вопросительный знак в конце предложения 8(1—5)
— в прямой речи 239, 241(4)
— и восклицательный, их сочетание 271
— и кавычки закрывающие 271(2)
— и многоточие 275(1)
— и скобки 273(2)
— между однородными членами 9 (1, примеч.)
восклицательный знак в конце предложения 10(1—6)
— в прямой речи 239, 241
— и кавычки закрывающие 271(2,4)
— и многоточие 275(1)
— и скобки 273(2)
— между однородными членами 9 (1, примеч.)
всё равно кто (что, где, как, какой, куда, откуда, чей) 199(5)
вследствие — обособление обстоятельства с этим предлогом 87(2)
вставное предложение внутри другого вставного предложения 144 (примеч. 2)
— выделение скобками или тире 140(1), 144(2)
вы в составе обращения 148(5,2)

Г

главным образом в начале присоединительного или уточняющего оборота 106(1)
— вводное сочетание 132(10)

Д

да в присоединительной конструкции 106(1)
— между однородными членами 34(1), 35 (6), 36(1)
— между частями сложного предложения 159(1,1), 161(2)
да и в присоединительной конструкции 106(1)
— между частями сложносочиненного предложения 161(1,4)
да и вообще в присоединительной конструкции 106(1)
даже в присоединительной конструкции 106(1)
даже если — нерасчленимое сочетание 180(6)
далее — вводное и не вводное слово 124
двоеточие в бессоюзном сложном предложении 218
— в прямой речи 237(5, 6)
— в сложноподчиненном предложении 193
— перед перечислением однородных членов без обобщающего слова 43(3)
— после обобщающего слова 42(1)
деепричастие одиночное необособленное 80, 81
— обособленное 80
деепричастный оборот необособленный 77 (примеч.)
— обособленный 75(1)
— после союза 75(2)
дефис висячий 68(4)
— между повторяющимися словами 50
— между приложением и определяемым существительным 67 (примеч.)
— при парных сочетаниях 25(2)
для того чтобы (сложный союз) 174(1)

Е

если в начале вводного предложения 139(1,3)
если не... то 40(1)

Ж

же (союз) между частями сложносочиненного предложения 161(2)

З

за исключением — обособление оборота с этим сочетанием 91(1)
за неимением — обособление оборота с этим сочетанием 92
запятая в бессоюзном сложном предложении 215(1)
— в сложноподчиненном предложении 170(1)
— в сложносочиненном предложении 159
— замещающая второе тире при обособлении 66
— и скобки 144 (примеч.)
— и тире 45(7), 145(4), 194, 230

— между однородными членами 23(1), 25(1), 32(1), 34(2), 36(1), 40(1)
— между повторяющимися словами 48(1)
— после утвердительных, отрицательных и вопросительно-восклицательных слов 156, 157
— при вводных словах и предложениях 112—138
— при междометиях 152
— при обособленных оборотах 53, 66, 75, 91
— при обращениях 147
— при повторяющихся словах 48
— при сравнительных оборотах 201

запятая и тире в бессоюзном сложном предложении 230
— в периоде между повышением и понижением 234
— в сложноподчинённом предложении 194
— перед словом, которое повторяется в предложении для связи с предшествующим текстом 194(2)
— после группы придаточных перед главной частью 194(1)

зато между однородными членами 35(6)
— между частями сложносочинённого предложения 161(2)

звукоподражательные слова 156(7)

И

и в присоединительной конструкции 106(1)
— и вводные слова 119(5)
— между однородными членами, одиночное 34(1)

— между частями сложносочинённого предложения 160(1)
— перед подчинительным союзом 172(4,2)
— повторяющееся не при всех однородных членах 38(7)
— повторяющееся не при однородных членах 40(11)
— повторяющееся при однородных членах 36(1)
— при повторяющихся словах 49(3)

и...и 36—40

и притом — обособление присоединительной конструкции 106(1)

или («то есть») 103(2)
— между однородными членами 35(5)
— между частями сложносочинённого предложения 164(3)
— перед подчинительным союзом 172(4,2)

или...или 36(1)

именительный темы (именительный представления) 7(4)

именно — обособление с этим словом 101(1)

иначе («иначе говоря») 116(4)

интонационное тире 21

исключая — обособление оборота с этим словом 91(1)

исходя из — обособление / необособление оборота с этим сочетанием 79

К

кавычки — выделение ими знаков отличия 267
— выделение малоизвестных терминов 263(3)
— выделение марок машин 267
— выделение названий литературных произведений 266

— — — органов печати 266
— — — предприятий и т. д. 266
— — — различных изделий 268(2)
— — — сортов растений 269
— выделение прямой речи 236
— выделение слов в ироническом значении 64(1,5)
— — — — в необычном значении 263(1,2)
— — — — в непривычном значении 263(1,1)
— — — — в условном значении 264(1,8)
— — — устарелых 264(1,4)
— выделение цитируемых подлинных выражений 264(1,6)
как («в качестве») 71(7, примеч.), 208(4,3)
— в начале вводного предложения 139(1,3)
— в оборотах, не выделяемых запятой 207(4, примеч.)
— в приложениях 71(7)
— в сравнительных оборотах 203(3)
— в устойчивых сочетаниях 211
— с частицами *ах, ну, ой, ох* 154(5)
как будто в начале сравнительного оборота 201(1)
как же — вопросительно-восклицательное сочетание 157(1)
как...так и 40(1)
как-то перед однородными членами после обобщающего слова 42(2)
какой с частицами *ах, ну, ой, ох*
конечно — вводное и не вводное слово 129(9,4)
который в составе деепричастного оборота 78(примеч. 4)
кроме — обособление оборота с этим словом 91—92(1, 2)

Л

ли...или между однородными придаточными 182(5)
— между однородными членами 40(12)
— между частями сложносочиненного предложения 161—162 (примеч.)
либо 35(5)
либо...либо 36(1)
лишь когда — нерасчленимое сочетание 180(6)

М

междометные выражения 155(6), 151(примеч. 2)
между тем как (сложный союз) 174(1)
меньше (не меньше) чем 198(4)
многоточие в конце предложения 13(3)
— в прямой речи 242(5)
— в цитатах 256(1,2)

Н

наконец — вводное и не вводное слово 127(9)
например в начале уточняющего или присоединительного оборота 106(1)
— вводное слово 134(9,14)
— перед однородными членами после обобщающего слова 42(2)
наряду с — обособление оборота с этим сочетанием 91(1)
насколько...настолько 40(1)
начиная с — обособление / необособление слов с этим сочетанием 80(5)

не иначе как — сочетание, не расчленяемое запятой 161(3)
не столько...сколько 40(1)
не так...как 40(1)
не так чтобы — сочетание, не расчленяемое запятой 198(3)
не то между частями сложносочиненного предложения 161(2)
не то...не то в сложносочиненном предложении 164(3)
не то что — сочетание, не расчленяемое запятой 198(3)
не то что...а при однородных членах 43(3)
не то чтобы — сочетание, не расчленяемое запятой 198(3)
не то чтобы...а при однородных членах 43(3)
не только...но и 40(1)
небось (частица) 126 (примеч.)
нежели в сравнительном обороте 201(1)
неизвестно кто (что, где, как, какой, куда, откуда, чей) — нерасчленимое сочетание 199(5)
непонятно кто (что, где, как, какой, куда, откуда, чей) — нерасчленимое сочетание 199(5)
несмотря на — обособление обстоятельства с этим сочетанием 87(2)
нет 156(1)
нет-нет да и 56(1,6)
ни перед подчинительным союзом 172(4,2)
ни...ни в выражениях фразеологического характера 37(4)
— в сложносочиненном предложении 159(1,1)
— при однородных членах 36(1)

но между однородными членами 35(6)
— между частями сложносочиненного предложения 161(2)
— рядом с вводным словом 119(5)
номинативное (назывное) предложение 6(3)
ну (междометие и частица) 153(3)

О

о — междометие 153(3)
— частица перед обращением 149(6)
обобщающее слово — двоеточие и тире 42(1), 44(6)
обособленные члены предложения:
дополнение 91—94
обстоятельство 75—91
определение 53—66
приложение 66—75
обращение — знаки препинания 147
— ложное 150(11, примеч. 1)
— разорванное 150(11)
— связанное неповторяющимися союзами 150(9)
однако — вводное слово 129 (9,3)
— союз между однородными членами 35(6)
— между частями сложносочиненного предложения 161(2)
одним словом после однородных членов перед обобщающим словом 44(7)
однородные члены предложения
— запятая между ними 23(1), 25(1), 32(1), 36(1), 40(1)
— тире между ними 24(2), 27(4)
— точка с запятой между ними 25(3)

определения необособленные 54(2)-57(5)
— неоднородные 30(2)
— обособленные 53(1), 57(6), 59(7), 63(1)
— однородные 25—30(1)
определительный оборот 53(1)
особенно в присоединительной конструкции 106(1)
— перед подчинительным союзом 173(5)

П

парные союзы 40(1)
парцелляция 7(5)
период 234—236
по имени в обособленном приложении 71(7)
по кличке в обособленном приложении 71(7)
по причине — обособление оборота с этим сочетанием 87(2)
по прозвищу в обособленном приложении 71(7)
по фамилии в обособленном приложении 71(7)
повторяющиеся слова 48—50
подобно — обособление оборота с этим словом 87(2)
позже (не позже) чем 198(4)
помимо — обособление оборота с этим словом 91(1)
попало: кто (что, где, как, какой, куда, откуда, чей) попало — нерасчленимое сочетание 199(6)
пояснительные члены предложения 101
правда 125
предложение-обращение 148(2)
прежде всего 123

при — обособление оборота с этим словом 87(2)
при наличии — обособление оборота с этим сочетанием 87(2)
придаточные:
из одного союзного слова 172(4,3)
не соединенные союзами 181(1)
соединенные неповторяющимся союзом 181(3)
— повторяющимися союзами 182(4)
приложения к отсутствующему слову 72(9)
— неоднородные 33(2)
— одиночные 66(2)
— однородные 32(1)
— при имени собственном 69(5)
— при личном местоимении 71(8)
— распространенные 66(1)
присоединительные члены предложения 106—112
притом — обособление оборота с этим словом 106(1)
причастный оборот необособленный 54(2)
— обособленный 53(1)
прямая речь внутри авторских слов 242
— перед авторскими словами 239
— после авторских слов 236
— с авторскими словами внутри 240

Р

раньше (не раньше) чем 198(4)
родом в обособленном приложении 71(7)
рубрики перечисления 8(8)

С

с тем чтобы 174(1)
сверх — обособление оборота с этим словом 91(1)
сегмент 7(4)
скобки и другие знаки препинания 273
— при вставных конструкциях 140—143
сколько в начале вводного предложения 139(1, 3)
скорее («скорее говоря») 116(4)
словно в сравнительном обороте 201(1)
словно как (сложный союз) 180(6)
слово-предложение 6(2,3)
словом после однородных членов перед обобщающим словом 45(7)
смотря по — необособленное сочетание 79
сноска — сочетание ее со знаками препинания 275
соединительное тире 22
союзы градационные 40(1)
— двойные 40(1)
— парные 40—41(1, 2)
— сопоставительные 40—41(1, 3)

Т

так в авторских словах после прямой речи 239 (примеч.1)
— во второй части бессоюзного сложного предложения 229 (примеч.)
— между повторяющимися словами 49(4,2)
так что (сложный союз) 180(4)
тире в бессоюзном сложном предложении 225—230
— в качестве дополнительного знака после запятой 137(10,2)
— в неполном предложении 18—21
— в сложноподчиненном предложении 191—193
— в сложносочиненном предложении 167—169
— в эллиптическом предложении 18(1)
— для выражения неожиданности 225(1)
— для выражения резкого противопоставления 226
— между именами собственными 22(2)
— между однородными членами 25(4)
— между подлежащим и сказуемым при отсутствии связки 13—15
— между словами для обозначения пределов пространственных, временны́х, количественных 22(1)
— перед обособленным приложением 72(10)
— перед подчинительным союзом 193(2,6)
— после однородных членов перед обобщающим словом 45(7)
— при вставных конструкциях 144(2)
— при диалоге 244(1)
— при прямой речи 239-244
— при сказуемом — фразеологическом обороте 16(6)
— при сказуемом — инфинитиве 15(2)
— при сказуемом — предикативном наречии на -*о* 16(5)
то (часть двойного союза) 185
то есть между частями сложного предложения 161(1,5)
— перед однородными члена-

ми после обобщающего слова 42
— при пояснительных членах предложения 101
то...то между однородными членами 36(1)
— между частями сложносочинённого предложения 160(1,3)
тогда как (сложный союз) 180(6)
только...и...что 201(9)
точка в конце предложения 6—8
— в конце цитаты, заканчивающейся многоточием 256(2)
— вместо двоеточия перед прямой речью 238(2)
— внутри скобок 273(2)
точка с запятой в бессоюзном сложном предложении 217(4)
— в периоде 234(1)
— между однородными придаточными 191
— между однородными членами 25(3)
— между частями сложносочинённого предложения 166—167
точнее («точнее говоря») 116(4)
точно в сравнительном обороте 201(1)
— вводное слово 121(8)

У

угодно: кто (что, где, как, какой, куда, откуда, чей) угодно — нерасчленимое сочетание 199(6)

уточняющие члены предложения: обстоятельства 95—98
определения 98—101

Ф

фразеологические обороты в функции сказуемого 16(6)
— цельные выражения, не являющиеся придаточными 160

Х

хотя и... но 40(1)

Ч

чем в сравнительном обороте 201(1)
чёрт возьми 155(6)
чёрт знает 155(6)
что в начале вводного предложения 139(1,3)
— в сравнительном обороте 201(1)
— вопросительно-восклицательное слово 157(1)

Э

эй и 154(4)
эк его 155(4)
эх и 154(4)
эх ты 154(4)
эллиптическое предложение 17(1)

СОДЕРЖАНИЕ

Предисловие 3

РАЗДЕЛ 1. Знаки препинания в конце предложения и при перерыве речи 6

§ 1. Точка 6

1. Точка в конце повествовательных предложений (6). **2.** Точка после коротких предложений для придания выразительности (6). **3.** Точка в конце номинативных (назывных) предложений (6). **4.** Точка в сегментированных конструкциях (7). **5.** Точка перед присоединительными конструкциями (7). **6.** Точка в конце побудительных предложений (7). **7.** Точка перед союзами *и, а, но, однако* и др. (7). **8.** Точка в конце рубрик перечисления (8). **9.** Точка в конце предложений, вводящих в дальнейшее изложение (8).

§ 2. Вопросительный знак 8

1. Вопросительный знак в конце простых предложений (8). **2.** Вопросительный знак в конце номинативных (назывных) предложений (9). **3.** Вопросительный знак в конце сложносочинённых предложений (9). **4.** Вопросительный знак в конце сложноподчинённых предложений (9). **5.** Вопросительный знак в конце бессоюзных сложных предложений (9). **6.** Вопросительный знак в скобках для выражения чувств пишущего (10).

§ 3. Восклицательный знак 10

1. Восклицательный знак в конце восклицательных предложений (10). **2.** Восклицательный знак в конце предложений, имеющих в своем составе слова *что за, как, какой* и т. п. (10). **3.** Восклицательный знак в конце побудительных предложений, эмоционально окрашенных (10). **4.** Восклицательный знак в конце побудительных предложений, выраженных не формой повелительного наклонения (10). **5.** Восклицательный знак в конце номинативных (назывных) предложений (11). **6.** Восклицательный знак в конце слов-предложений, междометных предложений, предложений-обращений (11). **7.** Восклицательный знак в скобках для выражения отношения автора к чужому тексту (11).

§ 4. Многоточие 11

1. Многоточие для обозначения незаконченности высказывания (11). **2.** Многоточие для указания на перерывы в речи (12). **3.** Многоточие для указания на возможное продолжение перечисления (12). **4.** Многоточие для указания на неожиданный переход от одной мысли к другой (12). **5.** Многоточие в начале текста (12). **6.** Многоточие при перечислении слов с нераскрытым содержанием (12).

РАЗДЕЛ 2. **Тире между членами предложения** 13

§ 5. Тире между подлежащим и сказуемым 13

1. Подлежащее и сказуемое существительные в форме именительного падежа (13). **2.** Подлежащее и сказуемое неопределенная форма глагола (или существительное в форме именительного падежа и неопределенная форма глагола) (15). **3.** Тире перед *это, вот, значит* и др. (15). **4.** Подлежащее и сказуемое числительные (или существительное в форме именительного падежа и числительное) (15). **5.** Подлежащее — неопределенная форма глагола, сказуемое — предикативное наречие на *-о* (16). **6.** Сказуемое — фразеологический оборот (16). **7.** Подлежащее — слово *это* (16). **8.** Подлежащее — личное местоимение (16). **9.** Один из главных членов — вопросительное местоимение (17). **10.** Сказуемое — прилагательное, местоименное прилагательное, предложно-именное сочетание (17). **11.** Тире в сносках (18).

§ 6. Тире в неполном предложении 18

1. Тире в эллиптических предложениях (18). **2.** Тире в неполных предложениях при параллелизме конструкций (18). **3.** Тире в неполных предложениях со структурой «кому — что» (19). **4.** Тире в двучленных заголовках (19). **5.** Тире в неполных предложениях, составляющих часть сложного предложения (19). **6.** Тире в однотипно построенных частях сложного предложения (20).

§ 7. Интонационное тире 21

1. Тире для указания места распадения предложения на словесные группы (21). **2.** Тире для выражения неожиданности (22).

§ 8. Соединительное тире 22

1. Тире для обозначения пределов (пространственных, временны́х, количественных) (22). **2.** Тире между именами собственными (22). **3.** Тире для показа внутренней связи между словами (22).

РАЗДЕЛ 3. **Знаки препинания в предложениях с однородными членами** 23

§ 9. Однородные члены предложения, не соединенные союзами 23

1. Запятая между однородными членами (23). **2.** Тире между однородными членами (24). **3.** Точка с запятой между однородными членами (25). **4.** Тире для выражения противопоставления (25).

§ 10. Однородные и неоднородные определения . 25

1. Однородные определения (25). **2.** Неоднородные определения (30).

§ 11. Однородные и неоднородные приложения . 32

1. Однородные приложения (32). **2.** Неоднородные приложения (33).

§ 12. Однородные члены предложения, соединенные неповторяющимися союзами 34

1—4. Однородные члены, связанные соединительным или присоединительным союзом (34—35). **5.** Однородные члены, связанные разделительным союзом (35). **6—7.** Однородные члены, связанные противительным или подчинительным союзом (35).

§ 13. Однородные члены предложения, соединенные повторяющимися союзами 36

§ 14. Однородные члены предложения, соединенные двойными или парными союзами 40

§ 15. Обобщающие слова при однородных членах предложения 42

1—5. Однородные члены с предшествующим обобщающим словом (42-44). **6—7.** Однородные члены с последующим обобщающим словом (44-45). **8—10.** Однородные члены после обобщающего слова, не заканчивающего собой предложение (44-46). **11.** Точка с запятой между однородными членами, стоящими после обобщающего слова (46).

РАЗДЕЛ 4. **Знаки препинания при повторяющихся словах** 48

§ 16. Запятая при повторяющихся словах 48

§ 17. Дефисное написание повторяющихся слов . 50

РАЗДЕЛ 5. **Знаки препинания в предложениях с обособленными членами** 53

§ 18. Обособленные определения 53

Согласованные определения 53

1—2. Распространенное определение, стоящее после определяемого слова (53-54). **3.** Определительный оборот после неопределенного местоимения (56). **4.** Определительный оборот после определительного, указательного, притяжательного местоимения (57). **5.** Определительный оборот после отрицательного местоимения (57). **6.** Два и более одиночных определения (57). **7.** Одиночное определение (59). **8.** Определение с обстоятельственным значением (60). **9.** Определение в отрыве от определяемого слова (61). **10.** Определение при личном местоимении (62).

Несогласованные определения 63

1. Несогласованные определения, выраженные формами косвенных падежей существительных (63). **2.** Несогласованные определения, выраженные формой сравнительной степени прилагательного (65). **3.** Несогласованные определения, выраженные неопределенной формой глагола (65).

§ 19. Обособленные приложения 66

1. Распространенное приложение при нарицательном существительном (66). **2.** Одиночное приложение (66). **3—4.** Дефис при приложении (67-68). **5.** Приложение при имени собственном (69). **6.** Собственное имя лица или кличка животного в роли приложения (70). **7.** Приложения, присоединяемые союзом *как*, словами *по имени, по фамилии* и т. п (71). **8.** Приложение при личном местоимении (71). **9.** Приложение, относящееся к отсутствующему определяемому слову (72). **10.** Тире при обособлении приложений (72).

§ 20. Обособленные обстоятельства 75

Деепричастные конструкции 75

1—4. Деепричастный оборот (75-76). **5.** Два одиночных деепричастия (80). **6—11.** Одиночное деепричастие (81-85).

Обстоятельства, выраженные существительными 85

1. Существительные в формах косвенных падежей с предлогами (85). **2.** Обороты со словами *благодаря, ввиду, в зависимости, во избежание, вопреки, в отличие, в противоположность, в связи с, в силу, -вследствие, в случае, за неимением, за отсутствием, несмотря на, подобно, по причине, по случаю, при, при наличии, при условии, согласно* и др (87).

Обстоятельства, выраженные наречиями 90

§ 21. Обособленные дополнения 91

1. Обороты со словами *кроме, вместо, помимо, сверх, за исключением, наряду с* и др. (91). **2.** Оборот с предлогом кроме (92). **3.** Оборот с предлогом *вместо* (94).

РАЗДЕЛ 6. **Знаки препинания в предложениях с уточняющими, пояснительными и присоединительными членами** 95

§ 22. Уточняющие члены предложения 95

1. Уточняющие обстоятельства места (95). **2.** Уточняющие обстоятельства времени (97). **3.** Уточняющие обстоятельства образа действия (98). **4.** Уточняющие определения (98).

§ 23. Пояснительные конструкции 101

1. Конструкции со словами *именно, а именно, то есть*. Тире перед пояснительной конструкцией (101). **2.** Конструкции с пояснительным союзом *или* (103).

§ 24. Присоединительные конструкции 106

1—5. Конструкции со словами *даже, особенно, в особенности, например, главным образом, в частности, в том числе, и притом, да и* и др. (106-110). **6.** Бессоюзные присоединительные конструкции (110). **7.** Пунктуация при присоединительных конструкциях (111).

РАЗДЕЛ 7. **Знаки препинания при словах, грамматически не связанных с членами предложения** 112

§ 25. Вводные слова и словосочетания 112

1. Разряды вводных слов по значению (112). **2.** Вводное слово между однородными членами и обобщающим словом (116). **3.** Запятая между вводными словами (116). **4.** Вводные слова в составе обособленных оборотов (116). **5—7.** Вводные слова по соседству с союзами (119-121). **8.** Разграничение вводных слов и членов предложения (121). **9.** Пунктуация при словах *наконец, в конце концов, однако, конечно, вообще, в общем, во всяком случае, в свою очередь, в самом деле, в частности, главным образом, главное, значит, наоборот, например, по крайней мере, с точки зрения* и др. (127). **10.** Тире при вводных словах (136).

§ 26. Вводные и вставные конструкции 138

Вводные предложения 138

1. Запятые при вводных предложениях (138).
2. Тире при вводных предложениях (139).

Вставные предложения и словосочетания . 140

1. Скобки при вставных предложениях (140).
2. Тире при вставных предложениях (144).
3. Запятые при вставных предложениях (145).
4. Запятая и тире при вставных предложениях (145).

§ 27. Обращения 147

1—5. Запятая и восклицательный знак при обращениях (147-148). **6—7.** Частицы при обращениях (149-150). **8—11.** Повторяющиеся и однородные обращения (150).

РАЗДЕЛ 8. **Знаки препинания при междометиях, частицах, утвердительных, отрицательных и вопросительно-восклицательных словах** 152

§ 28. Междометия и частицы 152

1. Запятая при междометиях (152). **2.** Восклицательный знак при междометиях (152). **3.** Разграничение междометий и одинаково звучащих частиц (153). **4—5.** Отсутствие запятых внутри цельных сочетаний с междометиями (154). **6.** Запятые при междометных выражениях (155). **7.** Пунктуация при побудительно-повелительных междометиях и звукоподражательных словах (156).

§ 29. Утвердительные, отрицательные и вопросительно-восклицательные слова 156

Утвердительные и отрицательные слова 156

1. Запятая после *да* и *нет* (156). **2.** Восклицательный знак после *да* и *нет* (156). **3.** Запятая между повторяющимися словами *да* и *нет* (156). **4.** Частицы перед *да* и *нет* (157).

Вопросительно-восклицательные слова 157

1. Запятая после *что, а что, что же, как, как же, что же* (157). **2.** Запятая после *вот* (158).

РАЗДЕЛ 9. **Знаки препинания в сложносочиненном предложении** 159

§ 30. Запятая в сложносочиненном предложении . 159

1. Запятая в сложносочиненных предложениях с союзами соединительными *(и, да, ни...ни),* противительными *(а, но, да, однако, же, зато, а то, не то, а не то),* разделительными *(или, либо, ли...или, ли...ли, то...то, то ли...то ли, не то...не то),* присоединительными *(да, да и, и притом, тоже, также),* пояснительными *(а именно, то есть)* (159). **2.** Отсутствие запятой при наличии общего второстепенного члена, общей придаточной части, общего поясняемого предложения, общего вводного слова (161). **3.** Отсутствие запятой при наличии двух вопросительных, побудительных, восклицательных, неопределенно-личных, безличных или назывных предложений (164).

§ 31. Точка с запятой в сложносочиненном предложении 166

§ 32. Тире в сложносочиненном предложении 167

РАЗДЕЛ 10. **Знаки препинания в сложноподчиненном предложении** 170

§ 33. Запятая между главной и придаточной частями сложноподчиненного предложения 170

§ 34. Запятая при сложных подчинительных союзах 174

§ 35. Знаки препинания в сложноподчиненном предложении с несколькими придаточными 181

§ 36. Запятая на стыке двух союзов 184

1—2. Пунктуация при встрече подчинительных союзов или сопоставительного и подчинительного союзов (184). **3—4.** Пунктуация при «встрече» сочинительного и подчинительного союзов (187-188). **5.** Пунктуация при «встрече» присоединительного и подчинительного союзов (190).

§ 37. Точка с запятой в сложноподчиненном предложении 191

§ 38. Тире в сложноподчиненном предложении . 191

§ 39. Двоеточие в сложноподчиненном предложении 193

§ 40. Запятая и тире в сложноподчиненном предложении 194

РАЗДЕЛ 11. **Знаки препинания при оборотах, не являющихся придаточной частью сложноподчиненного предложения** . . . 196

§ 41. Цельные по смыслу выражения 196

1. Обороты типа *сделать как следует, приходить когда вздумается, ночевать где придётся* (196). **2.** Обороты с глаголом *хотеть* типа *пиши как хочешь, бери сколько хочешь, приходи когда хочешь* (197). **3.** Сочетания *не то что, не то чтобы* и т. п. (198). **4.** Сочетания *(не) больше чем, (не) раньше чем* и т. п. (198). **5.** Сочетания *неизвестно кто, непонятно где, всё равно какой* и т. п. (199). **6.** Сочетания *кто угодно, где попало* и т. п. (199). **7.** Обороты типа *есть чем заняться, найду куда обратиться* (200). **8.** Сочетания типа *кто ни на есть, какой ни на есть* (201). **9.** Сочетание *только и...что* (201).

§ 42. Сравнительный оборот 201

1—2. Обороты с союзами *будто, как будто, словно, нежели, чем, точно, что* (201-202). **3—4.** Обороты с союзом *как* (203-207).

РАЗДЕЛ 12. **Знаки препинания в бессоюзном сложном предложении** 215

§ 43. Запятая и точка с запятой в бессоюзном сложном предложении 215

§ 44. Двоеточие в бессоюзном сложном предложении 218

§ 45. Тире в бессоюзном сложном предложении . 225

§ 46. Запятая и тире в бессоюзном сложном предложении 230

РАЗДЕЛ 13. **Знаки препинания в периоде** 234

РАЗДЕЛ 14. **Знаки препинания при прямой речи** . . 236

§ 47. Прямая речь после авторских слов 236

§ 48. Прямая речь перед авторскими словами . . . 239

§ 49. Авторские слова внутри прямой речи 240

§ 50. Прямая речь внутри авторских слов 242

§ 51. Знаки препинания при диалоге 244

§ 52. Абзацы при прямой речи 246

§ 53. Пунктуационное и графическое оформление текста в пьесах 250

РАЗДЕЛ 15. **Знаки препинания при цитатах** 254

§ 54. Кавычки при цитатах 254

§ 55. Многоточие при цитатах 256

§ 56. Знаки препинания при ссылке на автора и на источник цитаты 257

§ 57. Прописные и строчные буквы в цитатах 258

РАЗДЕЛ 16. Знаки препинания в газетных и журнальных заголовках 259

РАЗДЕЛ 17. Употребление кавычек 263

§ 58. Слова, употребляемые в необычном, условном, ироническом значении 263

§ 59. Названия литературных произведений, органов печати, предприятий и т. д. 266

§ 60. Названия орденов и медалей 267

§ 61. Названия марок машин, производственных изделий и т.д. 267

§ 62. Названия сортов растений 269

§ 63. Названия пород животных 269

РАЗДЕЛ 18. Сочетания знаков препинания 270

§ 64. Запятая и тире 270

§ 65. Вопросительный и восклицательный знаки . 271

§ 66. Кавычки и другие знаки 271

§ 67. Скобки и другие знаки 273

§ 68. Многоточие и другие знаки ... 275

§ 69. Расположение знаков препинания при сноске 275

РАЗДЕЛ 19. **Факультативные знаки препинания** .. 276

§ 70. Собственно факультативные знаки препинания ... 277

§ 71. Альтернативные знаки препинания ... 278

§ 72. Вариативные знаки препинания ... 279

РАЗДЕЛ 20. **Авторская пунктуация** ... 289

РАЗДЕЛ 21. **Знаки препинания в текстах разговорной речи** ... 297

Условные сокращения ... 306

Предметный указатель ... 309

Справочное издание

Розенталь Дитмар Эльяшевич

СПРАВОЧНИК ПО ПУНКТУАЦИИ

Ведущий редактор *О.Г. Хинн*
Редактор *Н.А. Страхова*
Серийное оформление *П.С. Сацкий*
Художественный редактор *А.Е. Волков*
Технический редактор *В.А. Позднякова*
Младшие редакторы *Н.В. Тегипко, Т.М. Яковлева*

ЗАО Издательство «ЭКСМО-Пресс»,
123298, Москва, ул. Народного Ополчения, 38.

Изд. лиц. № 065377 от 22.08.97.
Налоговая льгота — общероссийский классификатор
продукции ОК-005-93, том 2; 953000 — книги, брошюры.

Подписано в печать 30.01.98. Формат 84x108/32.
Гарнитура Таймс. Печать офсетная. Усл. печ. л. 17,64.

Тираж 20 000 экз. Заказ 3506.

Отпечатано с готовых диапозитивов в ГИПП «Нижполиграф».
603006, Нижний Новгород, ул. Варварская, 32.

Издательство «ЭКСМО-Пресс»

готовит к печати:

А.И. Кайдалова, И.К. Калинина

Современная русская орфография

В пособии подробно изложены все основные правила современной русской орфографии. Особое внимание уделено объяснению наиболее трудных случаев правописания (употребление *не* и *ни*, написание наречий и т.п.). В книгу включены также упражнения, диктанты и словарь особо трудных для написания слов (формы глаголов, наречия, сложные слова).

Объем книги 300 страниц, мягкая обложка.

КНИГА – ПОЧТОЙ

ЗАКАЗЫ НАПРАВЛЯТЬ ПО АДРЕСУ:
111116, МОСКВА, А/Я 30, ЗАО «ИЗДАТЕЛЬСТВО «ЭКСМО-ПРЕСС»
Цена книги 12 р.

Издательство «ЭКСМО-Пресс»

готовит к печати:

П.А. Лекант, Н.Б. Самсонов

Русский язык. Трудности грамматики и правописания

Русский язык богат правилами и не менее богат исключениями из этих правил. Кроме того в русской грамматике есть особо трудные разделы. Этот справочник поможет вам одолеть их и блеснуть знаниями на контрольных работах, экзаменах и при устных ответах. Знание трудностей – важный шаг к их преодолению.

В книге объясняются трудности русской орфографии и пунктуации, образования форм имен и глаголов, приводятся образцы разборов (фонетического, словообразовательного, морфологического, синтаксического и др.) Поможет вам в трудную минуту и помещенный в книге словарь непроверяемых написаний.

Объем книги около 200 страниц, твердый переплет.

КНИГА – ПОЧТОЙ

ЗАКАЗЫ НАПРАВЛЯТЬ ПО АДРЕСУ:
111116, МОСКВА, А/Я 30, ЗАО «ИЗДАТЕЛЬСТВО «ЭКСМО-ПРЕСС»
Цена книги 15 р.

Издательство
«ЭКСМО-Пресс»

готовит к печати:

Н.Г. Комлев

Словарь новых иностранных слов

Русский язык постоянно пополняется иностранными заимствованиями. Этот словарь поможет вам четко ориентироваться в них. В нем представлено около 5000 новых иностранных слов, а также самые популярные иноязычные цитаты и афоризмы.

Словарь предназначен школьникам и студентам, журналистам, педагогам и тем, кто хочет расширить свой кругозор и усовершенствовать культуру общения.

Объем книги около 500 страниц, твердый переплет.

КНИГА – ПОЧТОЙ

ЗАКАЗЫ НАПРАВЛЯТЬ ПО АДРЕСУ:
111116, МОСКВА, А/Я 30, ЗАО «ИЗДАТЕЛЬСТВО «ЭКСМО-ПРЕСС»
Цена книги 20 р.

Издательство «ЭКСМО-Пресс»

готовит к печати:

К.А. Войлова, В.В. Паршина, В.В. Тихонова

Сборник диктантов по русскому языку

Сборник содержит словарные и текстовые диктанты различных видов (контрольные, выборочные, свободные и др.), а также подготовительные упражнения для самостоятельной работы. Пособие предназначено школьникам и абитуриентам. Интересно оно будет и для преподавателей русского языка.

Объем книги около 200 страниц, мягкая обложка.

КНИГА – ПОЧТОЙ

ЗАКАЗЫ НАПРАВЛЯТЬ ПО АДРЕСУ:
111116, МОСКВА, А/Я 30, ЗАО «ИЗДАТЕЛЬСТВО «ЭКСМО-ПРЕСС»
Цена книги 12 р.

Издательство «ЭКСМО-Пресс»

готовит к печати:

Д.Э. Розенталь

Управление в русском языке

Читатель найдет в словаре-справочнике примеры глагольного и именного управления, двойного и многовариантного управления, конструкции с глаголами перемещения в пространстве, направления и места действия, с редко употребительными глаголами и т. п. В справочнике помещены также сопоставительные статьи (например, «Предлоги *в – во*», «Предлоги *в – на*» и др.).

Уже не один десяток лет этот справочник является настольной книгой всех образованных людей.

Объем книги 384 страницы, мягкая обложка.

КНИГА – ПОЧТОЙ

ЗАКАЗЫ НАПРАВЛЯТЬ ПО АДРЕСУ:
111116, МОСКВА, А/Я 30, ЗАО «ИЗДАТЕЛЬСТВО «ЭКСМО-ПРЕСС»
Цена книги 14 р.